汉译人类学名著丛书

自 然 象 征

——宇宙论的探索

Mary Douglas

〔英〕玛丽·道格拉斯 著

赵玉燕 译

商務印書館
创于1897 The Commercial Press

汉译人类学名著丛书

总　序

　　学术并非都是绷着脸讲大道理，研究也不限于泡图书馆。有这样一种学术研究，研究者对一个地方、一群人感兴趣，怀着浪漫的想象跑到那里生活，在与人亲密接触的过程中获得他们生活的故事，最后又回到自己原先的日常生活，开始有条有理地叙述那里的所见所闻——很遗憾，人类学的这种研究路径在中国还是很冷清。

　　"屹立于世界民族之林"的现代民族国家都要培育一个号称"社会科学"（广义的社会科学包括人文学科）的专业群体。这个群体在不同的国家和不同的历史时期无论被期望扮演多少不同的角色，都有一个本分，就是把呈现"社会事实"作为职业的基础。社会科学的分工比较细密或者说比较发达的许多国家在过去近一个世纪的时间里发展出一种扎进社区里搜寻社会事实，然后用叙述体加以呈现的精致方法和文体，这就是"民族志"（ethnography）。

　　"民族志"的基本含义是指对异民族的社会、文化现象的记述，希罗多德对埃及人家庭生活的描述，旅行者、探险家的游记，那些最早与"土著"打交道的商人和布道的传教士以及殖民时代"帝国官员"们关于土著人的报告，都被归入"民族志"这个广义的文体。这些大杂烩的内容可以被归入一个文体，主要基于两大因素：一是它们在风格上的异域情调或新异感，二是它们表征着一个有着内在一致的精神（或民族精神）的群体（族群）。

　　具有专业素养的人类学家逐渐积累了记述异民族文化的技巧，把庞杂而散漫的民族志发展为以专门的方法论为依托的学术研究成果的载体，这就是以马林诺夫斯基为代表的"科学的民族志"。人类学把民族志发展到"科学"的水平，把这种文体与经过人类学专门训练的学人所从事的规范的田野作业捆绑在一起，成为其知识论和可靠资料的基础，因为一切都基于"我"在现场目睹(I witness)，"我"对事实的叙述都基于对社会或文化的整体考虑。

民族志是社会文化人类学家所磨砺出来的学术利器，后来也被民族学界、社会学界、民俗学界广泛采用，并且与从业规模比较大的其他社会科学学科结合，发展出宗教人类学、政治人类学、法律人类学、经济人类学、历史人类学、教育人类学……

人类学的民族志及其所依托的田野作业作为一种组合成为学术规范，后来为多个学科所沿用，民族志既是社会科学的经验研究的一种文体，也是一种方法，即一种所谓的定性研究或者"质的研究"。这些学科本来就擅长定性研究，它们引入民族志的定性研究，使它们能够以整体的(holistic)观念去看待对象，并把对象在经验材料的层次整体性地呈现在文章里。民族志是在人类学对于前工业社会(或曰非西方社会、原始社会、传统社会、简单社会)的调查研究中精致起来的，但是多学科的运用使民族志早就成为也能够有效地对西方社会、现代社会进行调查研究的方法和文体。

作为现代社会科学的一个主要的奠基人，涂尔干强调对社会事实的把握是学术的基础。社会科学的使命首先是呈现社会事实，然后以此为据建立理解社会的角度，建立进入"社会"范畴的思想方式，并在这个过程之中不断磨砺有效呈现社会事实并对其加以解释的方法。

民族志依据社会整体观所支持的知识论来观察并呈现社会事实，对整个社会科学、对现代国家和现代世界具有独特的知识贡献。中国古训所讲的"实事求是"通常是文人学士以个人经历叙事明理。"事"所从出的范围是很狭窄的。现代国家需要知道尽可能广泛的社会事实，并且是超越个人随意性的事实。民族志是顺应现代社会的这种知识需要而获得发展机会的。通过专门训练的学者群体呈现社会各方的"事"，使之作为公共知识，作为公共舆论的根据，这为各种行动者提供了共同感知、共同想象的社会知识。现代社会的人际互动是在极大地超越个人直观经验的时间和空间范围展开的，由专业群体在深入调查后提供广泛的社会事实就成为现代社会良性化运作的一个条件。现代世界不可能都由民族志提供社会事实，但是民族志提供的"事"具有怎样的数量、质量和代表性，对于一个社会具有怎样的"实事求是"的能力会产生至关重要的影响。

社会需要叙事，需要叙事建立起码的对社会事实的共识。在现代国家的公共领域，有事实就出议题，有议题就能够产生共同思想。看到思想的表达，才见到人之成为人；在共同思想中才见到社会。新闻在呈现事实，但是新闻事实在厚度和纵深上远远不够，现代世界还需要社会科学对事实的呈现，尤其是民族志以厚重的方式对事实的呈现，因为民族志擅长在事实里呈现并理解整个社会与文化。这是那些经济比较发达、公共事务管理比较高明的国家的社会科学界比较注重民族志知识生产的事实所给予我们的启示。

在中国现代学术的建构中，民族志的缺失造成了社会科学的知识生产的许多缺陷。学术群体没有一个基本队伍担当起民族志事业，不能提供所关注的社会的基本事实，那么，在每个人脑子里的"社会事实"太不一样并且相互不可知、不可衔接的状态下，学术群体不易形成共同话题，不易形成相互关联而又保持差别和张力的观点，不易磨炼整体的思想智慧和分析技术。没有民族志，没有民族志的思想方法在整个社会科学中的扩散，关于社会的学术就难以"说事儿"，难以把"事儿"说得有意思，难以把琐碎的现象勾连起来成为社会图像，难以在社会过程中理解人与文化。

因为民族志不发达，中国的社会科学在总体上不擅长以参与观察为依据的叙事表述。在一个较长的历史时期，中国社会在运作中所需要的对事实的叙述是由文学和艺术及其混合体的广场文艺来代劳的。收租院的故事，《创业史》《艳阳天》，诉苦会、批斗会，都是提供社会叙事的形式。在这些历史时期，如果知识界能够同时也提供社会科学的民族志叙事，中国社会对自己面临的问题的判断和选择会很不一样。专家作为第三方叙事对于作为大共同体的现代国家在内部维持明智的交往行为是不可缺少的。

　　民族志在呈现社会事实之外，还是一种发现或建构民族文化的文体。民族志学者以长期生活在一个社区的方式开展调查研究，他在社会中、在现实中、在百姓中、在常人生活中观察文化如何被表现出来。他通过对社会的把握而呈现一种文化，或者说他借助对于一种文化的认识而呈现一个社会。如果民族志写作持续地进行，一个民族、一个社会在文化上的丰富性就有较大的机会被呈现出来，一度被僵化、刻板化、污名化的文化就有较大的机会尽早获得准确、全面、公正的表述，生在其中的人民就有较大的机会由此发现自己的多样性，并容易使自己在生活中主动拥有较多的选择，从而使整个社会拥有各种更多的机会。

　　中国社会科学界无法回避民族志发育不良的问题。在中国有现代学科之前，西方已经占了现代学术的先机。中国社会科学界不重视民族志，西洋和东洋的学术界却出版了大量关于中国的民族志，描绘了他们眼中的中国社会的图像。这些图像是具有专业素养的学人所绘制的，我们不得不承认它们基于社会事实。然而，我们一方面难以认同它们是关于我们社会的完整图像，另一方面我们又没有生产出足够弥补或者替换它们的社会图像。要超越这个局面中我们杂糅着不服与无奈的心理，就必须自己发展起够水准的民族志，书写出自己所见证的社会图像供大家选择或偏爱、参考或参照。

　　这个译丛偏重选择作为人类学基石的经典民族志以及与民族志问题密切相联的一些人类学著作，是要以此为借鉴在中国社会科学界推动民族志研究，尽快让我们拥有足够多在学术上够水准、在观念上能表达中国学者的见识和主张的民族志。

　　我们对原著的选择主要基于民族志著作在写法上的原创性和学科史上的代表性，再就是考虑民族志文本的精致程度。概括地说，这个"汉译人类学名著丛书"的入选者或是民族志水准的标志性文本，或是反思民族志并促进民族志发展的人类学代表作。民族志最初的范本是由马林诺夫斯基、米德等人在实地调查大洋上的岛民之后创建的。我们选了米德的代表作。马林诺夫斯基的《西太平洋上的航海者》是最重要的开创之作，好在它已经有了中文本。

　　我们今天向中国社会科学界推荐的民族志，当然不限于大洋上的岛民，不限于非洲部落，也不应该限于人类学。我们纳入了社会学家写美国工厂的民族志。我们原来也列入了保罗·威利斯（Paul Willis）描写英国工人家庭的孩子在中学毕业后成为工人之现象的民族志著作《学做工》，后来因为没有获得版权而留下遗憾。我们利用这个覆盖面要传达的是，中国社会科学的实地调查研究要走向全球社会，既要进入调查成本相对比较低的发展中国家，也要深入西洋东洋的主要发达国家，再高的成本，对于我们终究能够得到的收益来说都是值得的。

　　这个译丛着眼于选择有益于磨砺我们找"事"、说"事"的本事的大作，因为我们认为这种本事的不足是中国社会科学健康发展的软肋。关于民族志，关于人类学，可译可读的书很多；好在有很多中文出版社，好在同行中还有多位热心人。组织此类图书的翻译，既不是从我们开始，也不会止于我们的努力。大家互相拾遗补缺吧。

高丙中

2006 年 2 月 4 日立春

《自然象征》及其跨学科性(代译序)

纳日碧力戈

玛丽·道格拉斯是英国社会人类学的一个关键人物,甚至被认为是 20世纪社会科学界最重要的理论家之一,她的著作作为跨学科的经典,被广泛阅读和引用,其代表性观点和理论被运用到人类学以外的其他领域。[①] 她既研究风险政治和宗教史,也涉猎了政治科学、社会学、制度经济学、心理学、圣经研究和文学批评等领域。道格拉斯的学术思想不同于其他社会科学主要传统理论,既不同于韦伯的社会学理论、理性选择理论、结构功能主义,也不同于马克思主义、后现代主义和历史制度学派。把现代的和奇异的(常常是非洲的)材料并置起来,是道格拉斯对西方社会研究的一大特色,她想建立一门真正普适的比较社会人类学。自 18 世纪以来,以亚当·斯密、孔多塞、韦伯、波普尔、哈耶克、弗洛伊德等为代表的方法论个人主义,体现在理性选择、新古典主义经济学、前景理论(prospect theory)、精神分析等学术传统之中,其基础理论假设是:只有先描述个人的愿望、信念和意图,并以此为基础,才能对人类行为及其结果做出准确、满意的因果解释。涂尔干的理论观点与他们截然相反,他指出社会生活要大于个人动机的总和,推知人类发起和把握集体行动的总体能力,才是做出因果解释的重要前提。这也是道格拉斯始终依循的治学理路。群体成员的能动作用不完全来自理性选取的菜单,而是受到不同"格群"类型的制约,社会组织和社会制度规定了能动作用的风格,组织和制度不同,风格也不同。当然,道格拉斯也反对诉

---

① Richard Fardon, *Mary Douglas:An Intellectual Biography*, London:Routledge, 1999, pp. 3 - 4,22;Perri 6 and Paul Richards, *Mary Douglas:Understanding Social Thought and Conflict*, New York:Berghahn Books, 2017, "Preface", p. vii. 在本序言的行文中,除非有专门的说明或者注明,重要的观点和评述均参考了这两本著作。理查德·法顿(Richard Fardon)对玛丽·道格拉斯的学术思想有犀利的评判,而佩里·6(Perri 6)和保罗·理查兹(Paul Richards)主要为她辩护;前者重理论脉络,后者重脉络细节。

诸情感的研究路径。休谟说,即便是充满理性的人,也只能以实现情感义务为目标来发挥理性的作用;理性只能是激情的奴隶。道格拉斯认为,如果把情感仅仅理解为非理性,那么就会产生社会理论精英化的危险——把社会底层看成是有缺陷的人群,他们被情感、意识形态或者文化所纠缠,不同于高高在上、理性行事的贵族或者资产阶级精英。不过,她并不完全否认情感的作用,对于宗教信徒来说,敬畏、千禧年愿望、宽容、和解等情感活动,能够产生巨大动力,但所有这些都离不开制度的决定性作用。以"失调"、"补偿"、"压力"的心理学理论平面地解释宗教是不能成立的,她要用一种"纵向的理论"取代"横向的理论"——无论宗教还是宇宙论,其产生和特征都相应于具体的社会结构,因此从比较不同的社会结构入手,以此为基础来解释不同的宗教和宇宙论,"这才是一种可行的方案"。①

　　1921 年 3 月 25 日,殖民地官员吉尔伯特·查尔斯·图和菲莉丝·玛格丽特·图夫妇在回国休假途经的意大利圣雷莫,生下了他们的第一个孩子玛格丽特·玛丽·图(Margaret Mary Tew),她就是后来的著名人类学家玛丽·道格拉斯。玛丽父母双方的祖先都是爱尔兰人。外祖父曾经在印度行政部门供职,退休前还在仰光担任了大法官。玛丽的祖父出生于天主教家庭,娶了海军新教牧师之女为妻。后来成为玛丽祖母的这位新教家庭出身的女子,从家里出逃,在盖伊医院当了护士,还遵守诺言,把女儿菲莉丝培养成罗马天主教徒。玛丽的父亲是煤气厂经理的儿子,从文法学校毕业,获奖学金就读于剑桥大学伊曼纽尔学院,学习古典文学。他后来成为殖民地政府职员并与玛丽的母亲相识结合。

　　玛丽满五岁上学时,身在缅甸的父母将她留给已经退休、在德文郡托特尼斯镇生活的外祖父母照管。1933 年母亲患癌去世,退休的父亲照顾玛丽和弟弟的生活。她转学到罗汉普顿,在母亲学习过的圣心修道院寄宿,受到极其正规的教育,在这个阶层分明、秩序井然的女性世界里找到了归属感。玛丽对社会政策感兴趣,本来想去伦敦经济学院学习社会学,但最终听从了

---

　　① 赵金虎:《社会、身体象征与宇宙论——读〈自然象征〉兼评两个版本的差异》,中央民族大学硕士学位论文,2010 年,第 13 页。

教友们的建议,去牛津大学学习政治学、哲学和经济学。这些早期经历引发了她对阶序、权威、结构组织、仪式、差异与包容的研究兴趣,尤其是阶序与派系之间的鲜明对照,成为她日后学术创新的出发点。早期天主教教育让她熟知丰富多彩的象征符号体系,对阶序话语和权威型社群有亲身体验,这让她容易把诗歌、小说、文学批评和民族志结合起来,也让她在研究社会问题的时候偏向保守主义。当然,玛丽·道格拉斯不认为宗教背景影响了她自己的社会科学研究。[①]

　　玛丽·道格拉斯在本科毕业前去殖民地部工作了一段时间,在那里开始对人类学颇感兴趣。1947 年,她再入牛津大学读人类学,导师是埃文思-普里查德。当时的英国人类学以非洲田野工作和非洲社会制度研究为特色,相关研究也获得洛克菲勒基金会和当地殖民地政府的经费资助,福蒂斯和埃文思-普里查德合编的《非洲的政治制度》、埃文思-普里查德出版的《阿赞德人的巫术、神谕和魔法》《努尔人》等都成为后来的人类学经典。有专业的教学研究团队,有长期的非洲田野工作,有非洲研究的系列成果,有特色突出的研究范式,有众多的追随者,牛津大学成为非洲政治人类学研究的中心。

　　　　到了 20 世纪 40 年代末,非洲大地上的人类学课题几乎涉及人类学所有的重要方面,如:亲属制度与婚姻、居住模式、政治组织和经济生活,而宗教与象征正开始在英国人类学界走红。道格拉斯在牛津的岁月里,聆听了埃文思-普里查德和福蒂斯有关努尔人和塔兰西人(Tallensi)的亲属与婚姻课程。其间,埃文思-普里查德把自己的一系列论文汇集成书以《努尔宗教》(*Nuer Religion*)为名出版。同时,埃文思-普里查德和福蒂斯两人还分别就努尔人的牺牲与塔兰西的祖先崇拜做了系列讲座。[②]

---

　　① Perri 6 and Paul Richards, *Mary Douglas:Understanding Social Thought and Conflict*, "Preface", New York:Berghahn Books, 2017, p.173.

　　② [英]玛丽·道格拉斯:《洁净与污染》,黄剑波、柳博赟、卢忱 译,范可:"代译序",商务印书馆 2020 年版,第 vii 页。

一方面是政治学、哲学、经济学本科专业背景，另一方面是埃文思-普里查德倡导的法国知识社会学传统、福蒂斯擅长的英国人类学对群团组织研究的传统偏好、曼彻斯特学派对人际关系及其操控的研究，这些都在道格拉斯的人类学训练中留下印迹。在牛津大学，斯里尼瓦斯（M. N. Srinivas）和弗兰茨·施泰纳（Franz Steiner）亦师亦友，他们每天都要面对仪式性洁净问题，这也使她对信仰各个宗教的人群感兴趣。

玛丽·道格拉斯为了完成博士论文，接受埃文思-普里查德的建议，去当时的比属刚果（现在的民主刚果共和国）做田野工作，研究对象是沿卡赛河居住的莱勒人。1951 年她与经济学家詹姆士·道格拉斯①结婚，定居在伦敦北郊的海格特区。1953 年她再赴卡莱河田野点，为出版自己的博士论文做补充调查。《卡赛的莱勒人》（*The Lele of the Kasai*）于 1963 年正式出版，但这本书没有引起英国人类学界的充分注意，这让玛丽·道格拉斯失落，她认为这是因为两个原因：一是卡赛人居住在非洲法语区，那些研究英语区的专家对此熟视无睹；二是本书用英语出版，不能让法国人广泛阅读。尽管如此，这一关于莱勒人阶序社会的研究，对她本人以后的跨学科研究产生了长远影响。

道格拉斯深受埃文思-普里查德的影响，从制度研究文化，而不是从文化研究制度，②可以说她的观点是制度挂帅、制度第一，完全不同于文化解释派代表人物格尔茨的立场，却与族群边界论倡导者巴特（Fredrik Barth）有呼应。

> 与此同时，我对人类学的意图显然是反动的。我们的目标与其说是颠覆旧秩序，不如说是恢复一种旧的理论方法，即涂尔干式的方法，

---

① 詹姆士经常问玛丽：人类学是否可以为研究西方社会做一点贡献？这应该也是促使玛丽·道格拉斯进行跨学科的规范性研究的原因之一。

② Perri 6 and Paul Richards, *Mary Douglas: Understanding Social Thought and Conflict*, "Preface", New York: Berghahn Books, 2017, p. x.

并使它可以用于我们对自己的理解。①

当然道格拉斯研究的重点不是像联合国开发署那样的正式组织，也不是政治学关心的选举法、权力、义务等议题，而是非正式社会组织。她要研究和解释人与人、制度与制度、群体与群体之间为何发生冲突，人们为何以敌对的方式为他者分类。答案是制度的推动。

早在道格拉斯学习和研究人类学的 20 世纪 40 年代，她就根据埃文思-普里查德对涂尔干理论的个性化发展，走出了自己风格的涂尔干式研究路径，20 世纪 60 年代正式开始自己一直向往的比较研究和理论探索。1966 年发表的《洁净与危险》是标志性的比较研究成果，该书在她发表和出版的所有作品中知名度、引用率、节选率都是最高的，其中最广为流传的一句是"人是仪式动物"，遗憾的是，书中关于社会结构与仪式之间关系的核心论点鲜有人提及。此外，该书对涂尔干《宗教生活的基本形式》和《社会分工论》中首次提出的若干观点重新打造，聚焦基于相似性的机械团结和基于包容差异的有机团结，关注二者之间的不同特质，并得出涂尔干式的结论：意识、象征分类体现社会组织的结构，即社会行动制约象征体系，而非相反。仪式行动借助象征符号产生社会力量，塑造和维持社会类别。

道格拉斯不赞成列维-斯特劳斯到神话里寻找观念结构，这种带文学色彩的结构形式不能运用于社会科学，因为从抽象概念入手来拟测其相应语境的研究方法，属于本末倒置。要么列维-斯特劳斯不是十足的结构主义者，要么他搞错了研究对象。② 有趣的是，道格拉斯被指责陷入同样的谬误，她承认，对列维-斯特劳斯的批判也适用于她自己：观念不能决定社会组织；相反，观念只能通过社会脉络产生的因果关系来解释。

20 世纪 60 年代发生了不少事件：列侬的披头士乐队号称比基督还受欢迎；著名作家伊夫林·沃去世；罗马教会正式废止礼拜五守斋；在杜克大学和圣母大学，少数天主教徒举行五旬节礼拜会，相互祈祷，期待圣灵降临；

---

① 本书"1996 年版序言"，第 5 页。

② Mary Douglas："The Meaning of Myth"，转引自 Perri 6 and Paul Richards，*Mary Douglas：Understanding Social Thought and Conflict*，New York：Berghahn Books，2017，p. 32.

巴黎大街上和英美大学校园里发生了学生运动，伴随出现了青年文化。天主教改革派联合基督教改革派、新左派、学生造反派和激进青年，共同反对形式和仪式。《洁净与污染》也在同一时期出版。正是在这样一个背景下，《自然象征》于 1970 年出版，道格拉斯在书中以爱尔兰天主教社群为例，正式提出关于社会组织基本形式的格群分类，并在以后的 35 年里不断加以完善。如果说《洁净与危险》从结构-功能视角描述了认知与分类、从进化或偶尔历史的视角描述原始宗教与社会，以及大宗教与社会之间的差异，那么《自然象征》已经放弃了进化和历史的叙事。

> "自然象征"，并非指"象征是自然"的，而是指"把象征自然化是社会的"。反仪式主义做出种种努力，无非是希望把象征自然化，但实际上，重观念轻仪式的态度一点也不"自然"，而是很"社会"。反仪式主义并不能说明现代人更理性，原始人更盲从轻信。反仪式情绪与现代性的兴起有关。这种转变只是把人们的信仰与日常行为分开而已，它来源于新教对超越（transcendence）的空洞理解。不论是通过仪式获得超越，还是通过信仰获得超越，都只是宗教通过社会实现教义的路径，仪式多一点未必意味着信仰就少一点，仪式的多寡对应的是不同的社会结构模式。圣公会鼓吹的反仪式重信仰的论调，无非反映了一种平庸的社会结构模式，它既不代表进步，也不代表真理，更不因此高明。道格拉斯为了说明这个观点，精心创立了著名的"栅格-群体分析法"（grid-group analysis）。①

道格拉斯从巴兹尔·伯恩斯坦关于教学课程与教学语言的研究得到启示，将理论与现实相联系。她为了发展自己的社会组织格群分类，便借鉴巴兹尔·伯恩斯坦关于工人阶级和中产阶级的家庭之间围绕"限制型

---

① 梁永佳：《玛丽·道格拉斯所著〈洁净与危险〉和〈自然象征〉的天主教背景》，《西北民族研究》2007 年第 4 期，第 95 页。

符码"(restricted code)和"精密型符码"(elaborated code)的语言使用差别研究。① 部分受道格拉斯的影响,伯恩斯坦也重视仪式,但并没有超出学校和家庭正式场合的范围。工人阶级家庭使用的限制型符码在身势语中得到复制,属于别样的说话语式,②具有强化规训和调控社会的作用;这种说话语式呼应"家庭组织的'位序体系'(positional system)",都起到定位角色类别、规范行为举止的作用。比较而言,中产阶级家庭使用精密型符码,灵活地使用各类语式。道格拉斯对伯恩斯坦的个人和位序的控制做了类别修改,以衡量个人受他人控制的程度,她把这个维度称为"群"(group);对编码类型做了修改,以反映人们在具体脉络中对此分类的共有程度,这个维度就是"格"(grid)。

> 仪式并不是一成不变的:如果我们想要解释为什么有些仪式令人狂喜而另一些则不能,我们需要比较组织及其目标。这就是本书中提出的格群分析的目的。③

　　这两种相互作用被提炼为两个向度——格栅(grid)与群体(group)。格栅可以理解为分类体系整体范围与经验的一致性程度。格栅强则意味着社会组织内个体的地位与角色区分明显、界限分明,个体间互动有清晰的规则可言。群体则是社会组织在"我群"与"它群"间建立的边界。它向成员施加来自社会的压力,对行动提出了要求和限

---

① Basil Bernstein, *Class, Codes and Control, Vol 1: Theoretical Studies Towards a Sociology of Language*, second edition, London: Routledge & Kegan Paul, 1974; *Class, Codes and Control, Vol 3: Towards a Theory of Educational Transmissions*, revised edition, London: Routledge & Kegan Paul, 1977. ([英]巴兹尔·伯恩斯坦:《教育、符号控制与认同》,王小凤、王聪聪、李京、孙宇译,中国人民大学出版社2015年版)

② 道格拉斯在《自然象征》中指出,人类身体相同而社会状况不同,以身体为基础的象征符号被用来表达不同的社会经验。涂尔干晚年也把人际身体语言交流的节奏,尤其是舞蹈的节奏,作为人类仪式活动的基础,社会生活由此得以维持,即便在失去交流节奏的非正式场合下也是如此。人们握手、集会、避开目光、站起来或者坐着打招呼……就是这样,社会组织在"舞蹈"中实现制度化。参见 Perri 6 and Paul Richards, *Mary Douglas: Understanding Social Thought and Conflict*, New York: Berghahn Books, p. 100。

③ 本书"1996年版序言",第9页。

制。通过格栅与群体组成的坐标轴，道格拉斯发展出四种社会类型：强格强群、强格弱群、弱格弱群与弱格强群。每一种社会都有对应的风险观念。等级制社会是强格强群社会，他们尊重权威之力，严格遵守规则与既定的组织形式，视撼动制度稳固性为最大的风险；宿命论者则是强格弱群社会，他们以自我为中心形成社会关系，又被群体所束缚。他们持非人格性的宇宙论，相信运气、星相等抽象机制能够操纵个体命运；个人主义社会是弱格强群的社会，对既定的风险持欢迎态度。他们崇尚机会公平，相信市场带来的风险能够让他们增进收益；平等主义是弱格强群社会，他们不信任被强加的规则，支持以平等的方式参与对风险的讨论。①

　　道格拉斯重点指出，她的格群理论提供了四种基本社会形态，意在发展一种这四种社会形态相互冲突的理论。不过人们往往不去关注她的理论进路，而是对其所依据的材料细节刨根问底。道格拉斯在书中对涂尔干和莫斯的论点略加转换，认为用符号来象征人体的方式，间接而有效地象征了社会组织形式。她曾经在《洁净与危险》中指出，对于身体孔穴的仪式性保护，象征了社会对于进出边界的关注，涉及社会群体边界控制与群体成员身体"边界"维护之间的比喻关系。这种象征分析在《自然象征》里得到进一步阐发，为社会生活中的仪式活动及其重要性辩护。读者不能从书名望文生义，认为象征是自然的；相反，是社会把象征自然化了。她的格群分类方式可以追溯到涂尔干关于制度变异的两个维度：社会整合（social integration）和社会调控（social regulation）。

　　　据《创世纪》记载，我们的祖先在吃了知善恶的果实后，就从一种天然的纯洁状态堕落了。获得关于善恶的知识，仍然是人类违背神的独特目标。而我们总是发现自己无法承受这些知识，总是设置过滤器去

---

① 黄剑波、熊畅：《玛丽·道格拉斯的风险研究及其理论脉络》，《思想战线》2019 年第 4 期，第 17 页。

保护我们内心的纯真。其中一个过滤器就是许多学者对社会是信仰的决定因素这一观念的强烈抵制。他们宁愿认为，信仰在一个自主的真空中自由漂浮，按照自己的内在逻辑发展，在历史接触的机会中与其他观念碰撞，并被新的见解所修正。这是一种颠倒的唯物主义。在精神凌驾于物质的名义下，它的拥趸者逃避了自己为其知识自由选择环境的责任。为了确保心灵的自主性，我们首先要认识到物质存在所施加的限制。①

道格拉斯提醒中产阶级知识分子，我们都是社会的产物，都不能脱离社会的制约。每一种理论辨证都对应一种社会环境，都暗含对于现实本质的预设。她指出，格群四分的每一类都有自己的弱点：在强格强群的阶序社会中，尽管遵纪守法的个人可以享受各种安全，但在其地位发生转换时，只能随遇而安；在弱格弱群的竞争社会中，尽管有前景美好、人性本善的理念，但属于昙花一现，理论上难以持续成立，对于社会组织也提供不了什么帮助；在强格弱群社会中，精英之间的激烈竞争制造了大量的异化现象，容易发生千禧年运动；在弱格强群社会里会出现小群团情形，内部会出现以人身安全为镜像的猎巫运动。反仪式主义是反叛的一种表达。为什么要排斥仪式？原因之一是社会迅速变迁，旧仪式不能适应新环境，社会渐变也会造成社会环境与宇宙论脱节，新环境需要新仪式，新仪式要取代旧仪式。但是从社会决定论出发，所有这一切都不是要取消仪式，而是仪式的新旧之争。不幸的是，民众根据自己的社会地位行事，一股脑采用无阶序差异的象征符号，身受对象化控制，使他们身陷其中的恶劣状况更加恶化。对此重复出现的负面象征经验，我们要有所意识。道格拉斯在《自然象征》第一版里指出，反基督教主义、去神话色彩的心理学、文学批评、新激进主义、学生反叛，这些都是对于浓缩象征符号的认知不足，具有大众效应的发散性情感象征符号被放到优先位置。这个时候的宗教风格表现出自发性、亢奋和欢腾。这些人追求无差别象征符号，追求由狂舞和吸毒产生的致幻出神，不再重视社会类

---

① 本书第九章，第 157 页。

别,个人至上得到吹捧。这类知识分子对时间单位不加区分,知识已经不再有高低层次之别,传统也不再重要,他们放弃对未来的计划,置礼义廉耻于不管不顾。如何避免这样的危险反弹?道格拉斯提出,民众要以阶序区隔的方式组织起来,不要助长类似于千禧年运动的狂乱,不要受去差异化说教的毒害,与其废除礼拜五守斋这样的枝节仪式、蔑视教会的巫术和圣礼,不如让格与群振兴起来。①

鉴于当时的主流人类学另有关注,例如历史和马克思主义等,《自然象征》让一些学者感到困惑,让另一些感到厌恶,这也很自然。但道格拉斯并没有放弃,继续探讨她的格群结构理论,②走向跨学科研究,希望将这个充满动能的理论运用到社会科学各领域,推动进行全球不同场域、不同社会和不同时期的比较研究。既然人类生活永远存在社会冲突,那么人们就要借助仪式活动来努力争取和维持哪怕是暂时的社会合作。

在《自然象征》第一版里,仅就关键词来说,"群"独立于"格","群"涉及有界社会里的经验,是涂尔干经典理论的前提条件——社会在仪式中得到表达,也是殖民地时代非洲研究的聚焦点。"群"的含义在道格拉斯以后的理论发展中基本保持稳定。但是"格"的情况就不同了,这个关键词的所指经历了许多次修改。根据最初的定义,"格"是以个人为中心把个人和其他人关联起来的整套规则。《自然象征》第二版对"格"和"群"做了更加复杂的解释,道格拉斯要求自己的论点要超越法国人类学那种脱离社会现实的唯心主义,也要摆脱精于个人计算的功利主义。她要求自己的理论像法国社会年鉴学派那样有社会性,要把包括宗教、道德和象征主义在内的社会共享知识和社会组织联系起来。需要说明的是,"群"是英国社团理论的产物,而"格"最初和曼彻斯特学派聚焦个体的社会网络有关。

---

① Richard Fardon, *Mary Douglas: An Intellectual Biography*, London: Routledge, 1999, pp. 119–121.

② 道格拉斯在这个阶段尽可能避免使用"结构",此处的"结构"更接近"社会环境";后来她用"社会结构"指引起不同形态之间发生冲突的动态作用力。在《自然象征》出版之后,她用"文化成见"(cultural bias)来进一步解释"格"和"群":"文化成见"说明如何用调控(格)和社会整合(群)来衡量社会组织。格维度只能用社会关系(而不是分类等观念系统)来定义;社会整合依靠边界的缝隙和一定程度的个人自主保持活态。强有力的社会调控(格)和社会整合(群)导致人类学家杜蒙所说的阶序。

学界对《自然象征》的反应各异,尤其是人类学界对它的评价不是很高。埃德蒙·利奇认为道格拉斯不再关注经验真理,不再靠民族志说话,而是让自己的学术服务于罗马天主教宣传、为它辩解;格尔茨的评论是:兴趣广泛,观点很多,风格特别,本想指教别人,却只能读到一句接一句空泛的评论;戴维·马丁(David Martin)认为这本书的观点是颠覆宗教改革、自由主义、资本主义和学生造反。① 也有评论说这本书是匆匆草就,有些囫囵吞枣,把不同的象征要素塞进一个句子里,让人摸不着头脑;图表里暗含权力、命运、义务等维度,但未加说明。还有一位评论者甚至说她这本书属于人类学星占学,是社会理论、精神生活自传和观点辩论的大杂烩。《自然象征》里把玩的"干货"在《洁净与危险》也出现过:牛津式的涂尔干理论、苏丹和中部非洲民族志、以色列饮食编码。道格拉斯的理论缺乏变化的视角,其静态分类难以包容许多模糊性例外个案。如果一种象征符号体系不再发生作用,不再能维系社会,那就革新它、改变它,而不是回归传统、拥抱过去。特里·伊格尔顿(Terry Eagleton)质疑,道格拉斯为何反对比较激进的社区仪式改革,难道只有任人唯亲才能纠正无政府的社会失序吗?② 人类学讲究和推崇在社会脉络中研究社会和文化,脱离具体语境的"规范话语"不大符合这个学科的传统叙事。

当然,跨学科研究不能不使用"规范话语",否则跨学科对话就难以实现,可是一旦使用跨学科话语,学科就面临失去特色的危险,至少对于人文社会科学来说,这个矛盾始终存在。也许这是一个平衡问题、度的问题。道格拉斯走的不一定是创新之路,但必定是一条综合之路,先是涉及政治学、哲学、经济学,后来还涉及语言学和其他学科。

无疑,英国社会语言学家伯恩斯坦对她产生了重要影响,但遗憾的是,她没有深入把握对她的象征符号理论会更有帮助的美国符号人类学理论。③ 在

---

① Perri 6 and Paul Richards, *Mary Douglas: Understanding Social Thought and Conflict*, New York: Berghahn Books, 2017, p. 103.

② Richard Fardon, *Mary Douglas: An Intellectual Biography*, London: Routledge, 1999, p. 123.

③ 从参考文献看,她接触过萨丕尔的语言人类学理论。

法国人类学家列维-斯特劳斯 1960 年提出 semiology 之后，①美国人类学家米德于 1962 年提出 semiotics，②而中文大多不加区分地把这两个词都翻译成"符号学"，③但 semiology 属于讲究符号二元对立的索绪尔传统，而 semiotics 是研究符号三元/三性（thirdness）的皮尔士传统。④ 受皮尔士影响的符号人类学⑤既包括规范性，也和现实生活密切相关，能够以联通的"对象"（object）为中介，把物感的"征象"（representamen）和规约的"释象"（interpretant）联系起来，而且三者还有不断"对转"的关系，可以用来弥补道格拉斯的格群理论缺乏活态、过于静止的缺点，帮助她把"身体"放回活态的符号体系中，⑥也可以帮助她在普遍性与相对性之间搭桥，平衡好人类学研究与跨学科研究之间的关系。需要指出，《自然象征》的英文书名中用的是 symbol 一词，不是 sign，而在一般符号学体系中，sign 的范围远比 symbol 要广，可以泛指从"世界地图"、"风吹草低"到"语言文字"的图像、现象和表征。无论在索绪尔还是皮尔士的符号学传统中，symbol（象征）都具有约定俗成的形质，"马"可以叫 ma（汉语拼音），可以叫 horse（英语），也可以叫 mor（蒙古语），它们都是象征的产物。

　　道格拉斯始终自认为是一位人类学家，她努力把其他学科专业吸纳到人类学的研究方法中来，因为在她看来，人类学方法比其他方法更好。如果说道格拉斯的理论研究在人类学界反响不够强烈，那么，跨学科地看，她属于"墙里开花墙外香"。例如，有学者将她归入政治学"制度生成理论"的代

---

　　① 玛丽·道格拉斯在撰写《自然象征》的时候，参考了列维-斯特劳斯的《神话学》和《结构人类学》。

　　② Milton Singer, *Man's Glassy Essence: Explorations in Semiotic Anthropology*, Bloomington: Indiana University Press, 1984, Preface, pp. vii - xi. 关于米德提出的 semiotics，另参见 Thomas A. Sebeok, *Global Semiotics*, Bloomington: Indiana University Press, 2001, p. 150。

　　③ 哲学界一般将 semiotics 翻译成"指号学"。

　　④ 西比奥克指出，皮尔士符号学与索绪尔符号学对峙的说法，既不准确，也已经过时。参见：Thomas A. Sebeok, *Global Semiotics*, "Introduction", p. xvii。

　　⑤ 关于皮尔士符号学，参见纳日碧力戈：《从皮尔士三性到形气神三元：指号过程管窥》，《西北民族研究》2012 年春季卷，第 40—50 页；赵星植：《皮尔斯与传播符号学》，四川大学出版社 2017 年版。

　　⑥ Floyd Merrell, *Peirce, Signs, and Meaning*, Toronto, Canada: University of Toronto Press, 1997, pp. 315 - 342.

表人物,认为她从认知角度分析了制度的起源、保持和变迁,从而在本领域的理论方法、理论层次和研究视角上实现了超越。① 政治学新制度主义兴起于 20 世纪 80 年代,以理性选择制度主义、社会学制度主义和历史制度主义三种不同的视角探讨"制度从何而来"的问题:理性选择制度主义把制度的功能作为制度产生的动因,行动者是理性的"经济人",以"利益最大化为目标",其研究路径是"目的主义"+"功能主义";社会学制度主义强调从既有制度模板创设新制度,组织制度要遵循适宜性逻辑,以提高组织和参与者的社会合法性;历史制度主义将前两者的路径融合在一起,兼顾既有制度对于制度创设、变迁的模板作用和理性选择,认为在制度断裂的"关键节点"时期,各种政治力量之间的胜负冲突导致新制度产生。道格拉斯认为,分析社会团结合作问题要借助涂尔干等人的功能主义解释——制度内化为共同意识,对社会行为形成控制。她进一步将制度理解为靠"公义"神圣性维护的约定俗成规则,其背后是自然化的宇宙论,其核心是将人对自身的文化分类投射到外物之上,形成稳定的基础性、制度化的类比,"正是这种思维在不断地巩固旧制度,创建新制度,并且使我们试图思考的每一个问题都自动转换成了制度自身组织性的问题"。②

牛津大学的教育背景,使道格拉斯能够以特别的方式继承和发展涂尔干的社会学传统,即全观、非唯心、聚焦社会的学术理路。观念不能自由漂浮,镶嵌在社会形态中的思想风格早已为它们设定了轨道。她同意埃文思-普里查德对列维-布留尔的评论:布氏提出了一个有趣的却又完全错误的问题,因为"原始思维"无异于其他任何人的思维;所有人的思维总体上都是制度性思维。③ 社会事实不能简化为个人事实,无视个人活动的社会基础十分有害。毫无疑问,她的著述继承和发展了 20 世纪 50 年代中期以社会脉络为基础的英国人类学研究传统。④ 以比较人类学为视角的《自然象征》使

---

① 教军章、张卓:《玛丽·道格拉斯的制度生成理论及其超越意义》,《理论探讨》2015 年第 5 期,第 144—148 页。

② 同上书,第 147 页。

③ Richard Fardon, *Mary Douglas: An Intellectual Biography*, London: Routledge, 1999, p. 212.

④ Richard Fardon, *Mary Douglas: An Intellectual Biography*, London: Routledge, 1999, p. 238.

用了家庭回忆录的材料，对于一些同行来说，这样的研究方法是不可接受的；本书和《洁净与危险》一样，主要研究仪式以及仪式与信仰的关系，尽管某些观点后来被放弃，但本书无疑是道格拉斯后续理论发展中的一座关键里程碑。① 《自然象征》的核心论点是：类似于宗教生活中采用的象征符号，是经过选择、发展、塑造而加以活用；采用这些象征符号不是因为它们自然而然、显而易见或唾手可得，也不是出于对身体的模仿，而是因为具体的社会组织形态的建设、保持或其拆解需要它们。涂尔干和莫斯在《原始分类》中说，在他们关注的民族志社会中，事物的分类复制了人的分类；道格拉斯在《自然象征》中说，人体象征符号间接而有效地复制了社会组织的象征形态。②

---

① Perri 6 and Paul Richards, *Mary Douglas: Understanding Social Thought and Conflict*, New York: Berghahn Books, 2017, p. 51.

② Ibid., pp. 51 – 52.

目　　录

图表目录

致　谢

这本书显然不是专为人类学家准备的。我希望它可以充当人类学和其 他学科之间的桥梁。然而，人类学家一定会是它最重要的批评者，只有他们才能够判断我对田野报告的解读是否完整，提出材料来验证或者毁损我所提出的假设。我尽量在易获取、高质量的材料中选取资料来源，如此，若我对它们的使用看起来有些特别，任何人都可以找到原初的资料并加以检验。但从长远来看，我希望加以发展的视角还不曾进入田野研究者的头脑，因此只有新的研究，尤其是设计好的新研究，才能检验这些论点。

在此，我应该感谢那些最直接帮助过我的人。首先，我要感谢牛津黑衣修士院的道明会，感谢他们邀请我在 1968 年 3 月 7 日做圣托马斯日讲座，并在《新黑衣修士》上发表我的论文《对仪式的蔑视》（1968 年 6 月、7 月刊，49：475-482,528-535）。他们的善意是本书的最初动力。我还要感谢肯尼斯·利特尔（Kenneth Little）教授和爱丁堡大学评议会邀请我在 1968 年 5 月做门罗讲座。关于这一主题的早期工作，我要感谢沃尔丁汉姆协会委员会（Woldingham Association Committee），特别是院长嬷嬷艾尔（Eyre）、玛丽·唐（Mary Don）和莫娜·麦克米伦（Mona Macmillan）。我们希望推动的宗教教育研究尚未完成。至少，这是我们希望解决的一些问题的梗概。

我首先要向巴兹尔·伯恩斯坦（Basil Bernstein）正式致谢。我对他的感激是显而易见的，若我对他的观点运用有所不当，在此还请他能给予原谅。我感谢尊敬的科尼利厄斯·恩斯特（Cornelius Ernst）牧师、OP 以及彼得·布朗（Peter Brown）阅读了手稿，感谢戴维·施奈德（David Schneider）、维克多·特纳（Victor Turner）和努尔·雅尔曼（Nur Yalman）对我今年在芝加哥在此基础之上的讲座进行了讨论。我也感谢布莱恩·威尔逊 （Bryan Wilson）和戈弗雷·林哈特（Godfrey Lienhardt）友善地阅读与评论了部分手稿，以及詹姆斯·伍德伯恩（James Woodburn）和丹尼尔·德·科皮特(Daniel de Copper)慷慨应允我引用他们尚未出版的研究成果,感谢罗德尼·尼达姆(Rodney Needham)关于自然象征的研讨会论文,这帮助我集中了兴趣。我的丈夫支持我持续论证的不懈努力让我铭记于心,在此对珍妮特帮助我完成参考文献的整理也同样致以谢意。

玛丽·道格拉斯

1969 年 7 月

这个鹈鹕版本①仍然存在许多难点与疑惑之处。试图把这么多的人类学领域统合起来是一项非常艰巨的任务。显然,若就此再持续研究十年,它会显得更像样些。然而,事件的发展比研究的发展要快。如果这一比较宇宙论的实践,与我们为自己的行为辩护的方式有任何关联的话,我们就应该尽快将它阐明。一旦得以公开发表,该论证的弱点就可以一步接一步地、一个案例接一个案例地接受大家的批评。我想要论证的主题过于复杂,难以在较小的篇幅内展开,也难以在不提到整体的情况下进行零碎讨论,亦不宜在个人研究中进一步推进。因此,一俟这项研究结束,我就将之公开发表,在此谨对我所收到的中肯批评致以谢意。我尤其要感谢罗宾·霍顿(Rob-in Horton)教授、菲利普·格列佛(Philip Gulliver)教授、迪恩·纽鲍尔(Deane Neubauer)博士和迈克尔·汤普森(Michael Thompson)先生,他们的评论非常富于建设性。我还要感谢托马斯·卢克曼(Thomas Luck-mann)教授鼓励我立即修订本书,并对如何着手修订给出了建议。显然,我并没有充分吸收所有这些有益的批评。这两个版本之间的主要区别,在于试图澄清"格与群"(grid and group)的中心维度,而其余部分都取决于此。我不再为每一种社会类型指定一个单独的象限,现在我考虑的是用遍布图表的散点,来显示群体压力和分类图式的一致性,这一点可以通过民族志或历史传记来评估。如果我的推论合理,那我们可以比现象学家走得更远,后者一段时间以来一直在说人们所感知到的宇宙是社会构建的。而

---

① 本书英文版第二版 1973 年由鹈鹕出版社出版。(本书脚注均为译者注。)

我们应该可以说出，当社会关系以这种或那种形式出现时，可能会构建出哪 ix
一种宇宙。

　　由于伯恩斯坦教授的《阶级、符码与控制》(Bernstein 1971)已经出版，我
的书更明显地体现出其观点的另一面。这遭到了一些人的批评，他们认为我
没有充分解释他的研究与我的观点的相关性。修订后的格与群概念，衍生自
他对课程架构方式的讨论。他一直致力于揭示言语形式——此处是课
程——如何编码社会关系模式，调节并强化它。任何给定的课程都被一种宇
宙论所证明，这一宇宙论陈述着宇宙的终极原则，从这些原则中衍生出教导
人类的正确方式。他希望透过课程来看通常在员工会议桌上的谈判中敲定
的权力模式，而我试图透过鲜明的宇宙论来看它所实现的权力模式。我更进
一步地试图把宇宙论和社会模式类型识别为一种仪式形式的独特符码。仪
式形式符码对应巴兹尔·伯恩斯坦早期作品中的言语形式符码。课程被视
为一种边界系统，部落文化也是如此。他对课程的研究考察了使用边界强度
上存在差异的几个主要种类。教育中强边界维护与弱边界维护的区别，类似
于宗教类型中的仪式与反仪式的区别。在写完《洁净与危险》(Douglas 1970)
后，我被迫探索认知系统边界的强度变化这一研究主题。因为在那项研究
中，我强调了所有经验界限的交流功能，而没有面对经验事实，即有些社会没
有很强的有界限的认知范畴，却能很好地维持下去，有些社会比其他社会更容
易容忍异常现象。《自然象征》试图回答我自己在之前的书中所提出的问题。

　　巴兹尔·伯恩斯坦谈到课程时说，它是一个将点滴知识整合在一起的
图式。因为这些知识在课程中是联系在一起的，所以它们进入了学生的头
脑，而且，尽管内容的细节会被淡忘，这种联系却有可能指导他们的判断，并
使课程体现的权力体系永存。这种给予了教育系统稳定性的反馈，也稳定
了宇宙论。宇宙论图式将点滴经验连接起来，并赋予整体以意义；接受它的 x
人只能就这些终极范畴来为他们对待彼此的行为辩护。除非我们能让这个
过程可见，否则我们就受制于它。

玛丽·道格拉斯

1971 年 12 月

1996 年版序言

　　《自然象征》是继《洁净与危险》之后立即出版的一本续作,作为 20 世纪 60 年代的产物,它显示出加入一场极其激动人心的全球对话的急迫与渴望。25 年后重读此书,我发现了一个思想富矿,自那以后我的全部写作几乎一直在挖掘其中所有。因此,我很感谢卢德里奇出版社决定重印这本书,也很高兴自己有机会为此写一个新序言。不过我应该补充的是,我使用的图表现在看起来非常复杂:之后的版本要简单得多。现在我应该想象自己是在跟谁说话呢?任何对仪式感兴趣的人、对神学感兴趣的人、对变化的价值观或稳定的价值观感兴趣的人、对个体认同或对历史感兴趣的人。我仍然想说服他们不要在没有建立比较基础的情况下试图开展工作。

　　自 1970 年以来,许多事情都发生了变化。在 20 世纪 60 年代,人们认为,社会人类学必须是比较主义的,否则什么都不是。显然,我们有必要采用一种方法来避免主观倾向。任何描写情感的人都需要为他们的比较奠定基础,以免陷入对"法国人说法语"都感到惊讶的陷阱之中。这是乔伊斯·凯里(Joyce Carey)值得引用的措辞,摘自她的小说《恩典的囚徒》(1952):

> 你会说他是个多愁善感的人,他确实也是这个样子的,但当时大多数年轻人都是如此。他们会在观看《东林》(*East Lynne*)这出戏剧时,为小男孩的死去而泪如泉涌。当然,小孩子的死亡总是令人悲伤,我指的是永久性的悲伤;所以我明白为什么现在的年轻人嘲笑像《东林》这样的戏剧——他们不想失去尊严。但是我认为他们应该体谅像吉姆这样的人的哭泣,因为,毕竟,他们不会因为一个法国人说法语而嘲笑他……

　　　　　　　　　　　　　　　　　　　　　　　　　　　　　(1952:51)

　　比较依赖理论,因为理论告诉我们应该比较什么,以及如何进行比较。涉及宗教时，比较教义的理论，对教义都有自己的立场。以下的几页文字将充分说明这一点。就心理学而言，在不考虑局部阈值的情况下喋喋不休地谈论情绪反应仍然是可以接受的。本书的中心议题，是将不同的社会环境物事纳入考察，使比较不那么主观和相对主义。

本书一开始评论了学生对于已经失去生命力的仪式，以及毫无意义的形式的反抗。但抗议的人不仅仅是学生，在 20 世纪 70 至 80 年代改变西方世界，使我们处于现在这个世界的人，也不仅仅是学生。我们所处的这个世界仍然渴望真诚，渴望平等的人之间简单而直接的沟通。它仍然拒绝社会区分的外在形式，仍然发现权力和财富的差异对于直接交流来说，如以往一样依然是一种障碍。当时美国的论战针对的是公共汽车上、游泳池中和学校里黑人与白人的种族隔离。但所有这一切的背景，是关于越南游击战的论争。天主教会中的论战，表面上是关于反仪式主义，关于文字传了下来，神却死了。梵蒂冈第二届大公会议讨论了仪式，但在其背景下，冲突却来自于阶序制教会距离会众太遥远，以至于听不到会众的声音。

作为一名人类学家，我看到了问题，但对这种补救办法表示怀疑。人们的情绪转向清除仪式，扫除制度，让人们可以自由地说出自己的心声……好像如果没有制度这一枯木阻止，他们就会自动相爱。攻击仪式只不过是在攻击表面。对每个人来说，真正的问题是如何找到更好的制度。就社会理论而言，则是找到一种更好的思考制度生活的方式。于我而言，这是自《洁净与危险》（1966）起的一条发展分析的路径，从那以后我就一直致力于此。

被邀请写一篇新序时回顾过去，我发现自己对宗教社会学的意图是颠覆性的、与时俱进的。我想把它从对嵌入在古老制度的宣信（confessional）忠诚的屈从中解放出来。与此同时，我对人类学的意图显然是反动的。我们的目标与其说是颠覆旧秩序，不如说是恢复一种旧的理论方法，即涂尔干式的方法，并使它可以用于我们对自己的理解。从某种意义上说，这本书是反文化的，因为我没有什么兴趣去攻击那些形式，后者已经失去了意义，让牵涉其中的人窒息而死，让我更感兴趣的是去发现它们最初是如何产生意义的。

宗教宇宙论的起源

这是一本讨论宗教宇宙论的书，但我有时会想，对于社会学研究来说，宗教是否是个过于神圣的话题。当《自然象征》这本书最初面世时，宗教社会学还是一个非常独立的世界，并且多少受到其他宗教学者——研究历史、文学或者教派的——的怀疑。不可否认，在某种程度上，其他的专门社会学领域也同样被其研究主题的主流学科所包围。例如，科学社会学和艺术社会学，已经占据并且仍然占据着相关专业领域的很小一个细分领域。来自这个领域之外的人对这些特殊语言和概念感到困惑，这是可以理解的，只有大量的阅读和交流才能让他明白它们到底讲的是什么。但宗教是一个巨大的非专业化领域，它所需要的不仅仅是一个细分领域。在社会人类学中，它渗透于整个学科。

当我想把人类学的经验应用到现代工业社会时，我被社会科学内部的分离和孤立所阻碍（Douglas and Ney，即将出版）。[①] 现代世界有大量关于宗教的文献，但很少有如何将对宗教的理解与社会思想的其他分支联系起来的指导。不难理解，历史学家倾向于用他们所处时期的宣信术语来识别社会事件和制度，社会学家也主要遵循这种做法来开展有关宗派、教会、教派的研究。这些单元内部和单元之间的运动用当地富于争议的词汇来描述——古史上的摩尼教、伯拉纠派、基督一性论，现代的宗教复兴运动、千禧年派、传统派。离开一个宗教圣会是"弃教"，招募是"皈依"，被招募进来的新成员是"新入教者"或"新信徒"。各种各样的宗教可依教义描述为神秘的、一神论的、多神论的；或以创始人的名字来命名，如加尔文主义、路德派；或以事工的形式来命名，如福音派、圣礼派；或通过一个单位与另一个单位的关系来命名，如不属于英国圣公会的新教基督徒（non-conformist）、原始基督教或新教。自然，教义确定了宗教目标。

---

① 此处所引是 Mary Douglas and Steven Ney, *Missing Persons：A Critique of Personhood in the Social Sciences*，Berkeley：University of California Press，1998。

　　这十分好理解,不过,一个单独的词汇隐含着一场单独的对话,而且公正地说,宗教社会学——尽管有不少大师的作品问世——是社会主流思想中一个疏离体(enclave),它更深地内嵌于其中,对将所研究的主题抽象化鲜有兴趣。在很大程度上,时至今日仍然如此。对宗教的研究主要集中在神学院,或者,如果人们特意想使其摆脱教派倾向,成为大学里的一门学科,就会将其设置在包括文学、历史、哲学和东方语言在内的人文学科中。尽管那些致力于宗教社会学研究的期刊并没有明显地宣扬更高的价值观,但它们确实使用专门的宗教语言写作,使自己脱离市场和政治。

　　使德性(virtue)能够免受社会经济和政治研究的更粗暴世界影响的,是一道栅栏,不过这道栅栏由两侧竖起来。马克斯·韦伯从他自己文化中的杰出世俗机构——各自以其独特的制度合理性运作的市场和立法机构——中抽取出了理想类型这一概念。彼时市场和官僚主义这两种声音在欧洲政治争议中对面交锋,现在也是一样。正如韦伯在他关于印度和犹太教的著作中所表明的那样,许多教会在教义和结构上都非常官僚化,教会组织有很强的市场的一面。但涉及宗教时,他放弃了制度元素,引用了人际交往这一过程,运用了卡里斯玛这一概念。从那时起,人们对官僚主义和市场进行了大量的说明和洞察,但宗教组织形式实质上已经被抛在了世俗社会理论的一边。或许这是明智的。在涂尔干亵渎的手触及宗教时,他因自己的大胆而陷入了麻烦。

　　用比较的方式来谈论宗教是有实际问题的。试图寻求共同的词汇,意味着要在以前不需要之处勉强试图正式定义:"你所说的'灵'(spirit)或'灵性的'(spiritual)是什么意思?"或者"你所说的'理性'(rational)是什么意思?"这不仅仅是一个翻译问题。最坏的情况是,谈论他人的宗教信仰会有伤害他人感情的风险。至少,我们必须放下道德倾向,不使用劝诫和斥责的语言。必须消除对情感的诉求。这也正是涂尔干要求我们关注"社会事实"并放弃基于"心理学"的解释时试图做的。为了建立社会和知识的一种统一理论,他需要整理语言,揭开隐藏的情感包袱,并把它们扔下船去。这一目标还远远没有实现,他自己心理学上的摇摆不定,阻碍了我们跟随他前进的步伐。

xv

基于心理学的社会事实

涂尔干提出,我们只应谈论社会事实,但他的整个神圣理论都建立于两个心理学因素之上。一个是情绪欢腾(emotional effervescence),认为仪式会激起暴力的、狂喜的感觉,比如群体性的歇斯底里,这会让崇拜者相信一种现实,这个现实中有比自我更强大的、超越自我的力量。另一种是愤怒情绪、神圣传感(sacred contagion)的观念,以及违犯所珍视的规范会给社会带来危险。将两者并置一处,他由此提出了社会团结理论:首先,松散联系的人群在仪式激起的情绪中认识到自己的统一,然后,其继续以一种智力驱动来驾驭整个宇宙,将神圣传感归因于个人对其规范的偏离。

恐惧和情绪欢腾都是心理学概念。对一个真正喜欢涂尔干并希望使他的理论发挥作用的人类学家来说,前一种观念——对神圣传感的情感反应——并不构成什么问题。对于神圣传感的恐惧,可以从情感语言转化成主张和反主张的社会学语言。宙斯的雷电、阿波罗的箭、《出埃及记》中神的洪水和瘟疫,当被解释为惩罚时,就形成了因果关系地方理论中独特的宗教部分。就像人的理论一样,神圣传感是一种关于联系和原因的道德理论。通过这种方式,一个社区的成员可以互相操纵。神圣传感的隐在目标是使一群人成为一个共同体;它是一种相互道德胁迫的手段,容易从政治和社会角度进行分析。

要把涂尔干的仪式理论从心理学变换成社会事实,并非易事。当我第一次阅读《宗教生活的基本形式》时,我对他描述的仪式及其所谓的对会众的刺激作用感到困惑。仪式应被视为煽动的这一说法,让我十分惊讶,因我的成长经历使我体验到罗马礼的大型仪典:庄严但冗长、缓慢而精致,这是曾经在汉普斯特德的人行道上蜿蜒行进的圣体圣血节游行队伍,或者是海格特的圣若瑟教堂漫长的复活节守夜礼。想一想,在合适时刻让每一个参与者参与进来,需要高度协调性。有序地使用鲜花、铃铛、灯光和管风琴音乐,并将神圣元素与非神圣元素分离;这一切都是如此的小心和精确,才不会被一连串不由自主的"哈利路亚"与狂喜的喊叫和舞蹈所打断。每个人都在担心如何把握好时机,如何融入仔细分类的会众。唱诗班的男孩必须和女孩分开,刺绣协会必须得到一个位置,但是把他们放在圣高隆骑士团的前面还是后面呢? 圣云先会成员放在哪里呢? 童子军必须拿着横幅站成一排,必须安排好领退休金的长者的座位。茶在哪里? 火柴又在哪里? 一切都要计算在内。

当不可知论者参加完全场天主教婚礼,他们总是会对这么多的谨慎安排感到失望。我不知道他们希望看到什么,但在婚礼弥撒中,他们会发现仪式,而不是哄堂大笑或是身边的人向你传教,甚至连歌声也透出些沮丧。我所知道的天主教仪式并不利于激发情感,而涂尔干则似乎认为那就是仪式的功能。有什么东西错了,要么是涂尔干,要么是宗教。出于忠诚,我在本书中试图拯救此两者。澳大利亚的图腾舞蹈不可能是所有情况下的仪式模型。答案不是涂尔干错了,也不是天主教徒没有履行他们的仪式职责;危险而强大的神圣观念,实际上是通过共同生活并试图强迫彼此认同某种道德观念而形成的。但神圣可以通过多种方式嵌刻于敬拜者心中:世上的宗教有好几种。一些仪式主义者计划自发行为,其他仪式主义者则致力于协调。仪式并不是一成不变的;如果我们想要解释为什么有些仪式令人狂喜,有些则不能,我们需要比较组织及其目标。这就是本书中提出的格群分析的目的。　xvii

宗教的修辞路径

在 19 世纪末的索邦大学,比较宗教研究领域有了一项新创举,发展出了一种适于研究犹太教、印度教和基督教的祭祀理论。普遍图式预设存在着两个世界:一个是受到空间和时间的有规律限制的世俗经验世界;另一个则是非肉身存在表现出的超凡力量的神圣世界。宗教一半的工作被认为是利用这些神圣的力量来造福人类。在丰饶之角那一侧,正确的言语或手势可以赐予祝福和恩典,或更为奇迹的良善干预。在地狱之火和雷电那一侧,宗教警告并保护人们免受神的伤害。从这个角度出发,涂尔干发展出了他的神圣传感修辞理论。

在 20 世纪四五十年代,当我还是一名学生时,一项具有吸引力的工作摆在愿意遵循这一解释路径的社会人类学家面前。这项工作想要追踪组织或外部条件的变化,如何伴随神圣传染的修辞用途的使用而变化。我们不会用嫉妒或恐惧等个人情绪,或因为狡猾或对收取客户费用的贪婪心而成为巫医来解释巫术。我们会研究疾病和不幸在归因时的使用——我们感兴趣的是用占卜来归咎或免责,以及用仪式转移愤怒与和解。因此,我们的关注点不会仅仅直接指向个案,还会转向指控和解释模式。我们将展示有关宇宙的信念如何被社会成员共同努力建立的社会所形塑。

遗憾的是,我们这方面的工作被小圈子内才懂的例子所充斥主导,因为修辞研究路径有可能对整个宇宙论进行涂尔干式的分析,直接影响认知理论、信仰哲学(Douglas 1970)和分类理论(Douglas and Hull 1993)。通过将道德与知识联系起来,马塞尔·莫斯所设想的总体民族志(totalizing ethnography)就将成为可能。它的解释范围十分广泛,例如可用来解释宗教虔敬阙如,以及现代工业社会中的宗教信仰倾向。

世上仍有很多灾难、洪水、饥荒、瘟疫,但我们不再认为它们是由人类的罪恶而引发的。神圣传感和赎罪仪式的避雷针作用已然衰萎。人们普遍沾沾自喜地认为,迷信的衰落是由于科学、文化和技术的增长。在涂尔干的论述中,这些因素只能间接地起作用;如果你想解释神圣传感是如何失去合法性的,你应该看看封闭共同体的解体,以及其成员对彼此施加的强制性控制的削弱。一个共同体越开放,其成员就越少被关于危险的共同信念所胁迫,而这些共同信念捍卫了该共同体对罪恶的定义。这一观点特别适用于疾病和自然传染的理论,正如马克·佩格在麻风病被视为性传播疾病的时代所展示的那样(Pegg 1990;Douglas 1993c)。

所以,以此观点来看,世俗主义是开放这一社会因素的后果。个体受到邻居骚扰时搬出此地的自由,是一种不相信那些违背社会标准的人会受到神的惩罚的自由。告别和离开的自由,并不一定意味着宗教信仰的丧失,但它确实动摇了既定宗教的根基。开放社会导致私人宗教的产生。神圣传感可以被期望改变其倾向,由雷电转向丰饶之角。封闭的共同体宗教会将惩罚与神性相联系,因为他们每天都会听到关于惩罚的训诫,而逃离了共同体控制的那些人的私人宗教,会认为神的干预是良善的。这表明,我们应该能

xviii

够根据共同体的封闭或开放程度，来比较宗教倾向在雷电和丰饶之角之间的转向，以此来检验涂尔干的一些观点。但这比听起来更费力。

　　宗教社会学需要考虑几种类型的组织。它应该避免使用我们自己文化中的突出机构作为分析单元。在试图解释社会形式和宗教观念时，为了不武断地选择、不对市场造成不公、不输入政治倾向、不对宗教过于仁慈，需要一个不偏不倚的社会模型。该模型需要能够组织丰富的信息存储，灵活且有活力，以便能够纳入变化。这是我建立文化成见的二维图表的目标所在。_{xix} 一个维度是群体成员资格强加给个体的不同约束，另一个维度评估结构的约束条件，即规则、分类和区隔。

　　该理论认为，每种类型的组织在适当的环境中都有其生存优势，也有其典型劣势。其中有两种是个人主义文化，还有两种是社群主义文化。在个人主义文化中，崇拜者倾向于以个体身份面对上帝和宇宙。当宗教是个人性质的时候，恩典可以像你喜欢的那样是零星的或者偶然性的；从定义上讲，这些人并不想说服彼此在长期交往中结合起来。他们不需要将其不幸看作惩罚，也不需要用神圣传感来迫使不听话的追随者屈服。

从宗派到疏离体

　　为了在宗教之间进行比较，我们必须发展出一些概念和术语。这不仅仅是一个清理掉黏附的地方承诺和情感倾向的问题。我们还需要找到理论来解释这些教义如何与社会组织相关联。本书初步探索了开放性如何限制公共的、标准化教条的发展方式。人们通常认为，宗派（sect）的教义更顽固、更不能容忍越轨、对外人更苛刻，但同时也给他们的行家里手提供了安慰和欢乐。如果我们对宗派主义感兴趣，那么我们首先要探究的词语是"宗派"和"宗派主义者"（sectarian）。

　　经历过人们对《自然象征》早期版本令人遗憾的误解之后，我最近放弃了"宗派"一词。因为它已成为教会成员对持异见者的一种指责甚至蔑视，所以应该把它排除在外。我们需要一个中性术语来指称外部的边界很强、内部的区分则很弱的社会环境。

从定义来看，这是一个有界群体，是平等的。在谈论 5 世纪犹地亚的第二圣殿群体时，我使用了"平等主义的疏离体"（Douglas 1993a）。然而，我仍然保留了"宗派主义"这个词与其所有负面联想，以描述"一种在有利条件下可能会居上的趋势或文化成见"。宗派倾向意味着两极化的争论，个人被呈现为黑与白、恶与善，而不是介于两者之间；它意味着对政治和社会问题采取的一种心理化和理想化的方法；它通常是一种简单化的形而上学，甚至会选择反智和非理论的立场，毫不妥协、冷酷无情地对待对手。从这个角度来看，问题在于理解为何疏离体中的人们会秉持这种观点。

在改换术语时，我们还需要处理一些未尽事宜。"宗派"最初指的是没有内部区分的社会单位，它被一个强大的边界所控制，与世界其他地方相抗衡，如果要用"疏离体"来代替它，显而易见它应该具有同等属性。并非物理上被一个更大的社会所包围这一事实，就会导致宗派主义现象。

疏离体可以阶序地被组织起来。这是力量的一种来源，阶序制度有利于解决协调问题。但是他们如何发展并维持一个阶序组织呢？如果他们有能力按照阶序制度组织起来，这意味着出于某种原因，他们在控制成员方面没有那么多麻烦，也没有什么理由担心成员倒戈背叛。如果我们要用这个词来专门形容反对平等主义的群体，我们就不要称他们为"疏离体"。我们可以简单地将他们称作阶序群体，并期望他们表现出典型的阶序文化。这些问题始于一种文化上的疏离体主义，作为一个群体从自己是其中一部分的更广泛的社会中退出的最初决定。真正的疏离体与外部世界的意见并不一致。

不管由何而始，或作为群体退出，或不管什么原因导致该种情况出现，或面对背叛时的脆弱，或为解决其他难题而运用平等主义制度，或缺乏领导，这种社会都存在宏大的组织问题亟待解决（Douglas 1987，第三章）。群体的小规模或者群体成员的亲密关系，都不足以解释疏离体文化的特点。我将其独特的文化归因于其平等组织，反之我也看到这种组织是它在控制其成员与抵制更大社会的诱惑方面存在的弱点造成的，而我又会用它有原则地反对更大的社会以使自己成为一个疏离体这一点，来解释此弱点。这种共同体越是有不同的意见，比如说拒绝服兵役、要求单独的教育、拒绝投票或担任公职,它就越无法指望得到外界的帮助。它不能让警察来执行在更大社会中都无法执行的任务。

这个持异议的疏离体通常没有重大的恩惠可以赐予。所有真正有权势的职位都在它之外,所有的投桃报李、裙带关系和积累财富的巨大机会也都在它之外。这个疏离体对货币和市场的独特态度,往往会给其忠诚的个体带来金钱上的损失。该疏离体可能不得不告诉其成员,他们不应该用物质奖励来玷污自己。如果它声称要控制其成员的性生活,并期望年轻人通过婚姻加入自己,另外一整个冲突和压力领域就会出现。在归属和不归属的边界上,纪律问题凸显,这就是寻求疏离体文化(又称宗派主义)解释的关键。

当一个疏离体不得不担心其成员的叛逃时,它的世界就开始两极分化了。背叛是疏离体的最大组织问题与独特焦虑。如果挑战者受到纪律威胁,他可以威胁说要搬走。没有人能够阻止他们。如果他们都叛逃了,这个组织也就完蛋了。不能展示权力,而且必须非常谨慎地施加权威:因此才有对平等的坚持。领导层非常清楚,他们必须避免让人觉得他们是在搭普通成员努力的便车,所以领导层没有级别特权,一般也没有级别。所有这些都适用于疏离体成立后相当晚的阶段;一开始都是希望和爱,但在创始人去世后,卡里斯玛衰退,继任问题会引发嫉妒和分裂威胁。

典 型 策 略

疏离体有克服这些困难的典型策略。其一就是采用严格平等原则。结果是模糊性增加,领导力减弱。平等原则加上疲软的领导力使得群体协调性变差。典型疏离体的组织困难催生了典型的针对外来者的宗派愤怒,以及众所周知的辩论中的不妥协态度。

疏离体的主要缺点是容易出现内部派系,最终导致分裂。它长于抗议,弱于行使权力。另一个缺点是它倾向于固守不可调和的敌意,并以黑白分 xxii 明的方式看待道德问题。我们还应注意此种疏离体不擅于谈判,无法委派代表,管理混乱,并且难以保证对长期政策的支持。所有这些都适用于持异议的少数分子,不管他们是宗教人士还是世俗人士。疏离体组织的主要关注是其边界的完整性——这是对其非常担心其成员背叛或逃跑的一种礼貌说法。防止裂隙出现的那种焦虑,使得人们一旦发现权力在积累,就把注意力转向权力的耗散。从直觉上看,平等似乎是一种容易维持的自然状态。要在这一点上有所省悟,不妨读一下史蒂夫·雷纳的《让我们保持平等的一些原则》(Rayner 1988)。

想要平等,领导力就得故意软弱,而且必然软弱。这导致了组织的脆弱。有这种文化的共同体可能会拥有一些优势,因为它用良心说话。它对阶序制度的反对,使它成为下层阶级的有力代言人;它对浮华和浪费的谴责,它对知识分子的自命不凡的怀疑,都使得规范对话提升到了一个更高层次。

我们可以这样概括:每当一个群体必须通过竞争来招募成员时,它就会倾向于焦虑自己将来是否能够依然存在,每当它在竞争中处于特别不利的地位,以至于它的主要关切集中在叛逃上时,疏离体主义就会出现,宗派的不妥协亦会接踵而至。思想史上偶然地将宗派研究归入了宗教社会学,因此,人们对于作为具有特定权威问题的组织形式的疏离体的一般理解,已经被碎片化了。有阶序理论和市场理论,但没有关于这第三种组织的世俗理论。这说明了对宗教进行社会学概括的困难。人们对社会进行分类,是为了澄清其他社会科学中的问题,因此,宗教研究只剩下它自己的语言,那些语言让人联想起讲道台和祭坛。

从外部看宗派像是阶序

宗教可以按照阶序主义的原则组织起来,就像罗马天主教会一样,并且可以遍布全球,在敌对的文化中植入微小的阶序主义节段。它们如果幸福地拥有足够的财富和权力,不至于因叛变而受到威胁,就可能会在教义和解释方面,以及在劳动分工与威望方面,仍然保持阶序结构。摩门教徒就是一个很好的例子。因此,可能存在着从更大的社会中退出,但几乎没有宗派倾向的一个阶序共同体。就术语而言,这并不矛盾,也不会给疏离体理论带来疑问。相反的情况就更令人困惑了:阶序宗教的前哨会发现自己处于疏离体的处境中，并倾向于在压力下对神圣惩罚表现出同样的宗派性焦虑、同样的对外来者和叛逃者的愤怒，以及像任何平等的疏离体那样将英雄与恶棍进行强烈对比。尽管他们在宣扬一些阶序制的教义，但正是边界的开放和关闭边界的失败尝试，使得他们处于与疏离体一样的处境。

在阶序制度受到威胁的情况下，向外界封闭的失败尝试对于宗教教义倾向的影响，同样也见于平等主义共同体受到威胁的情况。爱尔兰和法国就是很好的例子。理查德·格里菲斯（Griffiths 1966）所描述的 19 世纪末到 20 世纪 30 年代的法国天主教徒，就体现了典型的宗派主义的不容异说和英勇荣升。爱尔兰天主教会最近的记录至今仍与宗派暴力不可避免地联系在一起。

以色列历史学家艾曼纽尔·西万（Sivan 1995）接受了这个观点，并将它应用到现代宗教史的研究中。他认为，在某种意义上，科学和世俗文化的发展已经把基督教、印度教、伊斯兰教这些古老宗教置于疏离体的境地。它们在一个富足强大的外部世界中被边缘化。它们现在饱受持异议的少数人的不利条件之苦，尽管传统上它们具有地位并成为主流。因此，他指出，在当代宗教思想中存在着强烈的宗派倾向，既有宗教深受原教旨主义组织形式吸引。

阶序制度及其对手

对于组织抗议、表达异议来说，疏离体是一种好办法。而阶序制度是解决协调问题的好办法。它是在秩序、对称和平衡的原则下运行的。它的规则是正式的，计划是长期的，并通过援引传统来为其行为正名。其优势在于它有明确的分层和专业化的角色模式：它能有效地组织；它在面对逆境时具 xxiv 有弹性和韧性。它试图争取其竞争对手。由于稳定和专业化，一个阶序教会能坚持一种承载了其最初形成的厚重历史的详尽教义。由于它有能力阐述教义，它重视并奖励智识成就。

它的突出缺点是过度正式化、过度依赖惯例和监管，这使得它反应迟钝。它还有一种试图控制知识的病态倾向——因为新知识是其已有排序的最大威胁。吸收新知识以免其破坏苦心维护的秩序，需要大量的精力投入。我们似乎完全可以预测，现代工业社会中的个体脱离了家庭和社区的原始根源，被拣选训练成为服务于全球任何地方的移动单元，阶序制度势必会被淘汰，持异议的群体或个人宗教有可能增加。

有些阶序制度不如其他阶序制度那么有效或可取。考虑到我所讨论的文化成见向个人主义方向运动，阶序制度这一普遍观念如今非常不受欢迎是可以理解的。阶序制度被呈现为一个简单的自上而下的单体集中化指令系统，就像 20 世纪 60 年代通用汽车公司的一幅漫画。然而，其他种类的阶序制度在家庭或小群体中自发出现，或在古代社区或君主制系统中被奉为神圣（Douglas 1993a）。我发现元阶序体系（proto-hierarchy）是一个可用于描述非集权式阶序系统的绝佳术语。它们拥有多个最高权威，有序的单元平衡并置，在交替的控制领域占据优先地位：国王和下议院、教会和国家、教皇和皇帝、丈夫和妻子，等等。不属于英国圣公会的新教教会和平等主义教会发展起来的普世教会协会（World Council of Churches）与国际群体可能在顶层有协调作用，能将不同的单元松散地纳入一个元阶序体系。

从静态到动态

这些都是我现在看到的主要观点。本书试图发展涂尔干的比较宗教社会学工作，使它既可应用于澳大利亚的图腾主义，也可应用于现代工业社会。这意味着我们得严肃地对待组织过程中所产生的思想的中心议题，分类以及价值观亦需如此对待。区分各种组织类型，系统地思考每种组织类型里能获得蓬勃发展的价值观类别，都需要我们投入大量才智。我希望这个粗略的开端能够被采纳、得以发展，我也并没有失望——相反，我很高兴能获得来自十分意想不到的地方的帮助。

第一个任务是加强和完善社会组织的比较，以及个人行为受社会环境影响的不同水平的比较（比较的方法参见 Gross and Rayner 1985）。第二个任务是防止分析变得静态。第三个任务是确保它总是能够被实证地检验。我完全不知道该怎么去做这一切。最初我自己的方法是完全静态的。

描出一幅社会环境地图,并在其上投射出适合每个地方的道德观念的不同集群,这似乎就足够了。彼得·布朗对 3、4 世纪"关于神圣的辩论"的研究提出了如何使之变得动态的建议(Brown 1978)。他认为,为回应激烈权力竞争中的转变,宗教风格也发生了转变;其导火索是罗马帝国的瓦解和衰落。对共同体的宗教生活的控制,成了一场持续的三方角力的战利品。例如,他将对巫术的攻击,看作一场"关于小群体内如何行使不同形式的权力的被消音的辩论"(同上书:20)。随后,迈克尔·汤普森把控制权之争看作第三维度,将平面和静态的地图变成了一个更强大的模型(Thompson 1982)。声波不小的有关环境问题的激烈国际辩论,也为格群分析提供了丰富素材。

在伦敦大学学院和纽约的罗素·塞奇基金会举办的两个研讨会,是《感知社会学论文集》(Douglas 1982)这本不太厚的书的基础,该书使得探索性论文被提升成一种可以扩展和修改的理论。在格群测量的有趣应用中,有太多东西无法在这里一一列举,某些开创性的贡献成了大多数后续工作的基础。我提到了迈克尔·汤普森的三维模型、詹姆斯·汉普顿(James Hampton)的操作定义、戴维·奥斯特兰德(David Ostrander)对阶序体系和企业家个人主义之间正对角线的识别、史蒂夫·雷纳对时间和空间感知的比较,以及戴维·布卢尔(David Bloor)对 19 世纪数学系研究议程的比较,马丁·鲁德威克(Martin Rudwick)对地质学认知风格的比较对其做了补充。 xxvi

接下来是方法论的运用——史蒂夫·雷纳与数学家乔纳森·格罗斯(Jonathan Gross)合作制作了一本操作手册,其中设计了一个复杂的 EXACT 模型,能将共同体成员描绘为格群图表上的点(Gross and Rayner 1985)。

1977 年,阿伦·威尔达夫斯基(Aaron Wildavsky)成了罗素·塞奇基金会的主席,我加入了他的团队,用他的话说,做文化项目的"头领"。这似乎是一个极好的机会,可以组织一些实证研究来检证《自然象征》里的一些观点。我想支持食物社会学的工作来实现基金会远大的慈善目标,同时对文化理论有所贡献。如果能够明确地说出(在其他条件相同的情况下)一组行为或多或少比另一组更结构化,这对于文化的比较来说非常有益。在阶序体系中,吃饭的场合总是承载着一种象征性结构,而在任何其他类型的文化中,这是不必要或者不可能的。这使得了解食物的非营养用途变得很有趣,也可能很重要。哥伦比亚大学数学系的乔纳森·格罗斯设计了一种巧妙的方法来衡量相对复杂的结构。三组美国人类学家研究了苏族印第安人、费城的意大利人和北卡罗来纳州的非裔美国人的食物系统,他们的实地研究报告得以出版(Douglas 1984)。遗憾的是,仅仅几个月后,在我们的研究取得任何进展之前,阿伦·威尔达夫斯基的主席任期过早地结束了,所以早期的想法无法继续得到发展。尽管个别文章被略加使用,建立结构维度的尝试却没有成效。

阿伦·威尔达夫斯基成了文化理论的主要灵感来源和推动者。离开罗素·塞奇基金会后,他回到了加州大学伯克利分校公共政策研究生院。他满怀热情地使用查证论辩的方法来研究人们对待风险的态度,这在当时和现在都是一个充满政治紧张气氛的话题,他还对使用格群图式来分析政客想法的可能性表示欢迎。当时,分析民意测验的心理学家只是假设有一种基本类型的人,他们性格怪异,这解释了其对风险态度的变化。添加文化元素,意味着去寻找组织上的意见压制。这意味着不把人们对风险的态度当作自由浮动的心理事项,可以任意改变,而是假设人们长期的态度或对得失的态度,会受到社会环境的影响。我们根据社会和文化偏好共同制定了风险信念的分布图,这比主流范式的人格类型更好地解释了美国人对技术风险的态度。

在某种程度上,阿伦·威尔达夫斯基喜欢格群分析,因为这似乎证明了他的成见是正确的:反对自上而下的、官僚主义的、压迫性的政府等级形式,反对在政治上不负责任的宗派主义;这使得个人主义成为最有利的文化成见。至于孤立主义者,从政策的角度来看,根据定义没什么意思。

我本人喜欢文化成见理论,因为它承诺客观性;威尔达夫斯基喜欢它,是因为它证明了,只有一种正确的、真正自由的方式来组织社会,那就是从个人主义文化的角度。在如此不同的视角下,我们能够合作是一件很不寻常的事,或者更确切地说,对于任何从来没有与阿伦·威尔达夫斯基共事过,只知道他对信念充满热情、对争议毫不留情的人来说,这似乎都是极不寻常的。

这得归功于他享有盛名的学术上的慷慨，在经历了一场激烈的争论之后，我们终于共同出版了《风险与文化》（Douglas and Wildavsky 1983）。他曾说："格群是市面上最好的游戏，"然后挖苦地补充："可惜没人玩!"与此同时，他和迈克尔·汤普森一起，开创了解决环境争议的文化方法，完成了另一部关于方法和理论的合著（Thompson and Wildavsky 1991）。他们还招募了不同国家的其他政治学学者，尤其是加州的丹尼斯·科伊尔和理查德·埃利斯（Coyle and Ellis 1994）、挪威组织和管理中心的佩·塞尔（Per Selle）和冈纳·格伦德斯塔德（Gunnar Grendstad），以及维也纳技术与社会研究所的曼弗雷德·施 xxix 穆泽（Manfred Schmutzer）。不幸的是，阿伦·威尔达夫斯基于 1993 年去世。

文化理论也可以阐明作为集体产物的思维方式。史蒂夫·雷纳将这一兴趣加以推进，发展了关于遗忘和记忆的社会约束，以及思考和辩论风格中的文化成见的文化理论（Rayner 1988,1991a,1991b,1994）。两项有关古典 xxviii 时代晚期的研究开始时与最初的项目相近，但走得比我预想的要远得多：萨拉·科克利对基督论争议的历史研究，从女性主义的角度看三位一体学说的发展（Coakley 1992）；还有理查德·林对古典时代晚期关于神学的公众争论，以及为什么这些争论变得如此暴力，以至于不得不被禁止的文化分析（Lim 1995）。格群图表在不同领域有着不同的应用，它看起来从不完全相同也就不足为奇了。这并不一定是因为我们改变了想法——这一点似乎曾让詹姆斯·斯皮卡德（Spickard 1989）担忧——或者是因为我们在争吵。简单地说，尝试在两个维度中工作是极其困难的，我们正在不断前进、简化、移动轴或旋转图表。我几乎认不出本书中的图表，但我没有必要去试图修正它们，让它们与 20 世纪 90 年代的工作相匹配。事情已经有了很大的发展。唯一重要的是，用一种系统质疑思想家自身起点的工具，协同努力思考生命和人类价值。我们寻找对现实的不同看法，真正的不同看法。

这些研究一定有助于将宗教社会学纳入社会思想的主流。最后，我不得不承认，我对有坚实方法论基础的宗教研究的偏爱，与其说基于理论关注，不如说基于边界问题。当宗教研究以讲道台的语言进行，并被道德再生的语言所主导时，人类学被排除在外可不太好。

参考文献

BLOOR, DAVID: 'Polyhedra and the Abominations of Leviticus', *Essays in the Sociology of Perception*, London, Routledge & Kegan Paul, 1982.

BROWN, PETER: *The Making of Late Antiquity*, Cambridge, Mass., Harvard University Press, 1978.

CAREY, JOYCE: *The Prisoner of Grace*, London, Harper, 1952.

COAKLEY, SARAH: Douglas, M.(ed.), London, 'Three Personed God: a Feminist Exploration in Théologie Totale', The Hulsean Lectures, Cambridge, 1992.

COYLE, DENIS and RICHARD ELLIS: *Politics and Culture*, Berkeley, Cal., University of California Press, 1994.

DOUGLAS, MARY: *Purity and Danger: An Analysis of Concepts of Pollution and Taboo*, London, Penguin, 1966.

——(ed.): *Witchcraft Accusations and Confessions*, ASA, London, Tavistock Publications, 1970.

——*Essays in the Sociology of Perception*, New York, Routledge & Kegan Paul with the Russell Sage Foundation, 1982.

——*Food in the Social Order*, New York, Russell Sage Foundation, 1984.

——*Risk Acceptability in the Social Sciences*, London, Routledge, 1986.

——*How Institutions Think*, New York, Syracuse University Press, 1987.

——*In the Wilderness, the Doctrine of Defilement in the Book of Numbers*, Sheffield, Sheffield Academic Press, 1993a.

——*Risk and Blame, Essays in Cultural Theory*, London, Routledge, 1993b.

——'Witchcraft and Leprosy, Two Strategies of Rejection', *Risk and Blame, Essays in Cultural Theory*, London, Routledge, 1993c.

——*Thought Styles, Critical Essays on Good Taste*, London, Sage, 1996.

DOUGLAS, MARY and DAVID HULL (eds): *How Classification Works*, Edinburgh, Edinburgh University Press, 1993.

DOUGLAS, MARY and S.NEY: *Well-Being*, Berkeley, Cal., California University Press, forthcoming.

DOUGLAS, MARY and AARON WILDAVSKY: *Risk and Culture, an Essay on the Selection of Technological and Environmental Dangers*, Berkeley, Cal., California University Press, 1983.

GRIFFITHS, RICHARD: *The Reactionary Revolution: the Catholic Revival in French Literature, 18701914*, London, Constable, 1966.

GROSS, JONATHAN and S.RAYNER: *Measuring Culture, a Paradigm for the Analysis of Social Organisation*, New York, Columbia University Press, 1985.

JOCHIM, CHRISTIAN: '"Great" and "Little", "Grid" and "Group": Defining the Poles of the Elite-Popular Continuum in Chinese Religion', *Journal of Chinese Religions* 15:18-42, 1987.

LIM, RICHARD: *Public Disputation, Power and Social Order in Late Antiquity*,

Berkeley, Cal., University of California Press, 1995.

MARS, GERALD: *Cheats at Work, an Anthropology of Workplace Crime*, London, Allen & Unwin, 1982.

PEGG, M.G.: 'Le corps et l'autorité: la lèpre de Baudouin IV', *Annales ESC 2.265 - 87*, 1990.

RAYNER, S.: 'Risk and Relativism in Science for Policy', *in The Social and Cultural Perception of Risk.Essays on Risk Selection and Perception*, B.Johnson and Vincent Covello (ed.), Dordrecht, D.Reidel, 1987.

——'The rules that make us equal' in Rayner, S.and Flanagan, G.J.(eds) *Rules, Rulers and Ruled in Egalitarian Collectives*, Farnborough, Gower Press, 1988.

——'Expertise et Gestion de l'Environnement Global' in Theys, J.(ed.) *Environnement, Science, et Politique: Les Experts sont Formels*, Paris, Germes, 1991a.

——'A Cultural Perspective on the Structure and Implementation of Global Environmental Agreements', *Evaluation Review* 15.1: 75 - 102, 1991b.

——'Governance and the Global Commons', Discussion Paper 8, The Centre for the Study of Global Governance, London School of Economics, 1994.

RAYNER, S.and G.J.FLANAGAN (eds): *Rules, Rulers, Ruled in Egalitarian Collectives*, Farnborough, Gower Press, 1988.

SIVAN, EMMANUEL: 'The Enclave Culture' in Marty, M.M.(ed.), *Fundamentalism Comprehended*, Chicago, Ill.: Chicago University Press, 1995.

SPICKARD, JAMES: 'Guide to Grid/Group Theory', *Sociological Analysis* 50(2), 1989.

THOMPSON, MICHAEL: 'A Three Dimensional Model' in Douglas, M.(ed.) *Essays in the Sociology of Perception*, London, Routledge & Kegan Paul, 1982.

THOMPSON, M.and M.SCHWARZ: *Divided We Stand: Redefining Politics, Technology and Social Choice*, Brighton, Harvester Wheatsheaf, 1989.

THOMPSON, M.and WILDAVSKY, A.: *Cultural Theory*, Boulder, Col., Westview Press, 1991.

THOMPSON, M., M.WARBURTON and T.HATLEY: *Uncertainty on a Himalayan Scale: an Institutional Theory of Environmental Perception and a Strategic Framework for the Sustainable Development of the Himalaya*, London, Ethnographica, 1987.

序　言

　　这本书的书名似乎自相矛盾。自然必须用象征来表达；自然通过象征为人所知，这些象征本身基于经验的建构，是思维的产物，是一种技巧或传统的产物，因此是自然的反面。谈论自然象征也不可能有意义，除非头脑倾向于以某种自然的方式在相同情况下使用相同象征。长期以来人们一直在深入探讨这个问题，摒弃了自然象征这一可能性。一个象征仅通过在模式中与其他象征的关系中才有意义。模式赋予象征含义。因此，脱离了其他象征，模式中的任何象征都不能独立地具有意义。因此，即使是我们共同拥有的人类生理机能也不能提供大家都能理解的象征。跨文化的、泛人类的象征模式肯定不可能存在。一方面，每个象征系统都依照自己的规则自主发展。另一方面，文化环境增加了它们之间的差异。此外，社会结构又增强了一系列变化。我们越是仔细审视人类互动的条件，对自然象征的寻找即使不是荒谬的，也越是不值得的。然而，人们对这种习得的否定有十分强烈的直觉。本书试图沿用法国《社会学年鉴》社会学家的论证思路来恢复直觉。因为，如果真的像他们所说的那样，人的社会关系是事物之间逻辑关系的原型，那么，当这种原型落入一种共同的模式时，在它所使用的象征系统中就应该有一些共同的东西可以被识别。在系统中发现规律的地方，我们应该期望发现重复出现的、在不同文化中总是可理解的、相同的自然象征系

统。社会不仅仅是分类思维所遵循的模式；也正是它自身的分界线充当了分类体系的分界线。第一个逻辑类别是社会类别；第一类事物是将这些事物整合进去的人的类别。这是因为人们分群体而聚，并以在观念中将其他事物分群的群体形式来思考自身。大自然第一种形态的中心并非个体，而是社会（Durkheim and Mauss 1903：82，87）。对自然象征的追求，通过此论证的力量，成了对自然系统象征化的追求。我们将寻找象征系统的特征和社会系统的特征之间的趋势和相关性。

识别这些倾向的最简易方法,可被表述为有着生理起源的距离法则。我曾在其他地方(1966 年出版的《洁净与危险》)论证过,有机系统提供了一种社会系统的类比,这种社会系统在其他事物相同的情况下,在全世界以同样的方式使用和理解。人体能够提供一个象征的自然系统,但我们的问题是识别反映在某一种观点中的社会维度上的、人体应该如何运作或如何处理其排泄物的各种要素。在那本书中我提出了一些建议,但此主题十分复杂。根据具有生理起源的距离规则(或洁净规则),社会情境对参与其中的人施加的压力越大,一致性(conformity)的社会需求就越倾向于表现为对身体控制的需求。身体过程越被忽视,越被牢牢地置于社会话语之外,社会话语就越重要。有尊严地参加社交活动的自然方式,就是隐藏有机过程。因此,社会距离往往表现为与生理起源的距离,反之亦然。

迈蒙尼德是 12 世纪的犹太哲学家,他解释了这个习语中对上帝的拟人化引用。运动器官、感觉器官或语言器官被比喻性地赋予上帝,以表现他导致某些结果的力量。上主的声音具有威权(《圣咏集》29:4)[①],他的舌头有如吞噬的火焰(《依撒意亚》30:27),他的目光细察(《圣咏集》11:4)。外在的器官具有直观的比喻意义,因为行动和认识的能力是上帝的属性。但当内脏器官必须被解释时,问题就出现了:

> 在诸如"为他我的肠子扰乱"(《耶肋米亚》31:20);"你的肠子的声音"[②] xxxiii
> (《依撒意亚》63:15)这样的语句中,"肠子"一词是在"心"的意义上被
> 使用的;因为"肠子"一词可以在一般意义上使用,也可在特殊意义上
> 使用;它具体表示"肠子",但更广泛地说,它可以用作任何内脏的名
> 称,包括"心脏"。"你的法律常存于我的肠中"(And thy law is within
> my bowels)这句话(《圣咏集》40:9)可以用来证明这个论点的正确
> 性,它和"你的法律常存于我的心怀"(And thy law is within my
> heart)是一样的。因此,先知在这节经文中使用了"我的肠子扰乱"

---

① 本书《圣经》译文俱参考思高本。个别中英文《圣经》章节数字不一致处,以英文原书为准。
② 此处为直译。思高本中,"我的肠子为他烦恼"作"对他我五内感动","你的肠子的声音"作"同情心"。

（和"你的肠子的声音"）；希伯来文动词 *hamah* 与"心"连在一起使用的频率事实上高于与其他任何器官连在一起使用的频率；不妨比较一下"我心焦躁不宁（*homeh*）"（《耶肋米亚》4:19）。同样地，肩膀也从来没有被用作与上帝有关的形象，因为它仅被看作一种承载工具，并且与它所承载的东西有着密切接触。出于更重要的原因，营养器官从不被赋予上帝；它们立刻被认为是不完美的标志。

(Maimonides 1956:61)

对于这个神来说，我们不可能去想象他具有消化和分泌器官。事实上，犹太教根本就不接受这种做法，但这并不是普遍趋势。许多宗教崇拜各种意义上化身的神。道成肉身是基督教核心的、独特的教义。理解自然象征系统的一个基本问题是，了解何种社会条件是对待人类身体的一种或另一种态度的原型，以及它是否适用于描绘上帝。对有机过程的蔑视可被用于描述社会距离的习语使用，其限度是什么？在试图回答这些问题时，我们会遇到方法上的极大困难。

最棘手的难题之一，就是在我们比较一种文化中的行为与另一种文化中的相应行为时，如何保持其他变量稳定。在此以笑为例。在任何一种社会体系中，高声喧嚷的笑在有礼貌的场合可能都是不得体的。但什么是高声的和喧嚷的，其标准可能大有不同。汉弗莱夫人在她的《女性礼仪手册》（Humphry 1897:12）中很不客气地描述了一群戏剧观众的笑声，她们中很少有人"知道如何使自己沉浸于欢乐的表达中"。

xxxiv

如果有一个笑声优美的人，那就有十几个只是露齿而笑的人，和六七个唯一的解脱是扭动身体的人。后者中的一些人向前弯着腰，几乎把自己折成两半，然后又直起身来，每听到一个笑话，就重复这种抽筋似的可笑动作。另一些人则以一种令人不快的方式向后仰着头，仿佛脱白了。还有几个人如此投入于发泄她们势不可挡的愉悦感，以至于会猛烈地拍打自己，整个人扭来扭去，仿佛在受折磨。不同音调的笑声响彻四方，从尖锐微弱的"呵！呵!"到双重的咯咯轻笑"嗬！嗬!"，就像邮

差的敲门声,以惊人的速度发出,以便做好准备,清理好甲板,迎接下一
个玩笑。咯咯的笑声让人想起农庄,鼻息让人想起猪圈,诸如此类。

汉弗莱夫人不赞成仰头、激烈、抽搐、失控的大笑、喷鼻息和咯咯笑。在关于
学习笑的一章中,她写道:"在谈话中,没有什么是比组成完美笑声的银色音
符的涟漪更好的装饰了。"但在一种文化中被认为是涟漪,在另一种文化中
可能被认为是一系列粗鲁的举动。这是比较的中心问题,它束缚了人们比
较不同社会或同一民族在不同历史时期的身体行为规则的尝试。如果我们
试图比较各种表达形式,我们要从物理维度上去评估行为。物理变量的范
围之大如此惊人,显而易见,它包含了诸多文化元素。正如列维-斯特劳斯
所说的那样:

> 每种文化中的兴奋阈值和抵抗极限都是不同的。"不可能的"努力、"无
> 法忍受的"痛苦、"无限的"愉悦,与其说是个体的功能,不如说是集体认
> 可和不认可的标准。传统上被学习和传播的每一项技术、每一项行为,
> 都基于构成真实系统的某些神经和肌肉综合,在整个社会学语境中相
> 互关联。

(Lévi-Strauss 1950:xii)

由此可见,从最彻底的身体控制到最彻底的放纵,没有任何相关的客观生理
限制。象征表达的所有可能范围与此类似:每种社会环境对表达方式都有 xxxv
自己的限制。从伦敦到北方,标准兴奋剂从啤酒转为威士忌,在一些社交圈
中,从淡茶变成咖啡,变成香蒂酒。随着这些变化,噪音、安静以及身体姿势
的特殊范围也随之变化。我们无法控制文化差异。然而,如果没有某种方
法,跨文化比较就会失败,这项工作的全部乐趣也会随之消失。若我们不能
把部落民族志中得出的观点用来反观我们自身,那么观点就根本没有多少
意义。社会控制的体验也是如此。让别人控制自己的行为是什么感觉,随
着他们可以使用的约束和自由的质量而变化。每一个社会环境都限制了我
们与其他人或远或近的距离的可能性,并限制了群体忠诚和遵从社会分类

的成本和回报。跨文化的比较就像试图在没有共同价值标准的情况下,去比较原始货币的价值。但是这个问题基本上和语言学家在比较声调语言时所面临的问题是一样的,声调变化发生在相对音高范围内,而不是绝对音高范围内。解决比较问题的一种方法,是将假设的预测限制在任何给定的社会环境中。即使在这里,界定一个社会环境也是非常困难的。方法论规则仅仅是一种粗糙的保护措施,以防止最野蛮的文化选择。

它可用来抵消邦戈-邦戈主义(Bongo-Bongoism)①的影响,后者是所有人类学讨论的陷阱。迄今为止,当一般化的说法被试探性地提出时,任何田野工作者都会立即反驳,说:"这很好,但它不适用于邦戈-邦戈。"为了进入目前的讨论,邦戈主义者必须精确地指明他的比较所涉及的文化领域。

我即将提出的象征经验和社会经验一致性的假设,总是需要在特定的社会环境中进行检验。其中一个论点是,人们对社会约束的重视程度越高,对身体控制的象征的重视程度也会越高。根据比较规则,我不能把劳合·乔治(Lloyd George)那乱蓬蓬的头发和迪斯雷利(Disraeli)那飘逸的长发做比较,因为他们分属英格兰历史上的不同文化时期。严格地说,我不应该把劳合·乔治与同时代将头发剪得更短的年轻一代进行比较。"特定的社会环境"这个术语所允许的自由度,是一个需要斟酌的问题。进行比较的文化范围越有限,结果就越显著。

我将这些方法规则牢记于心,尝试识别四种独特的自然象征系统。在这些社会系统中,身体的形象以不同方式反映和增强着每个人的社会体验。根据其中一种系统,人们倾向于认为身体是交流的器官。主要的考虑因素是它的有效运作;领导与下属之间的关系成了中央控制系统的一个模型,治国方略中最受欢迎的比喻总会提到血液在动脉中的流动、维持和恢复体力。另一种系统中,虽然身体也被视为生命的载体,但它易受多种方式的侵害。它面对的危险,有些来自于缺乏协调或缺乏食物和休息,但更多的来自无法控制通过口器吸收的物质的质量;对中毒的恐惧、对界限的保护、对身体排

---

① 此处的邦戈-邦戈指一个假想的部落或民族,道格拉斯第一个在人类学中讽刺性地使用了这个词。此词的来源或许是 Bongo Bongo Land,英式英语中指代欠发达国家,尤其是假想的欠发达国家的一个贬义词。

泄物的厌恶，以及要经常清洗的医学理论。另一种系统对身体排泄物的可能用途持实用态度，非常冷静地对待排泄物回收以及这种做法的回报。身体内的生命和承载生命的身体之间的区别没有任何意义。在这个社会的控制领域，关于精神和物质的争论几乎不会出现。但在光谱的另一端，在绝大多数人被这些实用主义者所控制的地方，会看到另一种不同态度。此时身体首先不是生命的载体，因为生命被看作完全精神性的，而身体则是无关紧要的物质。我们在此可以找到从我们早期历史到现在的千禧年趋势。对这些人来说，社会似乎是一个不起作用的系统，人体是系统最容易得到的形象。在这些类型的社会体验中，人们会觉得，自己那令人费解的无利可图的人际关系，处在社会制度的险恶控制之下。由此可见，身体倾向于作为邪恶的象征，作为一个结构化的系统，与本质上自由和无差异的纯粹精神形成对比。千禧年主义者对于找出敌人并消灭他们不感兴趣。他相信一个乌托邦的世界，在这个世界里，良善心意可以在没有制度设置的情况下盛行，他不寻求珍爱任何特定的社会形式。他会将它们统统扫除。千禧年主义者热衷于狂热；他欢迎这种放手的体验，并将其纳入带来千禧年的程序中。他寻求 xxxvii 肉体的癫狂，这种癫狂对他来说，表达了新时代的爆炸性来临，重申这一学说的价值。哲学上，他偏向于区分精神与肉体、思想与物质。但对他来说，肉体并不意味着欲望的诱惑和所有身体上的快乐。它更有可能代表权力腐败和组织腐败。对他来说，精神在大自然和荒野——而非在社会中——自由地发挥作用。沿袭这一思路，人类学家可以将他们的实地资料与宗教史的传统主题联系起来，因为它揭示了重大神学争议的隐性形式。在有些宗教中，神与人之间可以有性行为；而在另一些宗教中，巨大的阻碍将神与人分离开来；在又一些宗教中，神以人的外表而非真实的肉体形式出现；在其他情况下，神道成肉身，但不是通过正常的生理过程。正如利奇在讨论童贞生育的教义时所指出的那样，此处存有一个关于精神和物质的分类方式索引。对一些人来说，这些分类是非常明确的，把它们混在一起是亵渎神明的行为；对另一些人来说，神与人的混合是正确的、正常的。但我希望表明，是社会生活的各个维度支配着人们对精神和物质的基本态度。

第一章 远离仪式

1   当今最严重的问题之一，就是我们对共同象征缺乏虔敬。若情形仅止于此，那我们也没什么好说的。若我们只是分裂为一个个小群体，而每个群体都致力于其适当的象征形式，那情况也还易于理解。但更神秘的是一种广泛流传的、对仪式本身的明确拒绝。仪式一词现已成为指代空洞的一致性的贬义词。我们正在见证一场反抗形式主义甚至于反抗形式的斗争。"我绝大多数同学只是坐在那里读完四年，"纽菲尔德如此描述他大学时代的"没落一代"（ungeneration），"他们不挑战任何权威，不冒任何风险，也不提任何问题。他们只是记住那些'既有的知识'，甚至当那些指令要求他们背诵而非推论，将他们变成没有头脑的录音机时，也毫无怨言。"（Newfield 1966：41）这是路德的阴影！宗教改革的阴影及其对毫无意义的仪式、机械的宗教、作为祭礼语言的拉丁语、有口无心的经文颂咏的抱怨。此时此地，我们发现自己正在重新经历一场世界范围内对仪式主义（ritualism）的反抗。我们可援引马克思和弗洛伊德的理论来理解这一现象，但涂尔干也预言了这一点，社会人类学家理应解释这一疏离。我们观察到，有些部落比其他部落更注重仪式，有些部落相较其他部落更不满意于其传统仪式。从部落研究的成果来看，通常被忽略的一个维度倒是值得在此一提——个体在其内活动的私人关系的圈子或领域。但在尝试表达此点时，我们深感术语贫乏。

许多社会学家追随默顿的理论（Merton 1957：131 及以下诸页），使用"仪式主义者"（ritualist）这一术语来表示那些做一些外在姿态，内心却对其所表达的思想和价值观念无敬奉之心的人。因此，那些兴致寥寥的学生就

2 是仪式主义者。这与动物学家的用法有相似之处。例如，当某种动物被说成是在进行一种仪式性攻击时，动物学家所说的是，该动物将开始发起一系列动作，若能正常地完成，就会以攻击告终；动物仪式的功能是交流，因为当其他动物接收到该信号时，便将其行为变成仪式上的谦恭屈服，从而抑制和

检查一连串的攻击动作。这似乎是区分动物象征性行为和其他行为的合理方式。我们将其识别成一种沟通形式；与其他交流方式相比，仪式的价值并没有被评判。不过，当此种用法被转移到人类行为，被定义为偏离了其正常功能的惯常行为的仪式时，就微妙地成了一种被轻视的交流形式。其他象征性行为准确地传达了行动者的意图与承诺，而仪式则没有。仪式主义者变成了操演外在姿态的人，这些姿态意味着对一套特定价值观的信奉，但这个人的内心却退缩、干瘪、没有信仰。如此偏袒地使用这一术语令人发狂。因为它源于宗教复兴主义漫长历史中反仪式主义的假设。社会学家可能会坚持认为，情感上的遗留问题不会干扰其冷静客观。但无从否认，这使得他没有方便的术语来描述可以正确表达行动者内在状态的另一种象征行为。用反仪式主义来积极虔敬地使用象征形式，以保持仪式主义的贬义和宗派主义意义，肯定十分麻烦。在中立的意义上使用仪式这一术语还有另外一重原因。人类学家既需与社会学家沟通，也需与动物学家交流。他们习惯使用仪式一词来指涉象征秩序中的行动和信仰，而无涉行动者的虔敬或非虔敬心意。他们有这样做的实际原因。因为在小规模、面对面的社会中，个人意义和公众意义之间的鸿沟无法形成；仪式并不是固定不变的；仪式实施时的情境和表达形式之间的矛盾，会因后者的变化立即减少。原始法学中并不存在法律和道德的区分，因为没有成文的先例，可以不断对法律进行小的修改以表达新的道德状况，而且这种修改由于未被记录下来，不被人们所察觉。"法律为上帝所赐且亘古不变"这一观念，在实践中与不断变化的法律情境相容。若部落专门法庭中的正式场合下情形如此，那原始社会中宗教象征的公共使用更是如此了。无论人类学家多么认真地确信，对神灵的崇拜始自部落伊始就遵循着某一不变的模式，都没有什么理由去相信仪式施行者自己所相信的。原始宗教是幸运的，因为它们不能承载"仪式化的"仪式的沉重负担（采用社会学家的说法）。因此，人类学家到目前为止还不需要去考虑外在象征形式和内在状态之间的区别。"仪式化的"仪式应该被轻视，这很公平。但轻视所有仪式、所有象征性行动，则是不合逻辑的。用"仪式"一词指涉一致性的空洞符号，使得我们没有词汇来指涉真正一致性的符号，这对宗教社会学是严重的障碍。因为空洞象征的问题，仍然是关于象征与社会生活关系的问题,需要一个客观公正的词汇。

人类学的用法将该讨论与宗教史上的争议更真实地联系起来。积极意义上的仪式与教会史上的仪式主义相一致,使我们得以用仪式主义者和反仪式主义者自己的方式来识别他们。我们因而可以反思自身,思考现今反仪式主义的原因。

最近英格兰的罗马天主教主教对礼拜五斋戒的关注,就是一个富于启发性的例子。一方面,礼拜五斋戒是一条大部分天主教教徒十分珍视的规则。他们坚守这条规则,若有违犯之处,通常都严肃对待,会悔悟地承认自己的过失。另一方面,神职人员却并没有对它高度重视。在他们眼中,礼拜五的斋戒礼仪已经变成了一个空洞的仪式,与真正的宗教无关。在这场争论中,反仪式主义者是神职人员,仪式主义者则是被贬称为"沼泽地爱尔兰人"(Bog Irishmen)的一类人。沼泽地爱尔兰文化似乎是一种非常神奇的、非理性的、非语言的文化。矛盾的是,在爱尔兰生活的沼泽地爱尔兰人,数量反倒没有伦敦教区的多。礼拜五斋戒是他们宗教的核心原则:这是一种禁忌,一旦打破就必然带来不幸。这是他们认为唯一值得在忏悔中提及的罪,而且显然相信,违犯此条比违犯十诫中的任何一条都要在审判日带来更严厉的惩处。为了使他们更接近真正的教义,礼拜五斋戒这条规则在英格兰已被废除,一场新教理运动正在积极开展,试图使他们的后代摆脱魔法,接受更高级的崇拜形式。

当我问牧师朋友,为什么新形式被认为是更高级的,我得到的回答是德日进主义的进化论,[①]即认为,理性的、口头上明确的、个体对上帝的虔敬,显然不证自明地比它声称的相反的、正式的、仪式性的一致性更进化、更好。当我对此提出质疑时,有人告诉我,仪式的一致性并非个体虔敬的有效形式,与人格的全面发展并不相容;不仅如此,用理性的虔敬来取代仪式的一致性,将给基督徒的生活带来更大的意义。此外,如果我们要为子孙后代保存基督教,就必须根除仪式主义,它就好比一株正在扼杀精神生命的杂草。我

---

① 德日进(Pierre Teilhard de Chardin,1881–1955),法国耶稣会神父、古生物学家、神学家、哲学家。因为他对原罪和进化论的看法,长期不见容于教会。1923 年被"发配"到天津传教,自此先后在中国生活了 23 年,参与了北京猿人的发现。1950 年当选法兰西院士。

们在这一切中发现了一种情绪,它与激励了许多福音派的反仪式主义非常相似。不需要返回到宗教改革时代,就可以认识到这些现代天主教徒所乘的浪潮并不那么协调。

今天,在我们中间,就像在爱尔兰移民中一样,数量众多的新教教派正蓬勃发展。依次崛起的每一个教派都拒绝教会学(ecclesiology),寻求返至福音书的最初纯净,不干涉宗教仪式的形式,主张直接与崇拜者的内心对话。

这种反对仪式的运动可以被看作一种钟摆晃动吗?这种方法意味着,任何对仪式的强烈冲动,最终都必须被另一种意义上的冲动所抵消。对于反仪式主义的周期性更新,一种常见的解释是,对已建立的宗教阶序制度的反抗,来自于那些被剥夺了继承权的人。这是弗洛伊德和韦伯的一个流行组合,它假设宗教的主要功能是应对心理失调,当这一功能或多或少被确立时,社会形式也或多或少被惯例化了。肇始于表达穷人宗教需求的宗派运动,逐渐提升了社会阶序。它开始受人尊敬。它的仪式不断增加,它对圣言的严格原教旨主义,变得如当初它所否认的圣礼体系那样充满魔力。伴随尊敬而来的是仪式主义。随着好运消失,反仪式主义和新的教派也出现了。这就是《宗派主义模式》(ed. Wilson 1967)中许多文章的基本假设。威尔逊本人 5 在解释反仪式主义派的发展时,提出了失调理论,对此表达得非常清楚。社会变化必然引起失调。因此,建立新教派的冲动随着变化的加快而增长。

> 我们通常能在整个社会不同程度地体验到的压力和紧张中,发现刺激宗派产生的具体因素。某一特定群体经济地位的变化(可能只是相对地位的变化);比如在工业化和城市化的情况下,正常社会关系被扰乱;社会制度未能容纳特定年龄、性别以及地位群体——所有这些都可能是刺激教派产生的因素。在某种程度上,各教派所回应的正是这些需求。某些特定的群体在社会变革过程中被边缘化;他们突然需要对自己的社会地位做出一种新的解释,或者对自己的经验进行重新评估。不安全感、地位差异焦虑、文化忽视,促发了重新调整的需要,而教派可能能为某些人提供这些。

(同上书:31)

诸如此类等等。

试图援引失调、补偿、剥夺来解释行为的论证,总是可供我们批评的对象。当它在经验主义社会学家中抬头时,追踪它成了一项特别令人愉悦的任务。推广这种人性均衡模型的精神分析学家,将他们的案例建立在其治疗价值的基础上。形成科学上可验证的命题,并不是他们主要的关切。但是,对于一个社会学家来说,从失调和再适应角度来寻找一类宗教运动的起源,就等于放弃了他的角色。他要么必须用命题来证明命题本身的前提,要么必须承认,对于解释否定的例子而言,命题毫无价值。沼泽地爱尔兰人又如何呢? 他们难道不是无依无靠、穷苦贫困,遭受着正常社会关系的扰动吗? 当他们发现自己在伦敦劳作,或者更确切地说,在劳工介绍所外排队时,他们难道不会突然感到有必要对自己的社会经验进行新的诠释吗? 哪还有什么身份能比伦敦的非技术移民工人更没有安全感、更边缘化、更容易焦虑呢? 然而,他们却在那里,顽强地坚守着他们古老的教会组织和烦冗复杂的仪式,而那些没那么明显边缘化的,在社会上也没有那么多不安全感的传教士却在力图将他们驱逐出教会。因此,我们可能会对这种反仪式主义的解释感到不满。

剥夺假设深深植根于我们的文化遗产中。也许卢梭第一次也是最有力地描绘了一个被社会束缚的个体,他在达到某种程度的屈辱和绝望后,有可能反抗。从那以后,一直困扰着社会学的假设是,剥夺和压力可以跨文化地测量。在本书的第三章中,我试图建立方法论的限制,使这些概念能够被应用。在普遍的解释模型中使用了张力或压力的概念的任何人,都有其过错,最轻微的过错是在分析完成之前就转身离开,而最糟糕的状况则是陷入循环分析。例如,斯梅尔瑟在解释大规模运动、恐慌、狂热和宗教运动时,加入了压力这一因素。对他来说,压力源于角色和表演之间的不连续性(Smelser 1962:54),但由于我们无法评估这种不连续性,他继续假定其出现是社会变化的结果。当大批单身人士涌入城镇,或者在他所说的"拮据"(pinched)群体中,他发现了结构性压力(同上书:199,338)。因此,我们在定位不同类型大规模运动的原因方面进展不大。像"压力"这样的词的情感内容,和失调、剥夺、挫折等一样,都抑制了分析。另一个困难在于,我们将注意力集中在变化和运动之上,因为它们总是可以被假定始于一种不平衡状态。但更具启示性的是,去识别某些小规模原始社会的稳定状态下,某类集体行动中独特的社会结构与相关的象征主义。

即使在我们中间,也需要考虑一个长期的趋势。不只无家可归者和迷惘的人会趋向这样一种非仪式主义的崇拜。当代美国天主教表现出

> 一种对个体的强调,在新教精神中我们也能发现这一点。它专注于一种个体宗教体验,个体会考虑他自己与上帝,而相对地排除他的邻居在考虑之外。

对于那些通过阅读获得灵性(spirituality)的人,这位宗教社会学家继续说道:

> 两个世纪以来,向天主教徒推荐的大量灵性读物都强调了这种私人灵 7
> 性。……在福音书中,这意味着玛利亚的角色……优先于玛尔大。
>
> (Neal 1965:26 - 27)

让我使用这段节选来说明脱离仪式主义的三个阶段。第一是对外在仪式形式的轻视;第二是宗教经验的私人内化;第三是转向人道主义慈善事业。当第三个阶段出现时,灵性的象征性生命已经结束了。我们可以识别出每个阶段的社会决定因素。对我的爱尔兰沼泽地祖先的忠诚,本身并不会使我去捍卫仪式主义。哪怕自己不是爱尔兰人,任何人类学家也都知道象征表达的公共形式不应该被轻视。那些不重视礼拜五禁食日的外在和仪式方面的改革者,以及那些劝诫信徒选择慈善行为的人,并不是在对各种崇拜形式进行知识上的自由评估。他们和中产阶级的其他阶层一起,在随着世俗化的潮流前进,这些中产阶级只想通过拯救他人免于饥饿和不公正,来证明自己的生活是正当的。在我们的社会中,一些个人经历会驱使人们通过做好事来证明自己的正当性。但在这一点上,我们也要注意到,爱尔兰主义坚持仪式形式本身,也是由社会决定的。礼拜五斋戒日的遵循者不能随意追随他们的牧师从事广泛的慈善事业。因为每个人的宗教信仰都与自己和自

发自主的需求有关。在神职人员、教师、作家公认的需要，与他们为其传道、授业、写作的人的需要之间，存在着令人悲哀的脱节。

我希望通过思考小规模的原始文化来揭示这些社会决定因素。现在的问题是宗教历史的核心问题，令我吃惊的是，人类学的见解还没有被系统地用于解决这个问题。将这种分析扩展应用到古今文化的研究还太少，因此至今还没有通用的词汇可供使用。圣礼是一回事，魔法是另一回事；禁忌是一回事，犯罪又是另一回事。第一要务是打破那些拒斥的、言语上的藩篱，这些藩篱武断地将一组人类经验（我们的）与另一组人类经验（他们的）隔离开来。首先，我将用仪式主义来表示我对象征性行动的高度赞赏。这将体现在两个方面：笃信所创象征的效力，对浓缩象征具备敏感性。第一种是圣礼神学，同样也是魔法神学。我认为对"魔法"和"圣礼"加以区分，对这里的讨论并无什么好处。我说的可以是欧洲所发生的历史性转变，即在宗教改革前强调仪式的有效性，之后则强调自发的、纪念性的仪式。或者，我指的是部落宗教对魔法效力的信仰由强至弱的这一变化。在此讨论中，不管我用"魔法"这个词，还是"圣礼"这个词，都没有任何区别。

在象征性行为被认为最有效的地方，仪式主义得到了高度发展。在天主教和圣公会之间，圣餐的仪式存在一个转变，前者强调仪式功效，后者强调纪念仪式。这就是我们所考虑的这个系列（从魔法仪式到非魔法仪式）在社会起源上的细微差异。这一差异在人们对待错误行为的态度上，可能最容易被辨认出来。如果象征被高度重视、仪式主义盛行，罪的概念就会涉及特定的、正式的不法行为；如果仪式主义薄弱，罪的概念就并不聚焦于特定的外部行为，而集中于精神的内在状态：净化仪式将不会如此明显。

在我开始比较原始宗教之前，我必须回溯一下圣礼宗教所倚靠的微妙准绳。据我所知，圣礼是为传递恩典而特别设置的标志象征。因为昭示恩典的物质象征和渠道无处不在、随时可用，因而整个物质世界都被认为是神圣的；但圣礼则是一种专门的设置。基督徒在接近圣礼时必须履行规定的仪式条件。如果因为这样或那样的原因，他无法达到这些要求，则可求助于更分散的恩典之源。他可以用精神上的"痛悔祷告"来取代实际经历忏悔和赦免的规定形式；也可以用"属灵共融"来替换"圣餐共融"。因此，对圣礼的虔诚,取决于一种重视外在形式并愿意相信它们有特殊功效的心态。正是这种普遍的态度,使得仪式主义者致力于崇拜的圣礼形式。反之亦然,对外在象征缺乏兴趣,与对规制的圣礼崇拜并不相容。当前许多试图改革　9 基督教礼拜仪式的尝试都认为,鉴于旧象征已经失去了意义,问题在于找到新象征,或使旧象征的意义得以再生。若情形如我所说的那样,不同历史时期的人对这类象征的敏感程度有高有低,这可能完全是白费力气。有些人对非语言象征充耳不闻或视而不见。我认为,一般意义上的象征感知,与其解释一样,都是由社会决定的。如果我能证实这一点,那么,对有关宗教行为的失调理论或张力理论(strain theory)的批评来说,将是很重要的。

首先,摒弃认为所有原始宗教都是神奇的、充满禁忌的流行观点。罗伯逊·史密斯(Smith 1894)表达了这一主张。他认为几个世纪以来,随着文明的发展,魔法也在逐渐衰落。他的观点并非全然错误。但他所描述的这场伟大的世俗行动,若非一种错觉,至少也是经常被打断的。在远离工业进步的原始文化中,我们发现了非仪式主义者。

仪式主义被当成一种关注,即要正确地操纵灵验的象征,按照正确的秩序吟诵出正确的语汇。当我们把圣礼比作魔法时,需要考虑两种观点:一方面是官方教义,另一方面是它的流行形式。在第一种观点中,基督教神学家可能把圣礼的效力限制于恩典在灵魂中的内在作用。但因蒙受神恩的人所做的决定大概与其他人会有所不同,经由这种作用,外部事件可能会得以改变。圣礼的功效在内部起作用,而魔法的功效则在外部起作用。但这种差异即使在神学层面上,也没有看上去那么大。若神学家还记得将那些本身就足够魔幻的"化身"教义、更为神奇的"复活"教义,以及其力量如何通过圣礼加以传递等考虑在内的话,他便无法在圣礼效力和魔法效力之间做出如此明确的区分。此外,还有基督教中流行的魔法。为寻找失物而为圣安东尼点燃的蜡烛是有魔力的,同样的还有用来防止出事故的圣克里斯多福像章,或以为礼拜五吃肉会使人长斑。圣礼行为和魔法行为都是仪式主义的表现。我们所了解到的原始文化中魔法兴盛或衰落的条件,应该适用于我们之中的圣礼主义(sacramentalism),也同样适用于在新教改革中表达出　10

来的对魔法和仪式的拒绝。

　　把对灵验象征的信仰作为比较的重点，其好处在于，宗教行为的其他方面很大程度上与这方面的变化相一致。我已提及，罪的观念会随着魔法的观念而变化。正式的越轨概念事实上可以表现出非常神奇的一面，再一次地，越是魔幻，人们对浓缩象征的感知就越敏感。所有的交流都依赖于象征的使用，它们能以多种方式——从最精确的到最模糊的，从单一参考象征到多重参考象征——进行分类。在此，我请你们对多重参考象征类别中的、由最弥散转变为最浓缩象征的这一变化多一点兴趣。对于高度浓缩象征的例子，请阅读特纳对恩登布仪式的诠释。赞比亚的这支人群所体验到的人类社会有一个复杂的结构，由依据年龄和信仰组织加以分层的血统群体和当地群体组成。为了象征这一点，他们将人体、大地和树木的汁液颜色扣系于一处。人体的活性成分是黑色胆汁、红色血液和白色乳汁；在活生生的自然界中，存在着分泌乳白色汁液和红色黏稠树脂的树木以及黑色烧焦的木头；与此相类似，矿物质中也存在黑色、白色和红色黏土。根据这些颜色，他们设计出在越来越抽象和包容的解读层面上相互关联的、男性和女性范围的复杂表征，以及破坏性和滋养性的力量。这个象征系统是如此的简洁和清晰，只要触动一个和弦，就足以认识到这一管弦乐编曲立足于宇宙层面之上（Turner 1968）。对于基督教浓缩象征的例子，我们可以考虑圣礼，尤其是圣餐和圣油。它们将非常广泛的参考物概括为彼此松散相联的一系列陈述。相比之下，就弥散性象征而言，以姆巴提俾格米人表示"快乐"的词为例，特恩布尔（Turnbull）将其看作他们价值体系中的核心元素，或者当代英国广播公司文化中的"人类价值"一词。这些有关弥散性象征的观念就参考物而言已足够全面；它们会产生一种标准的情绪反应。但我们难以精确地分析其内涵。我的意思是，对于生活在伦敦的流亡爱尔兰人而言，礼拜五斋
11　戒的原则只是一个微小的浓缩象征符号，正如禁食猪肉对于所有的犹太人来说，已经成了律法的一个象征符号。一些英格兰天主教徒和犹太人对这些浓缩的象征没有反应，而更受一般伦理原则的感化。我的假设是，这些反应分别是特定类型社会经验的各个方面。我隐然发现了自己回到了罗伯逊·史密斯的观点上，即在宗教研究中，仪式是首要的，而神话则是次要

的。因自宗教改革以来有关基督教教义的长期神学辩论貌似已经出现了一种转变,试图使知识的立场与对仪式主义根深蒂固的个人态度保持一致。这一论争的充分发展应该使我们能够评估反仪式主义运动的社会背景,以及它们被仪式主义周期性击败的情况。

就目前的民族志报告而言,寻找浓缩符号的存在与否,这一比较基础还不够可靠。因为存在着一种令人不安的可能性,即如果一个像维克多·特纳或者雷蒙德·弗思这样有水平的田野工作者去俾格米人那里进行他惯常的深入调研,他可能会发现与罗马七座山丘上的任何象征一样浓缩的一组象征。有一些用于定向的象征方案,对于人们在时间和空间上的彼此联系必不可少。这本身并不一定意味着他们的信仰采取圣礼的形式。既然我正以一种社会学的方式来解决这个问题,那且让我把注意力仅集中于人们在日常生活中的象征运用,将焦点置于其作为调节阀或权力渠道的用途,而非信仰体系的其他特征上。也就是说,我们应该更多关注他们关于仪式效能的观念,而不是他们的取向结构。

首先以一个部落为例,这个部落的传统宗教是魔法性的,其中相当一部分人转向了新教徒式的宗教仪式与良心改革。戴维·阿伯利(David Aberle)写道:

> 传统的纳瓦霍人害怕在仪式中出错,尤其是在祈祷者和受难者在仪式过程中必须重复的固定祈祷词上出错。这些错误不仅可能使仪式无效,而且可能在数年后给病人带来疾痛。……当纳瓦霍人违犯各种禁忌时,超自然力量可能会伤害到人们,但是这些禁忌与道德秩序几乎没有任何关系。如果一个人犯了谋杀罪,鬼魂可能会来找他的麻烦——不过,若他在医院工作,或正巧烧了一个死过人的泥盖木屋的木头的话,鬼魂也可能会来找麻烦。他的鬼魂麻烦来自仪式的污染,而非出自神的诅咒或鬼魂的报复。偷盗、通奸、欺骗、袭击和强奸都没有超自然力的制裁。……诚然,若在仪式上吟诵者生气了或发生了争吵,仪式就会受损。从这个意义上说,对不当行为有超自然力量的制裁,但只有在

12

仪式继续进行时候才会如此。另一方面,纳瓦霍人肯定担心许多意外违犯禁忌的后果。

（Aberle 1966）

从这个极端仪式主义的立场来看,为数不少的纳瓦霍人信奉一种以在仪式中吃佩奥特仙人掌为核心的宗教。在其仪式上、在其有关罪与神的理念上,佩奥特仙人掌派宗教与传统的宗教迥然不同。佩奥特仙人掌教派信徒在祈祷中重视自发性,坚持认为祈祷没有固定模式。正如阿伯勒所说的那样,传统的纳瓦霍人尝试通过仪轨规程来约束权力,而佩奥特仙人掌教派信徒则试图用他们的热情来影响神。佩奥特仙人掌教派的神对道德感兴趣,忏悔认罪是获得神的祝福和帮助的必要条件。

这种宗教变化的全部细节都在戴维·阿伯勒的杰出著作中得以展现。在此,我仅需说明伴随宗教崇拜的变化而来的社会条件的改变。纳瓦霍人在非常干旱、困难的条件下以放羊为生,主要居住在亚利桑那州和新墨西哥州。一个养了很多羊的人以前通常会将其他家庭聚在他周围,为他管理部分羊群,作为回报,他们会得到部分产出。这些单元必须具有高度的凝聚力,是在危机中提供经济支援、复仇和道德控制的基础。

纳瓦霍人亲属关系中最大的有组织单元,是一群实际上经年累月、互帮互助的地方性母系亲属。……个体可能会在一个严冬或旱季中失去所有积蓄的财物。因此,分享的伦理十分普遍,主要依靠的是母系亲属,次要也需依靠包括姻亲在内的许多其他亲属。富人应该是慷慨的,穷人也坚持不懈地要求他们慷慨大方。亲属之间的相互关系被……纠纷调节过程而巩固增强:这里通行的规则是自助与补偿。首领只能进行仲裁,但在复仇、要求赔偿或支付赔偿这些情形下,则需要亲属的支持。

（同上书:44）

这种社区生活有多紧密,以及在困境中互惠的约束所施加的保持一致的控制力有多强,皆可从人们对道德规范的态度析出。欧洲调查者很显然非常惊讶地发现,支持纳瓦霍人道德标准的,不是热爱美德,而是害怕被报复、得到的支持被撤回、被羞辱。阿伯勒的书是一项有关社区道德控制的基础逐渐崩塌的详尽研究。美国的法律和秩序取代了复仇集团。

> 一旦相互帮助的可能性减少,宗族凝聚力就会降低。对失去社区支持的恐惧也成为一个较小的威胁。对丢脸或羞耻的恐惧,取决于在面对面社区生活中的参与程度。不仅仅是社区之内的相互依赖减少,道德强制减弱,而且社区之外人们对有偿工作的依赖加强了,家庭经济自主性也得以增加。

> （同上书:200－201）

这样一个例子表明,当社会群体用紧密的公共纽带把成员紧紧地绑在一起时,宗教就是仪式化的;当这种捆绑放松时,仪式化就会减少。随着形式的变化,教义也会发生变化。传统纳瓦霍人的社会经验使他习惯于自动响应他所居住的社区的需求。抽象的对与错、内在的动机,这些对他来说都不那么重要,更重要的是知道他属于哪个复仇集团,在互惠之网中他受谁约束。但是新纳瓦霍人由于被迫削减羊群的数量而变得贫穷,没有充分参与美国的工资和现金经济,不得不学会区分家庭的义务性要求和非强制性的慈善请求。控制他行为的是他的个人判断,而不是盲目的忠诚。他不能指望他的亲戚,他们也不应该指望他。他独自一人。吃佩奥特仙人掌给了他一种大大提升的个体价值感,一种与超自然力量直接交流的感觉。我们要注意的是,他的神已经变得像他自己,不再被强有力的互惠和忠诚的象征所强迫。他对意图与能力做出判断。他不会自动地应用那些固定规则,而是透过象征性的外观来判断人的内心。神开始反对仪式。这是有关新教改革的一个有趣的微小模型,很值得我们更深一步探讨。我将再次返回到纳瓦霍人的佩奥特仙人掌教派这个议题上来。由于他们的反仪式主义是对现代条件的一种回应,它并不符合我对原始模型的需求。

为此,我转向科林·特恩布尔有关伊图里森林中俾格米人的一项非洲研究。从中我得出自己最初的论点,即仪式主义最重要的决定因素,是封闭性社会群体的经验。

俾格米人代表了某种极端案例。他们举行的仪式如此之少，以至于研究他们的第一批民族志学者认为，就任何意图与目的而言，他们都没有自己的宗教，甚至于没有自己的文化。他们所有的一切都借取自班图人。特恩布尔的作品被这样一种断言所启发，认为他们缺乏仪式，正是他们有自己独立文化的一个表现。他画了一幅俾格米人的画像，他们不敬地嘲笑那些自身被卷入其中的庄严的班图仪式，不理解他们的班图邻居所提供的狩猎和生育魔法，在班图人试图为巫师占卜时咯咯地笑，完全不在意引起死亡的污染。他们不祭拜死者，拒绝班图人的罪观。有关班图宗教的所有事物，于他们而言都是陌生的。从班图人的观点来看，他们是无知的、非宗教的。但他们没有任何同等精致壮观，但与之不同的替代事物。他们的宗教着重内在感觉，而非外在象征。森林的情绪表现了神灵的情绪，而森林正如俾格米人一样，可以被歌舞所取悦。他们的宗教不关注他们在复杂宇宙范畴内的恰当定位，也不关注越轨行为和纯洁的原则；它关注快乐（Turnbull 1965:289）。借用一句古老的口号来说，它是一种有关信仰而非有关工作的宗教。

就他们的社会组群而言——这一群体如此流动与起伏不定，以至于某一特定区域会出现"个体的持续流动"（同上书:109）。班图农民认为，某些俾格米人通过世袭的权利依附于自己的村庄，肯定会很想了解自己的行踪。不过，特恩布尔说道：

15 　　因此，每一支世系群，就像每一个个体一样，只要愿意，都可以在无垠的辖域内自由移动，而这一体系本身就鼓励这种移动，以至于（班图）村民都不知道有哪些姆布蒂人世系群在"他的"辖域中狩猎。

（同上书:109）

捕猎者营地大致每个月都会更换宿营点。在这段时间里，新来者不断到达，之前的成员不断搬走，所以整月下来，成员的构成都不一样。捕猎季需要七个男人，有超过二十间临时营房的营地就算大的了。在蜂蜜季，这些营地分裂为更小的单元。

> 俾格米人似乎不受什么固定规则的约束。每个人都或多或少地遵循一
> 种普遍的行为模式，但取舍却相当随意。

（Turnbull 1961：80）

在这样的社会里，人们几乎不需要拘泥于社交礼节。如果发生了争吵，他可以轻易离开。忠诚是短期的。调节的技巧无需精心设计或公开制定。我不仅仅只是认为，人们彼此相待的行为与他们对待神的行为一致，尽管这也是一点。我还认为，同一维度的经验催生了宗教形式和社会形式。俾格米人在一个未知的、不成系统的、没有界限的社会世界中自由活动。我坚持认为，他们不可能发展出一种圣礼宗教，而与之毗邻的、生活在森林空地上的封闭村庄里的班图农民不可能放弃魔法。

　　因为民族志质量显而易见很好，我们对俾格米人的例子应该很有信心。若特恩布尔粗心大意，留下些空白，似乎并没有意识到他所观察到的东西的含义，若他没有在其论述之后附上如此丰富的次要素材，俾格米人的宗教就不会引起人们的兴趣。这对我们研究苏丹牧民努尔人和丁卡人也同样有价值。对此我将在第六章详加阐述。就宗教行为而言，这两个部落似乎都不如俾格米人那样类似低教会派。① 然而，在断言其崇拜的非仪式性质时，民族志学者都遇到了麻烦，无法让其同行相信，理想化的倾向并没有扭曲他们的报道。这是每个试图描述一种非仪式主义原始宗教的民族志学者的命运。我从来都不知道该如何回复那些人类学家，他们认为埃文思-普里查德教授自己的宗教信仰可能扭曲了他对努尔宗教的解读（Evans-Pritchard 1956）。我听说过他们质疑努尔人对拜物教的漠视，据称这是一种外来的新输入（同上书：99）。至于努尔人的神，鉴于他与其崇拜者关系亲密，拒绝被牺牲所胁迫，适合用基督教神学形式来描述，貌似他与原始宗教的传统神祇相差甚远。丁卡人的神也是如此（Lienhardt 1961：54，73）。我甚至在想，罗宾·霍顿（Robin Horton）责备戈弗雷·林哈特轻描淡写了丁卡人仪式行为

16

---

　　① 低教会派（Low Church）是英国圣公宗中较不重视仪式的教派，而高教会派（High Church）则是重视仪式的教派，如天主教。

的魔法内容，或许是合乎情理的。

> 有些情况下也不能直言不讳。例如，虽然从提供的材料来看，丁卡人认
> 为象征着所渴求结果的某些行为本身，对于他们达成那些结果而言，确
> 实有用，但作者似乎不时地想使这些魔法元素合理化。
>
> （Horton 1962:78）

由此，我们检视过的这本书在丁卡仪式的表达功能和灵验功能之间勾勒出
一条非常精巧的细线。在我看来，就象征性行动如何控制经验，林哈特提供
了一种绝妙见解。但是，他是否在夸大其表现力的同时，低估了其魔法成分
呢？罗宾·霍顿站在尼日尔三角洲潮湿的红树林沼泽地的角度来阅读丁卡
人这本书，在彼处，本土社区是封闭的，魔法无疑就是魔法。但在开阔的草
原上，魔法可能没那么重要。

　　我所考虑的是，世界各地的魔法仪式都不一样，人们对魔法灵验性的兴
趣随着社会联结的强度而变化。那些怀疑原始的、非仪式化的宗教本身是
否存在的人，所持的是老神父舍贝斯塔（Schebesta 1950）的立场。他认为，
如果俾格米人没有像班图人那样拥有神奇而复杂的仪式，那么这肯定证明
先前俾格米人的文化遗产已然丢失。因此，持怀疑态度的人认为，有关丁卡
人和努尔人宗教的报道中遗失了魔法部分。他们泄露了这一假定，即所有
原始宗教都同等地具有魔法。俾格米人和新旧纳瓦霍人的例子，为我们断
言存在着非仪式的原始宗教提供了基础。努尔人和丁卡人的民族志学者难
17 以说服其同行相信他们的仪式不是很魔幻，这一事实表明，我们尚需调查原
始文化中一系列从高到低的仪式主义的真实性。

　　世俗化往往被视为一种因城市的发展、科学的威望或社会形式的崩溃，
而导致的一种现代趋势。但我们应该明白，这只是一种由来已久的宇宙学
类型，一种可定义的社会经验的产物，与城市生活或现代科学可以没有任何
关系。在这一点上，人类学家似乎没有给当代人提供正确的反思之镜。世
俗和宗教的对比，与现代和传统或原始的对比，没有丝毫关联。认为原始人
天生就笃信宗教，这种观点实在荒谬不羁。真相是，各种各样的怀疑主义、

唯物主义和精神狂热都可以在部落社会中找到。它们在这些方面上彼此不同,正如伦敦生活中任何选定的部分彼此不同。认为所有原始人类都是虔诚的、轻信的、服从于祭司或魔法师的教导这一错误观念,与其说混淆了专注已逝之过往的考古学家的解释,可能更加阻碍了我们去理解自己的文明。例如,如果哈维·考克斯(Harvey Cox)意识到下面这些话语与一些新几内亚部落信仰的描述是多么相似,他肯定会用截然不同的方式来描述今天的世俗趋势。

> 在世俗城市的时代,我们关心的问题大多是功能性和操作性的。我们想知道如何控制和负责任地使用权力。我们发问,如何能在我们匆忙进入的技术社会中形成一种合理的国际秩序。我们担心如何才能在不使世界人口不断徘徊在饥荒边缘的情况下,充分利用医学的神奇力量。这些都是务实的问题,而我们都是务实的人,对宗教的兴趣充其量也只是边缘的。

(Cox 1968:93)

世俗化本质上并不是城市的产物。在此世(this-worldly)这一意义上、无法超越日常意义这一意义上、不理会专门宗教机构这一意义上,都存在着世俗的部落文化。人类学家自己无法解释他自己的材料,迄至他知晓这个事实。当他遇到一个无宗教信仰的部落时,他的探究就会更加敏锐有力。他试图更努力地挤榨所获得的信息资料,使其产生象征主义的整体上层结构,他的分析可贯穿全书,将它与社会基础联系起来,或者他至少要从中挖掘出一些东西来,将其放在关于宗教的最后一章。弗雷德里克·巴特(Fredrik Barth)在研究一群波斯游牧者时曾严重受挫,导致他最终不得不写了一篇特别的附录,以澄清自己对宗教行为漠不关心或研究肤浅的可能指控。

> 巴瑟里人的仪式活动十分匮乏,这在田野调查的场域下相当引人注目;他们所拥有的仪式、回避的习俗和信仰似乎很少影响或表达在他们的行为中。更重要的是,仪式的不同要素似乎并没有在一个更广泛的意

义系统中紧密联系或相互关联；它们给人的印象是，其发生与彼此无关，也与社会结构的重要特征无关……。

(Barth 1964，附录：135)

巴瑟里人显然会赞同这一观点，因为他们认为自己是懒散的穆斯林，"通常对波斯毛拉所宣扬的宗教不感兴趣，对形而上学的问题漠不关心"。巴特如此坦率地记录自己的惊讶和职业挫折，这点值得赞扬。他尝试通过改进用于分析的概念工具，来解决那些仍然存在的问题（因为他认为所有部落社会都必然会有直接的涂尔干式的宗教表达）：他被指引着去寻找专门的、与工具性行为分开的表达性行为；这种区分是否可能并不总是那么有价值呢？也许象征意义隐含于工具性行为中，对于巴瑟里人来说，他们迁移中丰富的戏剧性序列，充分表达了构成其生活的意义和价值观念："……事实上，这种价值并非通过技术上无关紧要的象征性行为以及异国情调的物品来表达。……迁移周期被当作将时间和空间概念化的主要方式。"此后，他晦涩地表示，意义可以隐含在活动的顺序中，因为"这些活动被刻画得如诗如画，富于戏剧性，可以令迁移成为一种引人入胜、令人满足的体验"（同上书：153）。然而，哪怕如诗如画这一标准适用于对新几内亚"猪宴"的描述，却很难应用于美国城市里的类似现象。迁移的意义可能隐含于迁移行动本身，但并不能说明其社会意义。难道不应该认为，一个不需要明确表达自己的社会，是一种特殊类型的社会吗？这将直接将我们引向巴特所说的独立与自给自足的巴瑟里游牧家庭，既能"在外部市场的经济关系中生存，又完全与其他游牧者隔绝，这是巴瑟里组织的一个非常显著的基本特征"（同上书：21）。随着我在本书中对这个问题的阐述，可以对世俗性进行解释的这些特征也将变得更为突出。因为宗教行为的一种最明显形式，就是使用身体象征来表达有机社会系统，这是巴特一直在寻找却没有找到的。不过，对于某些人来说，似乎除非个人关系的形式明显地与身体形式或功能相一致，一系列充满激情的形而上学问题就完全无关紧要。

第二章　转向内部体验

　　那些反对空洞仪式的新左派，并不愿意看到自己遵循威克利夫①和热
心的新教改革者的足迹而行。然而，若我们能把目光从微小的异域文化跃
至欧洲的宗教传统，则能找到世俗语境和宗教语境下反仪式主义之间的轻
易转换。我们可以看到，与当前社会价值观的疏离通常以一套固定的形式
出现：不仅谴责不相关的仪式，而且谴责仪式主义本身；提升内部体验，贬低
其标准化表达；偏爱直观和即时的知识形式；拒绝媒介制度，拒绝允许习惯
成为新的象征系统之基础的任何倾向。极端形式下的反仪式主义，尝试废
除通过复杂的象征系统来进行的沟通。随着该论点的发展，我们将看到，只
有在新运动早期的无组织阶段，这种态度才可行。在抗议阶段之后，一旦对
组织的需要被认可，对仪式的消极态度就会被认为与对连贯的表达系统之
需要相冲突。然后，仪式主义会在社会关系的新语境中重新找到自身的位
置。原教旨主义者并不认为圣餐拥有魔力，但在对待《圣经》时，态度则开始
变得神秘。那些为争取言论自由而罢工的革命者采用镇压式制裁，以防止
重返巴别塔。然而，这种反抗和反仪式主义运动每次让位于一种对仪式有
需求的新认识时，象征的原始宇宙秩序就会有所失佚。我们净化旧的仪
式，如人们所期望的那样，使其更简单、更贫瘠，仪式之清贫有如乞丐，但
也蒙受了其他遗失。深处之过往，有一种衔接的损失。新教派追本溯源
至原始教会，远至第一个五旬节或灭世洪水之时，但历史的延续性只有细
微踪迹可寻。仅有一小部分历史经验被认为是目前状况的前因。除了用
掰面包的方式来庆祝最后的晚餐，渔夫门徒的简朴，对祖先的选择也十分
拘谨：正如革命者可以把国王和王后从历史的书页中驱逐出去一样，反仪

---

　　①　约翰·威克利夫(John Wycliffe，约 1328—1384)，英国经院哲学家、神学家。他是罗马天
主教内部重要的持异议的神职人员，被视为新教改革的先驱。

式主义者拒绝圣徒和教皇的名单,试图在没有任何历史负担的情况下重新开始。

但是,在解释反仪式主义时,钟摆的摆动并没有带领我们走得太远。有一种长期的世俗趋势仍有待解读,这种趋势导致人们对浓缩象征缺乏敏感性,与此同时又普遍关注意义的匮乏。在远离仪式的同时,人们对道德也更为敏感。因此,我们发现美国的基督教教派彼此之间,以及与犹太社区之间的区别越来越小,越来越不愿意提及教义上的差异,而且全都同样地致力于社会改良方案。这一趋势在赫伯格的著作《新教、天主教和犹太教》(Herberg 1960)中得到了极好描述,尼尔(Neal 1965)在她的深入研究中也记录了这一趋势。不过,我发现另一位社会学家的研究与此更为相关,其作品更有助于我们去理解这一趋势。

仪式首先是一种沟通形式。社会语言学为我们提供了一种研究视角。巴兹尔·伯恩斯坦是一位社会学家,他的思想上承涂尔干和萨丕尔(Bernstein 1966:148)。他特别关注于探索语言系统是如何改变说话者的经验的。通过感知上很微妙、范围上很广的一系列调查,他试图应用萨丕尔有关语言对文化的控制作用的洞察。

> 如果认为一个人基本上不使用语言就能适应现实,认为语言只是解决沟通或反思的特定问题的附带手段,这完全是一种错觉。事实是,现实世界在很大程度上无意识地建立在群体的语言习惯基础之上……。我们所看到的、所听到的、所经历的,在很大程度上是因为我们群体的语言习惯倾向于选择某些解释。
>
> (Sapir 1933:155 – 169)

22　本书尝试运用伯恩斯坦的方法来分析仪式。如果我们能把仪式形式像言语形式一样,当作文化的传递器来对待,这将有助于我们理解宗教行为。文化在社会关系中产生,通过其选择和强调,对社会行为产生约束作用。即使我们总结了伯恩斯坦的一些观点,并将其应用于作为一种交流媒介的仪式的分析当中,距离运用他的见解来理解反仪式主义仍有很长的一段路要走。

我希望在最后一章中再来谈这个问题。

伯恩斯坦很有说服力地将他的论点与沃尔夫（Whorf 1941）等人的论点进行了区分。沃尔夫等人将语言视为一种独立的文化媒介，未将语言的形式模式和社会关系结构联系起来。事实上，在伯恩斯坦之前，我们很难看到这样的关系是如何建立起来的。当然，在语言内部发展的大部分领域中，语言都遵循自身自主给定的规则。毫不奇怪，正如他所宣称的（Bernstein 1965）那样，除非社会学家特别关注言语，强调言语的整合或分裂功能，否则当代社会学家似乎经常忽略人类会说话这一事实。言语往往理所当然地被看作一种资料。若语言鲜少被当作一种社会制度（像家庭和宗教一样的基本制度）来分析是真实情状，人类学家对自己分析仪式也无需沾沾自喜。他们没有犯下忽视该领域研究这一错误，也并不认为仪式在社会关系中只具有分裂或整合作用。用于分析表达其社会秩序的特定部落象征体系的材料堆积如山。不过，为什么一些部落虔诚无比，而另一些部落漠不关心或唯利是图，为什么有些部落受女巫控制，而有些部落则不然，这些问题只是被零星地讨论过。至于象征形式是否纯粹是表达性的，如萨丕尔所说的那样，仅仅只是"解决交流和反思的特定问题的手段"这一更深层问题，或者它们是否与其所处的社会环境相互作用，其效果是否是约束性的、反动性的——这些问题还没有被系统地探讨。更少有人类学家发展出一套话语框架，将他们的部落研究与我们自身相联系。语言是一种社会过程，这一革命性的见解可以在这一点上帮到我们。

伯恩斯坦首先提出，言语有两种基本类型，在语言学和社会学上都可对其进行区分。第一类出现在小规模的、非常局部的社会情境中，所有的言说者都持相同的基本假设；在这一范畴内的每句话都可用来肯定社会秩序。这种情况下的言语发挥了维系团结的功能，这与涂尔干所认为的宗教在原始社会中的功能非常相似。伯恩斯坦所区分的第二类言语，在说话者不接受或不一定了解彼此基本假设的社会场景中被使用。此时言语的主要功能是形成明确而且独特的个人感知，并连接不同的初始假设。这两类言语对应地出现在涂尔干所表示的、由机械团结和有机团结占主导的社会体系中。所以，伯恩斯坦仅仅是因为赞同涂尔干式的知识社会学理论，就足以值得人

类学家关注了,这些理论最初是通过比较部落和工业社会中作为交流媒介的仪式而形成的。他如是说道:

> 不同的言语系统或符码为说话者创造了不同的关联和关系秩序。说话者的经验可能会被不同的言语体系所赋予的意义或相关性所改变。当儿童学说话,或者用我们的术语来说,学习规范其言语行为的特定符码时,他也学习了其社会结构的要求。儿童的经验被其自身的、显然自愿的言语行为的学习所改变。社会结构就这样主要通过言语过程的多种结果,成为儿童经验的次级基础。从这个观点来看,每次儿童讲话或聆听时,社会结构就会在他身上得以强化,形塑其社会身份。
>
> (Bernstein 1978:124)

他区分了两种不同类型的语言符码。一种是他所称的"精密型符码"(elaborated code)。在这种符码中,言说者可以从组织灵活的多种句法中进行选择;这种言语需要周密的计划。另一类,他称之为"限制型符码"(restricted code),言说者的句法选择范围更为狭窄,这些选择的组织也更为严格。精密型符码可令言说者明确自己的意图,阐明一般原则。每一种言语符码都是在其自身类型的社会矩阵中生成的。据我所知,两种符码系统之间的差异完全取决于各自与社会语境之间的关系。限制型符码深嵌于直接的社会结构中,话语有双重目的:它们确实是在传达信息,但它们也在表达、润饰、强化着社会结构。第二种功能是占主导地位的,而精密型符码则是逐渐摆脱了第二种功能约束的言语形式,其主要功能在于组织思维过程,区分和结合各种观点。在更极端、更精密的形式中,它如此脱离正常的社会结构,以至于甚至可能主宰后者,要求社会群体围绕言语来建构,比如大学演讲。

　　我们必须认识到,精密型符码是劳动分工的产物。社会系统分化程度越高,决策角色就越专业化——涉及广泛政策及其后果的明确沟通渠道所承担的压力就越大。工业系统的需求现在正在给教育施以重压,要求它培养出越来越多口头表达能力强的人,能够提升为企业家。根据推理,我们可以在这些压力最弱的地方发现限制型符码。伯恩斯坦教授在伦敦的学校和家庭中所进行的研究结果表明,早在婴儿时期,这些符码就由母亲开始灌输给孩子了。每个言语系统都是在其相应的家庭控制系统中发展起来的。他询问工人阶级和中产阶级的母亲,她们是怎么管教五岁以下的孩子的;如果孩子不去睡觉怎么办?不吃饭怎么办?打破餐具怎么办?从她们详细的答复中,他建构了独特的价值模式、独特的人观与道德观。

让我描述一下这两种家庭角色体系吧。限制型符码是在他所说的位序型(positional)家庭中生成的。这种家庭的儿童被不断建立的社会模式感——被赋予的角色类别——控制。如果他问"为什么我必须这样做?"答案取决于其相对位序。因为我这么说(阶序制)。因为你是个男孩(性别角色)。因为孩子都这样做(年龄状况)。因为你是最大的(资历)。随着他慢慢长大,他的经历汇入角色类别的格;他依据给定的结构来辨别正误;他自己也只能在与该结构的关系中才被看到。工薪阶层或某些贵族家庭中儿童的好奇心,被用来维持他的社会环境。让我在此简单引用伯恩斯坦本人的话语吧。言语上的差异被看作:

> 一种特殊沟通形式的索引;它们在任何意义上都不是偶然的,而取决于某种社会结构的形式。我将论证这些差异表明了语言符码的使用。不利于对意义的口头阐述的,是限制型符码;这种符码能让使用者对明确存在着的、特定形式的社会关系很敏感,其权威一目了然,且充当着行动指南。这种符码有助于维持与群体的团结,但代价是无法用言语传达成员之间的独特差异。这种符码有助于随时将感觉转化为行动。其意义上的变化,更可能通过非语言,而非通过语言选择的变化来表达。……这种对经历的翻译是如何产生的呢?文化里的哪种东西需要为言语系统负责?……不同的社会结构会产生不同的言语系统。对于个体来说,这些言语系统或符码带来了具体的选择原则,从句法和词汇两方面规范他对语言的选择。从发展的角度来看,一个人实际上说了什么,在说的过程中改变了他。

当儿童学说话,或者用我们的术语来说,学习规范他言语行为的特定符码时,他也学习了其社会结构的要求。从这个角度来看,每当儿童说话时,他身处其中的社会结构就会在他身上得到强化,他的社会身份也得到发展和约束。对于发展中的儿童来说,通过塑造他的言语行为,社会结构成了他的心理现实。若确实如此,那么引导儿童进入他的世界以及强加于他的关系的过程,最初就被触发,并被言语系统的影响系统性地强化。儿童说话的一般模式的基础,是一系列的初始选择、对某些选择而非其他选择的内在偏好、随时间而发展和稳定下来的计划过程——通过编码原则,为社会的、智力的和情感的指涉定位。

(Bernstein 1964:56 – 57)

当儿童学会了限制型符码,他就学会了以一种特定的方式来感知语言。语言不被认为是理论上的一种可能性,它可以转换成一种交流独特经验的工具。言语并不主要是从一个自我航行到另一个自我的方式。既然如此,那么自我的区域就不太可能被言语区分,而成为特殊知觉活动的对象。也有可能其他人的动机不会被当作询问和言语阐述的出发点。重要的是,个体的身份将通过他所属群体的具体象征折射到他的身上,而不是创造一个由他自己独特的调查来解决的问题。……家庭的一个重要方面是表达权威的方式,尤其是权威关系所创造的口头互动类型。我认为,与父母有关的限制型符码的局限,是一种特定形式的权威关系。人们可以运用权威来限制和此关系进行言语互动的机会,或者运用权威表达来增加言语互动。儿童可用的自由裁量权范围在权威关系中可能缩减为坚定地接受、退出或反叛,或者控制的社会语境可能会允许儿童做出一些反应。……如果诉求是以地位为导向的,那么对儿童的行为就会提及限制行为的一般或地方规则,"你不应该刷牙吗?""你不应该在公交车上那样做。""文法学校的孩子应该表现得很不一样。"地位诉求也会将儿童的行为表现与有关年龄、性别或年龄关系的规则联系起来,例如:"小男孩不玩布娃娃。""你现在应该可以不那样做了。""你不会这样跟你的父亲、老师、社工等说话。"这些都是地位诉求的重要含义。如果这些诉求不被服从,关系会迅速改变,显示出赤裸裸的权力,这一权力可能会成为惩罚性的。地位诉求是非个体的。它们的有效性依赖于监管者的地位。这些诉求的效果,是以这种方式来传播文化或地方文化,增加被管制者与他所属群体内其他人的相似性。27如果儿童反抗,他很快就会挑战他已成为其一部分的文化,而正是这一点,往往会迫使监管者采取惩罚措施。

（同上书:59－60）

相比之下,在伯恩斯坦教授称之为个体型(personal)家庭的体系中,固定的角色模式并不受欢迎,个体的自主性和独特价值才值得称道。当孩子提出问题时,母亲觉得有义务尽她所知给出最充分的解释作为回答。儿童的好奇心被用来增强他的语言控制能力,阐明因果关系,教导他评估自己的行为后果。最重要的是,他的行为受到了控制,是因为他会在乎其他人的个人感受,会检视自己的感情。为什么我不可以这样做呢? 因为你父亲很担心;因为我头痛。如果你是一只苍蝇,或者是一条狗,你会怎么想? 儿童往往被以人为本的诉求所控制:

在这些诉求中,儿童的行为和监护人(父母)的感觉或行为的意义有关,其意义明确地与被管制者、与儿童相关,例如:"如果你继续这样做,爸爸会高兴、受伤、失望、生气、欣喜若狂的。""如果你继续这样做,当猫痛得厉害时,你会很难过的。"……通过用言语来操纵情感,以及在儿童与他的行为之间建立联系,控制得以生效。以这种方式,儿童可以作为一个人接触监管者,接触他自己行为的意义,因为这些行为的后果与他有关。……地位导向诉求的有效性依赖于地位的差异,而个体导向诉求则更多地依赖于思想和情感的操控。

（同上书:60）

就这样,儿童从一套僵硬的位序体系中解脱出来,却成了感情和抽象原则体系中的囚徒。个体型家庭体系很适合发展言语技能:由于对精密型符码的掌控,儿童在学校考试中会有更好的表现。他可能会在更广阔的社会中出

28　人头地,成为首相、联合国组织的负责人,前途无量。这种家庭制度的背后,是对儿童发展和教育成功的焦虑。这可能不是出于野心,而更有可能是受这样一种认识的启发:在一个不断变化的世界里,想要留在特权阶层,唯一任何人能持有的门票就是教育。儿童为适应不断变化的社会环境而接受教育。当他的父母为了满足职业流动性的需要,从一个城镇或国家搬迁到另一个城镇或国家时,儿童在一个相对非结构化、集合了独特情感与需求的家庭系统中成长。对与错是从他对这些情感的反应来判断的。他并没有内化任何特定的社会结构,他的内心不断地搅动着道德情感的骚动。我们可以立即从我们自己的经验中认识到,这是从仪式到伦理的基础。我们没有必要从验证了这一体系的、过去一百年的文学和哲学作品中来阐明这种陈词滥调。

　　用图表来总结巴兹尔·伯恩斯坦的方法:在图表 1 中水平箭头表示家庭控制模式逐渐脱离家庭和当地社区的直接社会结构,并逐渐与更广泛的工业社会结构的需求相协调(Bernstein 1970)。图表 2 研究了同样的工业压力对言语的影响。言语沟通逐渐脱离了其对直接社会环境的服务,并为其在最广泛的社会结构中的使用而详尽设计。

29 
　　　　　　　　　　控制

　　　　　　　　位序型　　　　　　个体型
　　　　　　　　图表 1　家庭控制

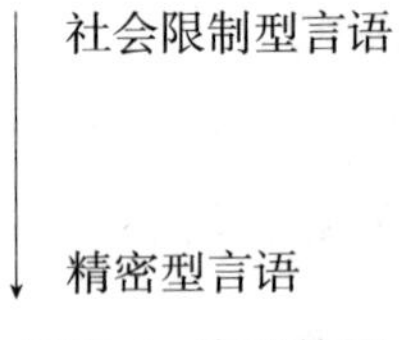

　　　　　　　　　社会限制型言语

　　　　　　　　　精密型言语
　　　　　　　　图表 2　言语符码

　　在这一过程中,我们应该注意,随着言语摆脱了社会的束缚,它变成了一个非常专门的、独立的思考工具。巴兹尔·伯恩斯坦似是而非地提出,言语从社会控制中解放出来,是宗教崇拜的某些变化的基础。图表 3 是我们

（i）首要道德

（ii）严重过失

（iii）自我概念

（iv）艺术形式

A	社会限制型言语	C
（i）虔诚，荣耀（尊重角色）		（i）真诚，真实
（ii）对社会结构的正式违抗		（ii）违背自我的罪恶、虚伪、残忍，接受挫折
（iii）自我，结构化环境中的被动与未分化元素		（iii）内部分化的中介，试图控制非结构化的环境
（iv）原始的：社会范畴之上的结构阐释，作为虚假寓言形象的人		（iv）浪漫的：个体战胜结构（逃避、短暂的幸福等）

家庭控制体系

位序型	个体型
（i）真理，责任	（i）个体成功，造福人类
（ii）基本罪责是没有社会结构的要求	（ii）个人和集体普遍的内疚
（iii）积极的中介，内部有分化，对角色做出响应	（iii）单一的主体
（iv）经典的：结构战胜个体	（iv）专业主义：极度关注创新过程中的技巧和物质

B	精密型言语	D

图表 3 普遍的宇宙论

共同讨论的结果。该表非常印象派,更多的是为帮助人们想象在这个框架内可被研究的那种过渡。

不可否认,这个图表有些难以理解。为了理解它,我们首先应该看方框 A 和方框 B。A 代表了大多数原始文化,而言语形式牢牢地嵌在这些原始文化稳定的社会结构中。语言的主要用途是肯定和修饰建立在不可置疑的、形而上学假设之上的社会结构。在这样一个体系中,我们会发现,那些令人钦佩的美德毫无疑问是维护着社会结构的,而令人憎恶的罪则违背了它。由于个体动机与表现的需求无关,我们并不期望在其中发现多少自我概念的反思;个体也不被看作一个复杂的中介代理。相反,自我被看作一个被动的竞技场,外部力量的各种冲突在其中展现。这就是促生了宣告着社会二分法和社会对抗的图腾思想体系和艺术形式的社会结构。其中,个体与社会的关系几乎不被考虑。在识字率低、社会结构稳定的地方,这一基本类别就会适时出现。

在方框 B 中,言语和思想已经发展成为决策的专门工具,但社会结构仍然对其成员保持着强大的控制力,其基本假设也并没有受到挑战。这种情况下的精密型言语仍服务于社会结构,但运用了擅长于检视和证明那些假设的哲学思考。这就是亚里士多德的方框。这种社会结构的言语和思想的反思结果,就是意识到后者对个体的要求,以及个体没有充分回应的可能性。真理和责任将是首要的美德。它们表达了一种信心,即社会结构建立在能证明其忠诚诉求是合理的基础之上。作为反思能力的结果,作为新的思想独立性的表达,我们期待自我被赋予一个更积极的角色。个体拒绝社会管辖的可能之举,尽管会被谴责,但却在这里得到了承认。古典戏剧《俄狄浦斯》和《熙德》描述了这些态度,这是否有助于理解?

在方框 C 和方框 D 中,社会结构已经失去了其控制力。根据伯恩斯坦的说法,方框 C 是不稳定的,是一个过渡阶段。例如,一个母亲因自身教育和抱负而属于专业阶层,她嫁入工人阶层的环境当中,可能会通过个体型控制的技巧来养育孩子,但在其他的社会关系里,他们将被迫使用限制型符码的语言。在此,个体的价值高于社会结构;因而出现了反抗文学,诸如兰波或 D. H. 劳伦斯的作品。

鉴于迄今为止这一方框内的文学作品,我们必须假设,在这种环境里养育长大的个体,在其有生之年中会从 C 移动到 D,轻松地使用精密型符码。

我们最容易理解方框 D,因为这其中包含了我们自己。在我们的当代社会中,谁符合方框 B 或方框 D,我不能不说得更具体。在位序型和个体型家庭控制体系之间,使用精密型符码者的分布情况如何呢?让我们从方框 B 开始讨论吧。位序型家庭基于以下假设,即角色应该被清楚地定义,精密型符码被用来维持角色模式,减少模糊性。在此我们会发现贵族的抱负相对固定,其角色结构也被明确界定。某些中产阶级也归属此类。比如军队专职人员就要求明确的角色分配;法律专职人员也需减少角色的不明确性来谋生。现代社会还有其他受过高等教育的部门,其职业鼓励他们偏爱位序型控制体系。工程师的工作,主要关注物质对象之间的抽象关系,并没有引导他们使用精密型符码来批判性地反思社会关系的本质。当我们看到另一个方框 D 是如何被填满时,他们应该倾向于选择位序型家庭体系,这一点就变得更加清楚了。方框 D 内的人,以使用精密言语来检视和修正既有的思维范畴为生。挑战已接受的观念是他们的生计。他们(或者我应该说我们)练就了对任何给定的经验模式都持一种专业性的超然态度。他们越大胆、越全面地进行反思,就越有可能在专业上获得成功。因此,他们激进的思维习惯的价值得到了社会的肯定和强化。随着专业声望的上升,地理上的和社会上的流动性使他们脱离了之前的社区。在这种确认之下,他们很可能会培养孩子养成智力挑战的习惯,而非将一种位序控制模式强加于其身。若他们的专业思考与人际关系有关,他们更可能会倾向于个体控制形式:心理学家、人类学家、小说家、哲学家、政治科学家。处理个人情感的表达而非抽象原则的专业也出现在这里。在这一方框中,道德观念和自我观念脱离了社会结构。这也是考虑存在主义和我们这个时代对艺术创作技术过程深度关注的所在。

知道自己属于该种模式的位序型家庭的孩子,无法理解萨特用文字在《词语》——他一生的头十年的自传(Sartre 1967)——中所尖锐描述的痛苦。在他专横、喜怒无常的祖父家里,他与寡母是附属物,主要为祖父母提供情感上的满足。从婴儿时期起,他就感到自己的存在没有合法性,并深受折磨。没有哪个按年龄、性别和阶序来划分的社会,会把他在其中发展的角色看作对某种整体模式来说所必需的。只有个人成功的希望和未来天才的名声,才能证明他在没有自己模式的成人世界的生活是合理的,而这个世界难以令人信服地欣赏他可爱的个性,假装重视他的价值。他后来的哲学立场,显然与这种童年时期的主要焦虑有关。伯恩斯坦认为,自我辩护的问题出现在个体型家庭中——而宗教改革不就是关于自我辩护吗?

有些人可能会认为,伯恩斯坦将位序型家庭与个体型家庭的对比,与过去对获致地位和先赋地位的区分,并没有什么不同。这种看法是一种谬误。位序/个体之间的对比是在更高的抽象层次上进行的。在个体型家庭中,的确,必须完成所有的角色,但反过来就不一定了。在某些位序型家庭中,在先赋的框架内,重要角色必须去获得。例如,在军人家庭中就非常强调成就。获致/获得地位的对比,需要考虑所获成就的不同领域。

出于现在已经明了的一些原因,我们(作家和读者)更容易识别并认同那些在个体型家庭中长大的人的愿望,而不是在位序型家庭中长大的人的愿望。当然,我认为,沼泽地爱尔兰人没有得到其牧师的富有想象力的同情,牧师的个人观点正与其在职业阶梯上的特殊地位一致。若他们能发现在其被引导的方向上对各种浓缩象征的无力反应,若他们能同样地珍视虔信的仪式形式,后者可能会对那些顽固的仪式主义更为宽容。在个体型家庭中倚靠抽象原则长大的孩子,很难划定道德界限,被各种承诺所约束——因为不被质疑的界限从来不是他成长过程中的一部分。而在位序型家庭中长大的孩子,会习惯于一套不被挑战的类别,而这些类别可以通过语言和非语言符号来表达。

伯恩斯坦有关伦敦家庭言语的社会结构的研究,在许多十分困难的领域对人类学家提出了挑战。乍一看,所有的仪式似乎都是一种限制型符码。它采用口头表达形式,大部分意义都含蓄隐晦,而其中许多意义则通过标准化的非言语渠道来传达。事实上,自马林诺夫斯基之后,就没有人想过要剥离开象征性行为和整个社会语境去解读魔法的语言。仪式通常是高度编码的。在使用之前,仪式的单元就被组织成标准类型。在词汇上,它的意义是地方性的、独特的。在句法上,可用于社区所有成员。其句法死板,仅提供少量的替代形式。事实上,其句法如此受限,以至于许多人类学家发现,简单的二元分析就足以阐明神话和仪式象征的意义。伯恩斯坦自己也提出,他的定义应该适用于其他象征形式——他提到了音乐(Bernstein 1965:166)。他也认识到,在任何一种情况中,精密型和限制型都是相对的。显然,进行这种言语和仪式形式的比较,还存在技术上的困难。不过,初看起来,似乎有一个现成的解决方案来应对我们的开篇问题。现今在欧洲和美国中产阶级社区中盛行的反仪式主义,其原因似乎是社会化过程中一个可预测的结果。在这种社会化中,儿童从来没有将社会地位模式内化,也没有经历过权威控制,而后者则将社会体系那不证自明的特性提升为命令与服从。团结与阶序的象征符号并非他所受教育的一部分。因此,一种审美经验形式对他是封闭的。正如伯恩斯坦所强调的那样:

> 重要的是,我们应该认识到,限制型符码有其自身的美学。它倾向于发展出一种相当有力的隐喻范围,一种简单和直接,一种活力和节奏。它不应该被低估。在心理学上讲,它连接了说话者与他的亲属和他所在的当地社区。

> (同上书:165)

人们很容易把限制型符码等同于仪式主义,然后置之不顾。在许多人类学家关于畜牧经济或狩猎经济的描述中,都出现了将牛、野猪或羚羊分成几份,并流传着神话传说指示每一份该分派的亲属类别。这种显示猎物或祭肉该如何被正确分配的图表,总结了主要的社会类别。与此相似的是农业学家的初果(first fruits)丰收庆典。每一次盛宴都明显而公开地重申了这些类别。原始的洁净规则也支持社会范畴,并赋予它们外在的、物质的现实。显然,分配时所讲的话语,只承载了这个场合的小部分意义。在家庭生活中,类似的情形是传达出级别与性别阶序的客厅中椅子的空间布局、礼拜日晚餐庆祝活动,对于某些家庭——大概是那些使用限制型符码的家庭来说——每顿饭、每次起床、洗澡和睡眠的时间都是结构化的,以表达和支持社会秩序。而伯恩斯坦所指的完全意义上的个体型家庭,家庭成员不在一起吃饭,也不承认阶序,母亲为每个孩子提供完全个体化的时间表和照料,试图满足每个孩子的不同需求。为去唱诗班练习的孩子早一点准备晚餐,为远足归来的孩子晚一些准备晚餐,款待另一个孩子的朋友,等等,食物选择也以个体喜好为基础。这样的一个孩子怎么可能学会对一个共同施加的权威做出反应呢?他的耳朵捕捉不到限制型符码中那些没有说出口的信息。因此,现今出现了许多对仪式主义充耳不闻和憎恶仪式主义的人。

如果像人们普遍认为的那样,所有原始民族都是仪式主义者,脱离魔法的运动确实能够被绘制成图表,表明劳动分工对家庭行为越来越大的影响,那么这就很好,争论也可结束了。不过,我已经提到过最不讲究仪式的俾格米人;还有几乎没有所谓的宗教的巴瑟里人,更热衷于抵制巫术而非敬奉神或沉迷于形而上构想的阿努克人,也许还有更多与最发达的工业国家一样,对仪式缺乏兴趣的所谓原始部落。我们需要仔细研究这些部落的社会结构,以找到一组既与我们自身的伯恩斯坦效应一致,又与已知的原始社会结构和宇宙论一致的变量。这一实践将使我们远离伯恩斯坦的分析,但我打算在最后再返回至此。毫无疑问,读者最感兴趣的是他们自己,而非异国的部落居民。很遗憾,我无法更充分地阐述位序型家庭与原始仪式之间的相似性。让我在此至少借用伯恩斯坦(私人交流)对与家庭控制类型有关的宗教行为类型的一些看法。在其先赋的社会体系中,原始仪式主义者在浓缩象征中表达宇宙取向和道德指令。围绕着位序型的价值观念组织的家庭,有类似的解释和控制方法。在一个由这样的家庭所组成的社区里,上帝也会通过限制型符码被人们所知悉。关于他的神学概念不会被完全阐明,人们所了解的是他在社会结构中所表现出的特质。认识上帝,如同认识母亲一样,受到同样的限制:言语符码不会提供反思或检查关系的口头手段。宗教崇拜被期许符合家庭仪式的风格,因而应被固定、成为仪式性的。同样地,罪的定义更多地关注具体的外部行动,而非内在动机。

在图表 3 中,自我概念逐渐脱离了社会结构。因此,当仪式主义衰落,上帝这一观念变得更加私密化。但上帝更近了,他的荣耀和能力也减弱了。这个假设可以被认为是完全的涂尔干式的。因为筑基于其独特价值阶序、坚守独特行为模式的宇宙论,正源于社会。当最直接的社会对个人的控制收紧或放松时，个人的宗教态度就会发生变化。

　　这一陈述中存在着一个令人尴尬的悖论。因为当一个伦敦人越来越被卷入工业社会的漩涡时，他的宗教思想似乎也越来越接近俾格米人的宗教思想。他相信自发性、友谊、自由和善心；拒绝形式主义、魔法、教条的逻辑诡辩，以及对人类同胞恶行的谴责。这个悖论可归于劳动分工的影响所导致的比较中的曲解。俾格米人不能与传教士、记者和大学教师等同。在我们拾起这个悖论并解决它之前，这场争论还会持续很长一段时间。与此同时，请注意伯恩斯坦效应意味着什么。家庭和学校的明确压力使得越来越多的人倾向于以个体的、精密型语言符码方法来养育孩子。这使得孩子对他人的感受极其敏感，并对自己的内心状态感兴趣。由此，这种教育使个体倾向于道德上的关注，它在打开其感受词汇的同时，也否认了其社会生活中的任何模式感。因此，他必须在既定规则的执行之外，寻找证明自己存在正当性的理由。唯有在造福人类或个体成功、抑或两者兼而有之中，他才能将其找到。于是，追求纯粹伦理宗教的驱动力也就产生了。

第三章　沼泽地爱尔兰人

　　不可否认,忠于礼拜五斋戒原则的沼泽地爱尔兰人就像原始的仪式主义者。魔法规则总有其表达功能。不管它们执行何种其他功能,如惩戒、减轻焦虑或认可道德规范的功能,它们首先具有象征功能。礼拜五斋戒的官方象征最初是个人的禁欲,一个小型的每周的耶稣受难日纪念活动。因此它直指髑髅地和救赎。对于基督教崇拜来说,它承载着最重要的意义。有人认为它已变得空洞且毫无意义,其象征已不再指涉那个方向或任何特定的地方。

　　然而,那些被顽强地坚守着的象征,很难被斥为毫无意义的。它们一定意味着什么。我们可以从以下问题开始:一个背井离乡在伦敦酒店或医院服务的爱尔兰女孩,或者一个到伦敦的建筑工地挣大笔快钱的爱尔兰男人,他们最心酸的经历是什么? 如果他们有亲戚朋友帮忙找住处,他们的流亡感就会被一种延续感、弥撒后在教堂外出售的爱尔兰报纸,以及每周在教区大厅举行的舞会所淡化。这让人有一种归属感。若没有这种欢迎,他们很可能会看到寄宿公寓的门上写着:"爱尔兰人与有色人种不得入内。"那么,流亡感和边界感就更加强烈了。这就是礼拜五斋戒规则所象征的。这不是空洞的象征,它意味着忠诚于爱尔兰的简陋家园和罗马的光荣传统。在非技术工人的屈辱生活中,这种忠诚是值得骄傲的。在最低意义上,它相当于彭斯之夜的肉馅羊肚和风笛对旅居海外的苏格兰人的意义。[①]　在至高意义上,它相当于禁食猪肉对可敬的厄肋阿匝尔(Eleazar)的意义,就像《玛加伯》上下两卷中所描述的那样。

　　今天,英格兰的天主教主教在压力下低估了仪式的表达功能。天主教

---

　　① 彭斯之夜(Burn's night)是为纪念苏格兰诗人罗伯特·彭斯(Robert Burns),通常在他的生日 1 月 25 日举行庆祝活动。活动中会演奏风笛、祷告、诵读彭斯的诗,并享用苏格兰传统食物。

徒被鼓励发起个人的施舍，以此作为一种更有意义的礼拜五庆祝活动。但为什么是礼拜五呢？为什么得庆祝呢？为什么不一直保持善良和慷慨？一旦象征性行动本身的价值被否定，混乱的闸门就会打开。象征是唯一的交流方式，它们是表达价值的唯一手段；是思想的主要工具，是经验的唯一调节器。为了进行任何交流，象征必须是结构化的。为了进行宗教交流，象征的结构必须能够表达与社会秩序有关的东西。如果一个民族将一个原本意味着一个事物的象征扭曲成其他意思，并积极地坚守这个被颠覆的象征，那么对于他们的私人生活来说，它一定意义深远。若亲身经历过伦敦的爱尔兰劳工的生活，谁又敢鄙视礼拜五禁戒崇拜呢？

　　对礼拜五禁戒的解读，必须遵循解读犹太人禁食猪肉的同等规则。在《洁净与危险》中，我认为《肋未记》第11章中的饮食规则提供了以色列文化分类的简单总结。猪不像骆驼和獾那样被挑出来特别憎恶。我认为，饮食规则应该作为一个整体来看待，并与组织宇宙的符号结构整体相关联。以这种方式，可憎的东西被看成了一个特定逻辑方案中的异常（Douglas 1966：第三章）。自此书付梓以来，许多学者提出了诸多有益的批评。S. 斯特里佐瓦博士（Strizower 1966）指出，我忽视了限制性的饮食规则在区分以色列人与其他民族、表达他们分离感方面的重要性。拉尔夫·布尔默认为，如果承认我对整组规则的解读是对宇宙的一种浓缩分类，那它仍然无法解释对猪肉的特别厌恶（Bulmer 1967：21）。为什么要挑出这种动物作为所有其他可憎事物的主要和首要代表呢？两者的答案似乎都在《玛加伯》上下两卷中。这是关于犹大玛加伯如何带领以色列人反抗其希腊征服者的记叙。

《玛加伯上》1：21 安提约古征服埃及以后，于一四三年回国时，北上以色列……23 他不管不顾地进入了圣所，搬走了金祭坛……26……因此在以色列人中，哀声遍野……29 雅各伯的全家都蒙羞受辱。32—38 又洗劫全城，拆坏了民房和四周的垣墙，俘掳了妇女……又在达味城设防，筑起高大的垣墙，修筑坚固碉堡，作为他们的堡垒……39……玷污圣殿……40 为了他们的缘故，耶路撒冷的居民各处逃亡，圣城成了异民的居所；为本城的子女却变成了异乡，城中子女都离弃了故土。

安提约古王不满足于所取得的政治胜利与军事胜利,命令他统治下的所有国家放弃它们自己的律法。

45……也有许多以色列人甘心接受了他的宗教,向偶像献祭,亵渎安息日。

在接下来关于推翻入侵军队和净化神殿的叙述中,有三个主题被视为坐标象征符号:

污辱神殿

罪污身体

违犯律法

圣殿最终被重建并重新祝圣,人们在周围建起高墙和巩固的碉楼(《玛加伯上》4:60);这是必要的军事防范。但是以色列的领袖也采取了同样严厉的预防措施,以防身体被玷污(《玛加伯下》5:27):

犹大玛加伯与同伴……逃到旷野,住在山中,形同野兽,饥食野菜,免染不洁。

那些行割礼或秘密遵守安息日的人被征服者残忍地杀害。很明显,任何规则,饮食规则和其他规则,以及饮食规则中的任何一项,都同样被视为神圣的,违犯这些规则也同样被视为污染。但安提约古下令在他们的祭坛上献祭猪(《玛加伯上》1:50),并把吃猪肉作为顺从的象征(《玛加伯下》第6章)。因此,正是他通过这一行动,使有关猪肉的规定得以突出,成为群体忠诚的关键象征。毕竟,割礼是关乎个人私处的事。遵守安息日也不一定会影响他人的生活,若有,至少也只是定期性地影响。拒绝共食是对社会交往的一种更完全的拒绝。如果异教徒吃猪肉,那么不吃猪肉的以色列人就不能和他们一起用餐。如果一个天主教徒礼拜五被邀请出去吃饭,他的仪式忠诚对于邀请人来说,可能就会变成一种冒犯,仅因为他们并不共享这一忠诚。

因此,禁食猪肉和礼拜五禁戒,只是因为它们对其他文化没有意义,而成为重要的忠诚象征。以下描述厄肋阿匝尔被审判的精彩段落,解释了吃猪肉如何成为背叛和污秽的行为,从而受到憎恶。

> 《玛加伯下》6:18 厄肋阿匝尔是一位杰出的经师,又是年已古稀、仪表庄严的人。有人用力拉开了他的口,强迫他吃猪肉。19 但他宁愿光荣舍命,不愿受辱而偷生,遂自动走上刑架……21 那些监督这违法祭餐的人,因为与他有多年的交情,便把他叫到一边,再三劝他带着自己预备而合法可吃的肉,假装吃王命的祭肉。22 如此,就可免一死,而且因他与他们多年的交情,还可获得优待。23 但他立即作了一豪爽的决断,这决断相称他的高龄和威望,相称他因积劳而生的白发,和自幼至今的善行,更符合于天主所立的神圣法律。因此他说明自己的意见,告诉人快把他送到阴府里去,24 说,"像我这样年龄的人,决不宜作伪,免得许多青年,想年高九十的厄肋阿匝尔也接受了外教礼俗。25 因我的作伪和贪恋残生,他们也都因我的缘故而误入歧途;如此,不免在我的高龄上涂上一层污点和耻辱……27 所以现在,我若是勇敢舍生,我不愧有此高龄。28 因为我已给青年留下了一个为可敬的神圣法律,甘心慷慨牺牲的高尚榜样。"说完这话,就立刻走上刑架。 41

请注意,他为之身死的并非一条律法,而是所有的律法,猪本身作为牲畜或食物的可恨特性,在此并没有进入讨论的范围。下一章中也没有对此展开讨论。在那一章中,七兄弟和他们的母亲被王逮捕后被迫食用猪肉。在异教徒旁观者的捧腹大笑中,他们被如何割下舌头、剥去头皮,在巨大的油锅里被活活煎炸的所有这些可怕描述里,猪的可恶特性并没有被提及。但在经历了这些历史上的英雄行为之后,我们并不难理解,禁食猪肉成了犹太人忠诚的一个特别强有力的象征符号,也因此吸引了后来关注猪之道德性的希腊化解读。然而,该象征的起源应归因于它在整个象征模式中的位置,由于它在迫害中的突出地位,它才得以立足。我们这一代人对象征的感知是模糊的,除非是在熟悉的社会情境中。因此,人们可能更容易对《所罗门王的宝藏》(*King Solomon's Mines*)里,那位厨师针对祖鲁人乌姆斯洛波加斯对其饮食法则的坚定服从的愤怒之情产生共鸣。如果两个象征系统相遇,哪怕它们是对立的,也会形成一个整体。在这个整体中,每一半都可以用一个跳出语境来发挥该作用的单个元素来代表对方。其他人会从我们忠诚的外在象征中选择那些最令他们反感或最令他们发笑的东西。所以希夫拉·斯特里佐瓦(Shifra Strizower)是对的。对以色列人民的分离性与被围困的历史做进一步说明,将使他们的饮食律法更有意义。玛加伯的故事告诉我们,以色列人认为,圣殿的洁净和人体的洁净代表遵守律法的所有细节,这样,在其身体之上的个体,在圣殿和律法里的整个民族,都完全转向上帝。因为他们清洁圣所、重建圣殿的时候(《玛加伯上》4:42)说:"然后又选定了圣洁和热爱法律的司祭。"他们在锡安山周围筑起的高墙和他们口中的坚固守卫,象征着他们对自己宗教信仰的恪守。

42   也许,礼拜五斋戒真的成了一堵墙,英国的天主教徒退居在这堵墙后沾沾自喜。不过这是唯一的一种仪式,它以犹太人关于不洁净律法的方式,将基督教的象征带入厨房和食品柜,再带到餐桌上。去掉一个有意义的象征并不能保证慈善精神会取而代之。也许在那堵象征性的小墙上建造,希望它最终能环绕锡安山,是更安全一些的做法。但我们已经看到,那些对教会的决定负责的人,由于他们所受的教育方式的影响,极可能已经对非言语信号不敏感,对其意义不清楚。这是当今基督教面临的主要困难。这就好比宗教仪式的信号站由色盲的信号员操纵。

我现在将给礼拜五斋戒问题预留一些篇幅,来证明在英国受教育的天主教圈子中,确实存在着一场明显的、由象征性行为转向道德性行为的运动。但相比我的第二个例子,即人们对圣餐态度的改变来说,这个例子并不是太重要。礼拜五斋戒只不过是一项训诫规则。没有任何特殊的圣礼功效被正式地归于这个行为,无论是消极的还是积极的,而圣餐的教义与任何部落宗教一样具有神奇的圣礼功效。

一些人类学家读到这篇文章时,可能会像最愚昧的信徒一样,对礼拜五斋戒禁食肉类的性质感到困惑。他们甚至可能和古迪纳夫一样相信,仪式的重点不是忏悔,而是积极地赞扬鱼肉,反对猪肉。古迪纳夫巧妙地论证

（Goodenough 1956：50 及以下诸页），天主教家庭主妇每礼拜五排队购买的鱼，是基督强有力的浓缩象征，这就是这一仪式的真正解释。然而，没有关于吃鱼的规定，只有一条禁食肉的规矩。1966 年 2 月，教皇保禄六世颁布了一项斋戒和禁欲的宗座宪令。他阐述了忏悔的传统，"一种以爱和降服于上帝为目的的宗教和个人行为"。他引用了《旧约》中取悦上帝的许多斋戒例子，并引用《新约》中基督的例子，将忏悔行为描述为"以一种特殊的方式参与基督的无限救赎……因此，在其身体和灵魂中承受我们主的死的任务，每时每刻、每一方面都影响着受洗人的整个生命"。他继续谴责任何"纯粹外在"形式的忏悔。意识到富国和穷国情形各异，他着手修改了教会关于斋戒和禁欲的法律，把它们集中在四旬期，除此之外只要求在礼拜五斋戒。这些最少数量的忏悔日和忏悔季旨在"通过共同的忏悔仪式以团结信徒"。同时，他邀请主教全部或部分代替其他悔罪仪式（*Paenitemini*，1966 年 2 月 17 日）。

W. 伯特拉姆斯（W. Bertrams，额我略大学的教士律师）在《罗马观察报》（1966 年 2 月 20 日）上发表文章评论这项宪令，对其进行了一些额外的扭转，从仪式转向了道德和社会正义：

> 的确，信徒必须被教导，基督徒的忏悔精神也要求人们自愿地放弃一些并非绝对必要的东西，以便原本用来获得这些东西的钱可以用于慈善事业。

一年后，英格兰主教着手使悔罪立法适应当地条件。威斯敏斯特主教公署（1967 年 7 月 21 日）发出一封信，征求所有神职人员和教友的意见。这封信没有任何对历史或象征性行动的价值的认识；不仅如此，对手头所议之事，它还表现出一种奇怪的矛盾心理。它首先坚定地宣布，不存在简单地废除礼拜五斋戒的问题，而是要问礼拜五斋戒的强制性规则今天是否已经达到了它的目的。目的为何，这封信讲得很简略，它接着谈及：

> 有些人认为，这项义务应该被取消，人们应在礼拜五代之以祈祷、自愿

斋戒或其他悔罪活动。有人认为,强制性的礼拜五斋戒不一定是一种忏悔,而且现代条件使其难以遵守。在大多数情况下,专业人员和劳动者都不在家里而是在外面吃午饭,通常是在食堂。同样,社交活动通常被安排在礼拜五。有人质疑,虽然有其他菜可供选择,但在我们这个混合社会中,一个天主教徒在这件事上显得与众不同是否可取。非天主教徒知道并且接受我们礼拜五不吃肉,但他们通常不明白我们为什么不吃肉,因而会觉得我们很怪异。

改革派犹太教会堂也说过这样的话!先是争辩说,不吃肉不是一件难事,然后补充说,对于那些不在家吃饭的人而言,会面临太多困难,而对于那些外出赴宴的人来说,又面临太多社交尴尬,征询信徒意见时,这样陈述似乎并不恰当。磋商结束,威斯敏斯特公署发出如下声明:

> 随着对道德法则的尊重减少,克己的需求也越来越大。许多天主教徒开始自我反思,礼拜五斋戒是否足以悔罪。有些人认为这根本不是忏悔。与此同时,亚洲、非洲和南美洲还有许多天主教徒不仅是礼拜五,而是每天都吃不到肉。数以百万计的人正在挨饿,或至少吃不饱。
>
> 因此主教们决定,执行我主忏悔命令的最好方式,是我们每个人每礼拜五选择自己的克己方式……
>
> (1967 年 12 月 31 日)

旧的仪式就这样被废除了。从前,被告诫为数百万挨饿的人吃木薯粉的孩子会感到困惑,想知道他们的这种服从,对于那些饥饿的人来说有何益处。如何通过不吃肉来造福饥民的问题并没有出现。天主教国际关系组织很快制作了一个标有"礼拜五基金。一天一顿饭"的募捐箱,并向四处呼吁,"礼拜五冷漠还是礼拜五行动:每个礼拜五你会为别人捐一点钱吗?来自天主教国际关系组织的募捐箱。"现在别人没有理由"觉得我们很怪异"了。礼拜五不再环绕着补偿与赎罪的伟大宇宙象征符号:它根本就没有象征性,而是慈善组织的一个实践日。现在,英格兰天主教徒和其他人是一样的了。

有趣的是,在处理同样的机会方面,美国主教(从人类学仪式主义观点来看)比英格兰主教做得好很多。他们没有贬低象征的功能,有更多对历史的认识,更承认将教会的过去和现在的机构象征性地团结在一处的必要性。他们的教牧宣言以令人钦佩的直率开始:

45

> 基督为了我们在礼拜五死去。自古以来,天主教徒对此感激地铭记于心,把礼拜五定为特别的忏悔仪式日,在这一天,他们乐于与基督一同受难,以便有朝一日能与基督共享荣耀。这是礼拜五禁食肉传统的核心。……不断变化的环境,包括经济、饮食和社会因素,使我们中的有些人觉得,放弃吃肉并不总是,也并不是对每个人来说,都最有效的忏悔方式。

他们对礼拜仪式连续性的认识表现于一系列的建议,这些建议的开头是这样的:"礼拜五之于一周,相当于四旬期之于一年。因此,我们呼吁大家为每礼拜的复活节做准备,自由地把每礼拜五定为克苦(mortification)日,以祈祷纪念耶稣基督的受难。"这样,礼拜仪式的一年就被浓缩在礼拜仪式的一周里。他们还特别推荐自觉不吃肉,以此作为遵守礼拜五斋戒的一种方式:

> (a) 因此,我们要自由地、出于被钉死在十字架上的基督的爱,表示我们与那一代信徒的团结,对他们来说,尤其是在被迫害和极度贫穷的时候,这种做法常常是他们对基督和他的教会忠诚的有力证据。
> (b) 因此,我们也要提醒自己,作为基督徒,虽然我们沉浸在这个世界中,分享它的生活,但我们必须与这个世界的精神保持一种可获拯救的必要区分。我们个人有意的对肉类的节制,尤其是因为它不再被戒律所要求,将是我们所珍视的内在精神价值的外在标志。
>
> (1966 年 11 月 18 日在华盛顿特区举行的天主教主教会议关于赎罪仪式的教牧声明)

我们很容易在英格兰主教的平庸态度中认识到伯恩斯坦效应的作用,当然,不是在所有的主教中,但肯定在他们的顾问中。令人困惑的是,美国的主教是如何对象征性行为采取不同看法的。他们的秘书处不太可能不是由在个体型家庭中长大的、精通精密型符码的新人充任。或许,是美国人的社会学意识较强造成了此种不同。对于宗教社会学家来说,若不了解象征引导体验的那种力量,那他确实就是肤浅的。没有哪个花了时间和视角来客观反思该问题的人,会否认象征性功能本身的价值。那些轻视它的人,正在对自己于家庭与社会中的主观情境做出短视反应。

我似乎是在用一把重锤去砸一个小小的礼拜仪式坚果。礼拜五斋戒只是一条纪律,只是一个细节。虽然这本书主要不是写给人类学家的,但我已经详细地探讨了这个主题,以满足他们的兴趣。因为人类学家经常劝诫彼此向当代宗教寻求材料,尤其是基督教。饮食限制在他们传统的主题中根深蒂固,我希望表明,现代的例子和原始的例子一样,容易受到我们所采用的分析模式的影响。为什么不呢?迄今为止,唯一的困难是缺乏一个分析框架来将我们自己和部落社会的魔法性由高到低进行比较。20 世纪 60 年代伯恩斯坦对我们自己社会的研究,与特恩布尔对俾格米人社会的研究,使这个框架得以建立。讨论也可以开始了。

现在我转向另一个例子,即梵蒂冈发出的有关象征事宜的信息,如何在这里被解读成一种道德信息。对于天主教教义来说,圣餐仪式是其核心。如果这一点被删改,那么赫伯格(Herberg)所描述的、教派成为不能区别教义的社会区隔这一趋势,将会在现代世界中继续存在。历史性的、圣礼性的天主教会逐渐消失。

为了引出这个问题,我将以保禄教皇的通谕《信德的奥迹》(*Mysterium Fidei*,1965)为例。出于教牧关怀与焦虑,他在其中提到了当前有关圣餐的那些令人不安的观点。对于这些观点,他指出:

> 专注于考虑圣礼象征的本质,以至于造成一种印象是不对的。这种印象是:象征体系——没有人能否认它存在于最神圣的圣餐中——表达并穷尽了基督在这场圣礼中的全部意义。同样不对的还有,在讨论圣餐变体论(transubstantiation)的奥秘时,却不提及特利腾大公会议讨

论的,整个面包不可思议地转换成了基督的身体,以及全部的酒不可思议地转换成了他的血液,从而用术语来说,让这些变化仅包括"意义转 47
换"(transsignification)或"目的转换"(transfinalization)。最后,提出
并在实践中表达这样一种观点也是不对的,即认为我主基督不再存在
于弥撒献祭结束后剩下的圣餐中。

(Paul Ⅵ 1965:7-8)

这是一种不妥协的教义,就像任何一个西非拜物教徒那样,认为神灵栖身于
一个特定的物体、地点和时间之中,并处在特定的常规控制之下。让神灵居
住在一个实物中,无论是神龛、面具、符咒或是一片面包,都是最极端的仪式
主义。圣餐中象征的浓缩在其广度和深度上都是惊人的。因其上溯默基瑟
德的饼,下至髑髅地和弥撒,白色的圆面包象征性地包含了宇宙、教会的整
个历史,甚至更多。它将每个礼拜者的身体与信徒的身体结合在一起。在
这个范围内,它表达了赎罪、滋养和更新的主题。任何一个受过高度言语
化、个体教育的人,都很难接受这种密集的浓缩。但还不止于此。象征化并
没有穷尽圣餐的意义。它的全部含义还包括魔法或圣礼的功效。如果仅仅
是为了表达所有这些主题、象征和纪念,那么宗教改革就无需泼洒那么多鲜
血与笔墨。这个教义的关键是,在牧师说出圣言之时,一个真实的、看不见
的转变已悄然发生,而食用圣餐,对于食用者和其他人都有救赎之效。这基
于人类在宗教中所扮演的角色的基本假设。该教义假定人类可以积极参与
救赎,通过施行圣礼作为恩典的渠道来拯救自己和他人——圣礼不仅是标
志,而且作为工具,它们与其他标志有本质区别。这涉及对仪式功效(opus
operatum)的信仰,这种信仰的可能性被新教改革者所否认。在天主教思想
中,有一种通过教会、通过圣礼特别是通过作为髑髅地圣体对应物的弥撒来
进行中介的分配。弗朗西斯·克拉克(Francis Clark)博士在他令人钦佩的调
查《圣餐仪式和宗教改革》中直指这个问题的根源,我在此加以引用。新教徒
既拒绝通过物,也拒绝通过人中介。对于路德,尤其是所有后来的教师而言, 48

没有任何受造物可以中介人类与神的有益行动,人类在分配恩典中的

积极分享亦是如此。他反对弥撒献祭这一传统律令的主要理由,是认为弥撒是一种"工作",属于工具中介的整个秩序,属于人类积极参与恩典分配的整个秩序,而这对改革者来说是一种咒逐。……庆祝主的晚餐是领受圣餐者个体的承诺和赦免的证明;它不能为他人"做"任何事,也不能向上帝"奉献"任何东西。……在《巴比伦囚房》(*Babylonian Captivity*)中,他坚持认为:除了其应许之言外,上帝不会也从来没有以其他任何方式与人打过交道。因此,除了信那应许的话,我们永远无法以其他方式与神打交道。(Werke,Weimar Ⅵ:516,521)

内在"言语"与圣礼"事工"之间的激进对立,是理解席卷欧洲的敌视弥撒风暴的神学关键。

(Clark 1960:106 - 107)

他接着引用 J. 洛兹(J. Lortz)博士的话,说道:

这是对传统圣礼概念的直接攻击,也就是,反对教堂的礼拜仪式中运转着的神灵生命的客观性。在此,基督教成为一种内心情感的宗教的决心得以达成,正是在它的胜利将产生最大的影响的这一点上。教会团结的秘密中心在此遭到了质问。……对天主教会来说,宗教改革中发生的最致命事件,不是攻击教皇,而是从她的神秘中掏出了权力的客观来源。

(《德国宗教改革》,第二版,Ⅰ,第 229 页,转引自上书:107)

难怪教皇保禄担忧当代神学家,后者削弱了圣餐的意义,并用诸如"意义转换"和"目的转换"之类模棱两可的术语,威胁将其从有效的权力来源变成一种纯粹的象征符号。在他的通谕发表两年后,仪礼圣部颁发了《圣餐奥秘指南》(*Instruction on the Eucharistic Mystery*,1967)。在其中提出了四种不同的基督临在模式,对它们加以识别,但最为推崇圣餐中基督的临在。基督临在于以他之名聚会的信徒的身体里。他临在于他的话语中。他临在于牧师的身上,"尤其临在于圣餐中,因为在此圣礼中,基督以一种独特的方式,完整且完全地，既为神亦为人，实质上和永久性地临在。"这是发送出去的信息。当它到达信徒那里时，它已有所阉割。因为流行教义问答和祈祷书的作者，显然都经历过伯恩斯坦所说的个人成长。他们喜欢在一个更亲切、更亲密的层面上，用言语来阐述他们的内心感受。我将其与原始宗教比较，可能会让他们反感。使得谦卑和高贵的类比在更包容的模式中一致的那些伟大而神奇的敬拜行为，他们并不感兴趣。因此，我们发现，《新教义问答》在圣餐一章中，给予"真正的临在"这一律令的关注，只等同于对该仪式的纪念方面的关注。它说得更多的是作为感恩方式的圣餐，庆祝的人们团聚一处，以及共食与营养的象征符号。面包转换为圣体的学说被淡化，而基督临在的其他方式（尤其是"话语"）被强化了（Higher Catechetical Institute, Nijmegen 1967:332－347）。发布这本教义问答的荷兰主教以及开明的英国教师都无法接受，认为这本教义问答是一种淡化了的信仰表达，对他们来说，这种信仰实际上已经失去了意义。圣餐的神秘对于他们贫乏的象征感知来说太过神奇。像俾格米人一样（我再说一遍，因为他们似乎常常为自己达到了智力发展的高峰而自豪），他们无法想象神灵位于任何一个事物或地方。

不过，若我对伯恩斯坦研究的解读是正确的，那么散布在世界各地的大量未开化民族并不分享这种缺陷。由于他们的位序方式与社会经验，他们能够对指向和边界的象征作出深刻的反应。我将在第五章表明，他们已经用自己的身体作为思考社会和宇宙的象征性类比。他们对于口头阐述的反应不那么强烈。他们可能觉得没有必要通过做好事来证明自己的正当性。那些对他们的牧师来说太硬的食物，就是他们的天然食物。①"饥肠辘辘的羊抬起头来，却得不到食物。"②毫无疑问，快乐的、一心逐欢寻乐的牧师忽视了这些羊群。但似乎有理由认为，严肃、善意的牧师误解了营养食品的必要性，因为它似乎不适合他们自己的消化系统。但这仍然不足以强有力地反驳这些牧师。没有哪个人的生活不需要在一个连贯的象征系统中展开。

---

①　典出《新约·希伯来书》5:12:"按时间说，你们本应做导师了，可是你们还需要有人来教导你们天主道理的初级教材；并且成了必须吃奶，而不能吃硬食的人。"

②　此句出自英国诗人弥尔顿的田园挽歌《利西达斯》(Lycidas)。

生活方式越没有条理,象征系统可能就越不清晰。但社会责任并不能代替象征形式,而且确实对它们有所依赖。当仪式主义被公开地蔑视时,慈善的冲动就有自我挫败的危险。因为认为"世上存在着没有象征性表达的组织"这个想法只是一种幻想。即时、无中介沟通只是一个古老的预言之梦。心灵感应的理解有助于短暂的洞察力闪现。但创造一种秩序,让年轻人和老人、人和动物、狮子和羔羊可以直接理解对方,只是一种千禧年愿景。那些轻视仪式的人,甚至在仪式最神奇的时候,都在以理性的名义珍惜着一种非常不理性的沟通概念。

　　我敢于将基督教仪式与魔法和原始的禁忌观念相比较。我知道,这种论点很难把仪式推荐给非仪式主义者。然而,他对魔法和不洁规则的蔑视是基于无知。象征性线条和边界的绘制是一种把秩序带入体验的方式。这种非语言象征能够创造一种意义结构,在这种意义结构中,个体可以相互关联,实现自己的最终目的。学习和感知本身依赖于分类和区分。哪怕是对私人经验的组织而言,象征边界也是必需的。但履行这一功能的公共仪式,对于社会的组织来说,也是必要的。我们可以假设,由经济交换组织起来的工业社会,不需要通过在小社区中创造团结所必需的象征来激活。我们或许可以直接用涂尔干的术语来解释人们为何现今对礼仪失去了兴趣。这根本不能解释某些部落社会缺乏仪式的原因。但是,如果这个论点对我们自己有效,那么,对于那些求助于善行来解决自己认同问题的人来说,这就是一个令人沉郁的结论。他们在任何方面都容易受挫。首先,他们似乎必须把自己的善举交给行业组织的官僚力量,否则就不会有任何效果。其次,尽管任何办公室或诊所都可以通过位序型象征模式组织起来,但由于这些人无法欣赏象征行为的价值,他们永远无法安排他们的私人关系,从而使非语言符号的结构得以出现。我们都知道,研讨会的主席每周都会换一个座位,这样就没有任何权威或优先的象征可以投入团队的空间关系。我们中的一些人甚至可能了解小出版商的办公室,在那里,人们不得不时不时地向勤杂工咨询一本书的质量,而经理负责沏茶,因为人们觉得,团结需要不断地混淆角色。一位人类学家告诉我,他对行使权力的抑制是如此强烈,以至于他的第一次田野调查因拒绝雇用仆人而变得极其困难。正是这些喜欢其社会关系中非结构化亲密关系的人，其不用言语交流的愿望遭到了挫败。因为只有仪式结构，才能使一种并非完全不连贯的无言语沟通渠道成为可能。

坚定的反仪式主义者不信任外在的表达。他看重一个人的内心信念。发自内心的、没有准备性的、形式不规则的、甚至有些不连贯的即席讲话就很不错，因为它见证了说话者的真实意图。要么他不是一个用言语作为门面来掩饰自己思想的人，要么在这个场合没有时间去润色：语无伦次被认为是真实性的标志。同样，五旬节派教会的领袖们竞相通过"说方言"（talking with tongues）来展示他们的圣洁，也就是滔滔不绝地说些不连贯的话。越是难以理解，越能向会众证明方言是上帝的恩赐。与此同时，反仪式主义者怀疑以标准单位出现的、经过不断使用而打磨的言语；这是社交的硬通货，不能相信它表达了说话人的真实想法。

在人们拒绝言语的仪式形式时，也低估了"外在"。也许所有的宗教复兴运动都有一个共同点，那就是拒绝外在形式。在欧洲，摩尼教、新教和现在的新左派的反抗，从历史上看，它们都肯定了追随者的内在价值和他所有同伴的内在价值，以及这些运动外部的一切弊端。我们总是发现身体的象征被应用于身体内部与外部的价值，现实与表象、内容与形式、自发性与既定制度的价值。戴维·马丁（David Martin）最近用这些术语写了一篇关于当代宗教存在主义者的文章：

> 激进主义者倾向于通过与福音比较来拒绝"宗教"。宗教是一个围绕着偶像"神"建立的制度的综合体，这一偶像"神"被错误地视为与其他存在并存的一个存在。"神"这个词的正确用法是指一切存在的质的方面。在形式和规则上，宗教使"他"晦涩朦胧，在圣礼中使他仪式化，而事实上，只能通过实验和经验来认识"他"。只有这样，他才能成为个人的真实。与虚假宗教联系在一起的是道德，它被理解为一组规则，而不是对道德选择的独特情境特征的真实个人反应。……存在主义运动表达了经验与形式化、客观与个人、个人与制度之间的永恒张力。
>
> （Martin 1965：180－181）

精神分析学家极好地解释了被拣选者为什么总是对自己的内在纯洁以及直接地、不受阻碍地接近上帝的能力充满信心。但此项研究的一个悖论在于，哪怕是那些最容易鄙视仪式的人，也不应该免于对非言语交流的渴望。梅兰妮·克莱因（Melanie Klein）在描写母亲和孩子之间无意识的密切联系时写道：

> 在后来的生活中，向一个志趣相投的人表达的思想和感受不管如何令人欣慰，都有一种未曾得到满足的渴望，即无言的理解——来源于与母亲的最早的关系。

> （Klein 1963:100）

同时，她也描写了婴儿对母亲乳房的态度：

> 我不会假设乳房对他来说只是一个物理对象。他的全部本能欲望和无意识的幻想，使乳房具有的品质远远超出了它所提供的实际营养。
>
> 　　注：婴儿通过语言无法表达的、更为原始的方式感受到所有这些。当这些前言语的情感和幻象在移情情境中复活时，它们会以我称之为"情感中的记忆"的形式出现，并在分析者的帮助下被重建，转化为语言。

> （Klein 1957:5）

若我们确实终其一生都被一种理想的、不可能的和谐的渴望所打动，而这种和谐源自于我们与母亲在子宫里最初结合的记忆，那么，我们也理应将非言语交流理想化，这是可以理解的。可叹那些渴望非言语形式关系的、来自个体型家庭的孩子，却只拥有文字以及对仪式的蔑视。通过拒绝仪式化的言语，他拒绝了推动内部和外部之间的界限，以便在自己身上融入一个模式化的社会世界的能力。同时，他也阻碍了自己接受那些通过非言语渠道间接传达的直接的、浓缩的信息的能力。

第四章 格与群

将仪式视为限制型符码,这很有启发性。但应用这个洞见所出现的问
题,却远多于我预备去解决的。伯恩斯坦认为,限制型符码有多种形式;任
何结构化的群体,只要其成员彼此谙熟,比如说板球队、科学界或地方政府,
都会发展出特殊形式的限制型符码,将单元压缩成预先安排好的符码形式,
缩短沟通过程。该符码可以强化特定的价值模式,并使成员在互动过程中
内化群体结构及其规范。因为田野工作的引用、(通常不太可能的)程序的
参考、标记脚注等都是作为社会互动的预编码给出的,人类学家或所有其他
领域学者的著作和会议记录,都可归纳为仪式性或限制型符码。忠诚、资
助、客户关系、阶序制度的挑战、阶序制度的主张等,这些都间接且无声地通
过明确的语言渠道得以表达。若情形果真如此,那么,使用限制型符码与精
密型符码两分法框架进行研究的伯恩斯坦,则处于涂尔干区分机械团结和
有机团结的阶段,或者梅因(Maine)鉴别契约社会或地位社会的阶段。正
如他自己所言,在特定文化或特定群体的语言形式中,限制型符码和精密型
符码的区分一定是相对的。那么原始文化中的所有语言是否都是限制型符
码,此种问题毫无意义,因为它将绝对值赋予了定义。伯恩斯坦认为,任何
社会群体中都会有一些社会生活领域,承担政策制定以及外界沟通的更多
责任。因此,他预计,在任何部落系统中,都能找到一些人,他们被迫发展出
一种更精密的符码,使普遍原则明确化,意义能与纯粹的本地语境脱离。对
此,我本人并不相信。如果需要做出政策决定的情形只是重复循环的一部
分,那么,人们就有可能以预先组织好的言语单位对它们进行充分讨论。只
有在需要政策创新时,人们才会努力使用精密言语符码。这一问题给民族
语言学家提出了有趣的方法问题。但这并非我要加以讨论的主题。更切题
的,是我们如何运用限制型符码观念来解释不同程度的仪式化。

若仪式被视为一种限制型符码的形式,若限制型符码的出现条件是群

体成员彼此谙熟,以至共享一套无需明言的共同假定作为背景幕,那么,部落在此基础上可能会有所不同。我们可以想见,俾格米人彼此可能永远不会很熟识。他们的社会交往,在强度和结构上可以与法国海滨度假胜地的供应商相提并论,后者6月份从巴黎搬过来,在旅游旺季运营商店和酒店。他们彼此非常了解,可以肯定的是,他们之间存在着一个共同的假设领域,但这绝不是他们的全部兴趣。他们可能会根据当地的情况制定一套限制型符码。所以我们也可以假设,在某一季加入各自的狩猎或游牧营地、第二年却不一定会在一起的俾格米人和波斯游牧者,对于持久的社会结构所对应的、他们共同关心的事情,会使用一种限制型符码,同时在他们自己的家庭中,会使用另一形式的限制型符码进行交流。从言语符码得来的这个类比,很好地解释了这两个案例中仪式形式为何如此贫乏。这符合涂尔干的前提,即社会和上帝可以等同:社会的关系结构在一定程度上是混乱的;上帝这一观念的内容,在同等程度上也是贫乏且不稳定的。

　　限制型符码被经济地用于传递信息,维持特定社会形式。这是一个控制体系,也是一个交流体系。类似地,仪式创造了团结,宗教观念也有其惩罚性含义。我们预计,人们越不重视有效的社会凝聚力,这种功能就越不重
56 要。因此,我们并不能惊讶于俾格米人没有发展出宗教惩戒性的那一面。他们满足于最低层次的组织。在此,我们又提出了可用来预测人类社会仪式存在与否的比较范围。我们需要一些方法来比较组织以及社会控制设定的价值。援引异国部落的材料,可以很好地阐明我的主题。某种情况下,必须对比较加以控制。不仅仅将传教士与俾格米人进行比较,是一种可疑的做法。将猎人和牧民相比较,或者将非洲的猎人和澳大利亚的猎人相比较,都是可疑的。我会尽可能多地将笔触停留在某个特定文化中,以此来控制文化差异这个问题。但首先,我们的任务是修改伯恩斯坦的家庭控制体系图。该图是为了反映工业社会中的劳动分工对言语和控制技术这两个变量日益增长的影响而设计的。那么,我们的第一步就是选择稍微不同的变量,以消除劳动分工的影响。由于伯恩斯坦的研究与伦敦家庭的结构有关,它关注的是面对面的人际关系。因此,对于部落社会来说,它几乎不需要多少修改。他的两条线衡量了他所谓的家庭中位序行为的不同方面。在劳动分

工影响最小的地方,言语符码和控制系统支持家庭关系的不同结构。如果我们想要紧密追随他的研究,就必须先猛烈抨击他思想的微妙之处。在伯恩斯坦的图表(第 30 页)中,语言符码对来自工业社会中顶层决策领域的压力做出反应,使言语变得越来越清晰。家庭控制系统对同样的压力做出反应,要求儿童能够掌握关于人类行为的抽象知识。他的象限设计,是为了说明在工业社会的所有部门中,这两种反应不会在相同的组合中产生。左边是家庭中社会关系最结构化的区域,右边是最开放和不被结构化的区域。在右下角,个体逃逸出社会的结构性控制体系,尽可能自由地突现。他的图表揭示了单一压力从位序型控制体系移动到个体型控制体系时产生的一些影响。垂直线则表示言语使用的变化。它表明,言语有可能被用作位序型控制的增强剂,随着中心压力在智力上、语言上和象征上逐步摆脱当地的位置结构,这种可能性递减。那些最彻底地脱离结构化个体关系的人,是那些卷入现代工业结构复杂性的人。为了适应部落社会,这种模式不可避免地要被拆解。在接下来的部分,我们只是在对他的想法进行一种非常粗糙和拙劣的模仿。

　　若我们回顾一下伯恩斯坦所做的本质上是什么,这一任务就可以被简化。他从控制系统中推导出宇宙论,或者更确切地说,根据以下原则,展示了宇宙论何以成为社会纽带的一部分。第一,任何控制体系,由于它必须被合理化(就像韦伯所说的那样,被证明、验证或合法化),它就必须得诉诸人与宇宙本性的终极原则。这甚至也适用于家庭层面。第二,控制系统与控制媒介(言语、仪式)相互作用。第三,媒介的编码和控制系统的特征之间存在一定的一致性。这种匹配应该可以被长期预测。但短期来看,过渡过程可能会使这种匹配模糊不清。因此,我们的任务从确认宇宙论的控制方面开始。

　　在远离英国家庭和住宅的某个地方,几台机器正在研磨出一系列社会压力。赤裸裸的权力披上了体面的外衣,被人们合法化。这种权力对于合法的要求已然触及最私密的角落,甚至触及了英国母亲与自己孩子的交往。母亲学会了以特定的方式来维护自己的控制,并通过参照普遍原则以证明自己的权威。这样,孩子就被灌输了他所处社会的假设。他的好奇心被抑

57

制或被激发,他的自我期许以最隐秘的方式设定——不是通过公开的教条,
而是通过那些不曾言明的东西。伯恩斯坦揭示了在我们讲话风格中所隐含
的两种世界观。他发现,它们产生于两种可区分的控制体系。为了与他的
推演相称,我们应该关注控制体系,以及验证它们的隐含假设。在此我们还
没有准备好去应对媒质的变化。这将是下一章的内容。所以,撇开语言符
码不谈,我在此阶段只需比较控制体系,将完全个体化的、没有固定原则的
关系形式,与等同于位序型家庭的体系做对比。我们似乎可以把注意力集
中在两个社会维度内个体间的互动上。其一是秩序、分类、象征系统。其二
是压力,别无选择、只能同意他人过分要求的一种经验。让我们首先来考虑
秩序吧。社会关系要求人们分类清楚、取向明确。秩序是沟通的基本要求。
可以想象,根据所使用范畴的明确定义来比较象征体系,是可能的。《原始
分类》在前几页里,就给了我们这种暗示。

> 对我们来说,将事物分类,其实就是把事物分成不同的组,之间有明确的
> 分界。……在我们类别观念的底端,存在着固定和明确的边界。现在我
> 们几乎可以说,这一分类概念并不能追溯到亚里士多德之前。……我们
> 目前的分类概念不仅有其历史,而且这段历史本身也暗含着一段相当
> 长的史前史。事实上,人类心智由此而发展起来的那种无差别状态,不
> 可能被夸大。甚至在今天,我们的通俗文学、神话和宗教中相当大的一
> 部分,都建立在所有意象和观念的基本混同之上。它们彼此不相分离,
> 因而也很不明确。……如果我们进一步考察已知的最不开化的社会,
> 即德国人用相当模糊的术语称为自然民族(*Naturvölker*)的那些社会,
> 我们就会发现更为普遍的心理混淆。
>
> (Durkheim and Mauss 1903:5 - 6)

两位作者继续将这种定义上的缺陷与个体从童年到成年的意识成长进行比
较:最初出现的区分是零碎的、不稳定的;逐渐有了对经验要素的稳定限定,
才会出现分类。然而,这并不是我打算在此使用的、将分类体系进行比较的
基础。我认为这是不言自明的,即在整个系统中,不同类别界限的清晰性不

会改变,或者,若它确定在这里变得模糊,在那里变得僵硬,这也并不是我想要加以考察的区分。相反,我将试着去比较组成了世界观的类别的整体表达。小部分经验可以连贯地组织出一种分类体系,而其余的零散事项则无序地作响。或者,它为整个经验所提供的排序可以是高度一致的,不过,那些可以使用它的个体,可能享有另一个竞争性的、本身同样连贯的不同系统。他们可以自由地、折中地在这里或那里选择不同片段,并不担心整体上缺乏连贯性。那么,这些人在分类上就会有冲突、矛盾和不协调的地方。实际上,连贯性的丧失缩小了分类系统的总范围。因此,我们可以把分类系统的范围和连贯的衔接当作一个社会维度,任何个人都必定能在其中找到自己。我将其称为格(grid)。

正如涂尔干强有力地论证的那样,任何给定的分类系统本身都是社会关系的产物。以上伯恩斯坦所举的位序型家庭的例子,表明人们在分类方面对彼此施加压力。当压力很大,且他们坚持一套分类时,相互强化就在起作用。这样一种社会制度很可能会保持稳定,除非来自外部的反压力出现,或者新知识削弱了分类的可信度。无论哪种情况,社会变革都将在另一个维度产生,即行动或压力。将格的维度从零向上垂直绘制至更多、更广泛的表达,可让我们思考分类阙如的意味。零代表着空白、完全的混乱,没有任何意义。无规则意味着社会失范和自杀者的疑惑。所有的分类悬置之时,可能就是神秘主义者的分裂时刻。它也可以代表,正如《原始分类》的引文中所指出的,儿童的第一种无差别的意识。为了稍微区分这些可能性,让我们先将公认的分类体系与私人的分类体系分开。一个日益连贯但完全私人化的分类系统,将使个体摒弃与他人进行沟通,最终走向疯狂。我们由零点往下所画的,就是这一私人思想的世界。

水平线上画出的是压力,压力大小从零向右递增。数值为零时,对个体没有任何要求。他没有压力。这意味着他是孤独的。但另一种情况必须位于垂直线上。当压力和反压力完全平衡时,此点上所记录的是人们的优柔寡断。这是转换和承诺之前的那一刻。压力轴向右边靠拢时,个体会越来越受到他人的束缚。出于以后会阐明的种种原因,我把这种个体最大限度控制的倾向称为群(group)线。一个孩子的生活沿着这条线开始(因为他完全被别人控制），在格这条线上的位置很低；当他长大，他可能会从个体压力中逐渐解脱，逐渐被灌输以流行的分类系统。如果他能巧妙地将这些分类及其含义内化，他就可以利用它们来为自己防御个人暴政。他甚至可以用它们来施行暴政。考虑到这一点，我们可以将水平线从零点延伸到左边。在这一侧，个体已经逃脱了来自其他人的压力。他正在对他人施加压力。

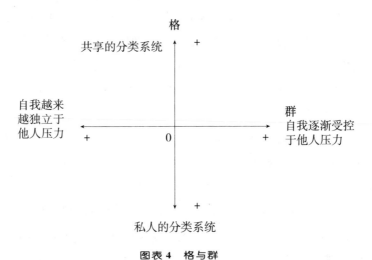

图表 4   格与群

尽管公共分类格被其他人用来控制个体，但若隔绝失效，个体就可以逃脱这种控制。只有在系统完全被隔绝的情况下，格与群的相互强化才能使系统保持稳定。但绝对的隔绝较为罕见，仍留存了一些改变的空间。我们现在手中就有一套设置，可将社会变化看作一个动态过程。我们可以看到，个体在强大的压力下接受一种阶序制度，这种制度贬低了他，并使他被奴役。我们可以评估他所拥有的其他选择，以及竞争压力的相对分量。但这不是我想做的研究。我们的问题是在宇宙论和社会关系特征之间找出某种关联。我认为，在整个图表中以不同方式伸展的几个系统，很容易在宇宙形成的方式中发展出可识别的趋势。我们的第一个任务，就是更仔细地研究图表的性质。

水平线以上是公共分类区。社会系统总是以此为中心。社会的边缘要素、边缘部门占据这条线的附近和下方：他们位置越靠右，就越难以避免被左边那些操纵公共分类系统中的人所利用；位置朝向左边以及零点位置的，是自愿被放逐的人、流浪汉、吉卜赛人、富有的怪人，或其他不惜代价保住了自由的人。这条横贯整个页面的线将统合区（conformity）与创新区（innovation）分开。鉴于我们定义垂直维度的方式，我们并不认为任何人都从零点开始构思新的概念系统。能够私人化以及有所创新的，是如何对共同的文化范畴加以表达。要在这条线上往下更进一步发展，使私人哲学更加连贯一致，取决于个体能否与此同时从社会压力中孤立隔绝出来。超过了独创性的某一点之后，思想家就能放弃其思想被世人接受的任何合理期望。根据零点水平线上方的格与群之间的关系，我们可推导出这一点。制度生活的框架以及权力的分配，是社会压力和分类之间长期适应的结果。改变分类的巨大推动力，必须大到足以重新分配权力。在处于最右端的人看来，个人思想这一边缘领域在社会上毫无价值。它所承受的压力超过了它所能施加的压力。最左端位置，个人思想受到公众的高度尊重：处于最右端的人，会为从左下角象限里的人所发出的每一个新冲动鼓掌喝彩。我们有必要停下来想一想，个体是如何被定位在那个象限里的。音乐家能创新，画家、发明家和作家也能。若他的想法被忽视，他就仍然是一个在右侧的人。弗拉芒画家詹姆斯·恩索尔（James Ensor）在其漫长的职业生涯中，大部分时间都忍受着那种命运，并通过残酷的漫画报复拒绝给予他荣誉的公众。不过如果成功了，创新者可能会看到公共分类系统在其有生之年发生了变化。如果他想保持原创性，他就必须不断地想出一些新东西来给观众带来惊喜，或者设计出一种技术来最大化地出人意料，就像约翰·凯奇（John Cage）为他的音乐所做的那样。为了不受公共分类系统的束缚，人们首先需要别去贪图它的回报。他投以颁奖评审团的每一瞥，都会让他容易受到他们的批评，容易被卷入一般格。尽管在那儿待着不易，但人们有可能在其一生中通过左下象限的不同点。

　　右下象限适用于婴儿。个体型家庭通过让孩子对父母的各种病痛特别敏感来控制孩子：没有公共分类系统被用来解释宇宙和他在其中的位置，但（至少在理论上）他被教导去发展自己的分类系统。然而，公众熟知的类别隐含了他们的行为，随着年龄增长，他很快就能推断出这些类别。对于一个成年人来说，既要承受沉重的社会压力，又要发展出一种私人的明确表达的哲学,这当然是不可能的。如果他想要拥有知识上的隐私,不可避免地,他就必须获得一种孤独的状态,因此,这样的人会有从右向没有任何控制的垂直线移动的倾向。

这促使我们进一步考虑权力分配与公共分类一致性之间的关系。一个连贯的分类系统需要一个稳定的控制模式,这是不言自明的。控制系统中可区分的地方越多,协调成持久的责任阶序的地方越多,公共分类系统就越能区分其类别。所以,从图表中右侧公共格与群的最高点中部,跨越至左上角中间某个高点的社会,拥有一个复杂的社会系统。时间深度和合作群体制度都隐含在这个模式中。相反,一次政治动荡会使许多分类变得尤关紧要,并降低象征系统的连贯性;对持续变化的预期将会使这个分类水平更低。在弱分类水平基础上贯穿图表的社会,很可能会不断受到政治动荡和权力分配格局变化的影响。这对于我们的主题来说十分重要。

现在我们应该检验这些维度被用于组织材料的诸种不同方式。一些部落系统主要分布在图的右上角,不会在左边显示。人类学家公认的、具备高分类水平的经典案例,就是迈耶·福蒂斯所描述的殖民时期的加纳沃尔塔地区的塔伦西人。在那里,权利和义务的公共体系使每个人都拥有一套完整身份,规定他吃什么、何时吃,如何梳理头发,如何被埋葬或出生。大部分甚至可能是所有的塔伦西人,都受到其他人施加的压力。酋长和祭司也不例外。灵魂上处于反叛状态的人被认为是不正常的,需要运用特殊的仪式来治愈(Fortes 1959)。在这个社会里,孝敬就是一种秩序,人们应该孝顺长辈,虔敬死者,哪怕祖先被看作咄咄逼人的惩戒者。那些没有宗族关系的外人是唯一的敌人。一些可怜的、被指控为女巫的老妇人,要么被从一个村庄追逼到另一个村庄,要么就只是被容忍。谁能知道她们的想法呢?若她们全然困惑于抛弃了她们的公共格,那我们可将她们定位于水平线以下,虽然处于最右端,可选择的范围也最窄。我稍后会论证,一个以强分类为特征的社会系统,也会表现出同样的宇宙论倾向。强格和强群倾向于常规化地虔敬权威及其象征符号;信奉一个惩戒的道德宇宙,以及一种被拒绝的人员类别。

任何一个足够安全的、与批评隔绝的官僚体制,都倾向于以同样的方式来思考问题。这就是僧侣生活或者军事社会。最明显的是人类学家在第二次世界大战前后殖民地时期的非洲所发现的稳定的部落系统。功能分析使我们意识到原始社会的平衡模型，这绝非偶然。因为殖民政权本身使其被隔绝，使其免受战争和饥荒的影响。它倾向于将本地的社会系统冻结为强化和稳定的模式。

　　然而，在中非和加纳，这种效应有所不同。早在殖民冻结期到来之前，在 19 世纪与阿拉伯人及其他奴隶掠夺者的长期战争中，当地的社会结构就已被破坏殆尽。在 20 世纪 50 年代的著作的描述中，尼亚萨湖附近地区的部落具有迥然不同的特征，那时劳动力转移、经济作物与税收制度加速了当地的变革进程。我们也在此发现了小型社会。但就格而言，他们在连贯一致的分类上比塔伦西人低得多。他们的文化，承诺给予他们相互矛盾的回报，并提出了不可能实现的目标。他们相信忠诚和服从是值得赞许的，永远不要去分裂一个村庄。他们还认为，每个人应有的抱负是成为自己村庄的领袖——而如果没有不忠和摩擦，这个目标是不可能达成的。他们彼此施加巨大压力，并不断努力去界定和封闭自己的朋友圈。指控某人操弄巫术，是驱逐和重新定义社会界限的政治习语。被道德义务所约束的、广义而规范的人的概念，与吃人的巫师这一概念形成对比。以巫术之名指控一个对手，就是在政治上终结他。这是我将在本书中提到的第二种主要的社会环境类型。为方便起见，我将其称为小群团（small group）。它是一个聚集在图表右侧下方的社会系统。其内部成员之间相互了解，自己的级别和晋升前景都可以计算得出。他们没有意识到位于最左边的领导者的远程控制。他们面对面地被包围着，命运掌握在自己的手中，并以阴谋和嫉妒来迎接命运。我们可以在很多方面对比小群团与之前拥有强分类的群体。例如，强分类的群体会划分出明确的被排斥者和异常者。但小群团则扩大了潜在被排斥者的范围，包括所有熟人、男性、女性、亲属和不相关的人。

　　与这两种社会不同的第三种类型，并非整齐地聚集在右边，而是广泛分布于我们的图表中。在小群团中，领导者在其社区当中，忙于与同伴竞争。我将第三种情况称为强格社会，领导者是遥远而强大的存在，很少能被面对面地见到。在此，我们需要分别讨论领导者和其服从者所在的社会环境。

64

在殖民时期,出于我们已经提出的原因,人类学非常关注合作群体的特性,以及通过持久的控制渠道传递下来的权利和义务。殖民主义本身阻止了内部演变,并将部落政治制度限制为仅仅在固定的职务模式中替换人员。不过,对于新独立国家,尤其是对最近发现的新几内亚的研究,则聚焦于个体与从他自身辐射出来的圈子之间的所谓的联系网络。在一个复杂的社会中,网络是调研社会关系的最低层次。它们是合作群体得以产生的社会联结的维持基线。但是,如果合作群体过于薄弱,以至于每一个体都必须为每一项冒险寻求帮助,那么,由网络和临时行动构成的系统则可看作整个社会的运作方式。菲利普·格列佛精辟概括了人类学家在此类社会中所面临的有关描述以及分析的问题(Gulliver 1971)。我希望能集中讨论网络的两种可能变体中的一种。在菲利普·格列佛自己所描述的坦桑尼亚的恩登杜尔人中,没有人处于比别人更显赫的位置上,没有酋长这一角色,也并不存在有效边界来阻止开放的网络传向各处。对每个人来说,社会的意义都以他自己为中心,但不管对于他自己还是对他人而言,这些意义都是相同的。相比之下,在其他变体中,至少在其有生之年,领导者有可能变得有影响力,并会巩固自己的权力。这样的领导人将自己的忠诚网络强有力地聚集在自己周围,并为社会其他成员创造出一个力量中心。我们在世界各地都能发现这种在新几内亚被称为"大人物"的系统,譬如在印度尼西亚、在加利福尼亚北部的印第安人中,以及在菲律宾。我把它作为我的第四种社会类型,与其他模式形成对比。其有趣之处在于格群图表中弱分类水平层次广泛分布。成功被社会所孕育。没有什么凌驾于一切之上的社会利益可以制约领导者的动力。领导者的影响力越大,得到的支持就越多。积极的反馈会把他进一步推向左侧;因为它增加了追随者的服从度,所以追随者向右侧移动。如果领导者在战争和财富上的成功给予了他鼓励,他可能最终会侵蚀现有的义务体系,直到他自己成为法律。那么,一个不可避免的趋势,就是降低每个在其轨道上的人的分类层次。领导者会使追随者觉得,自己的世系和祖先的神龛于自己而言,其意义都比不上领导者所给予的恩惠。然而,大的一些类别,诸如偿付能力、价值、权益等,仍然像容器一样,年复一年地被注入不断变化着的综合意义。无论如何,领导者必须正视步步逼近的对手。同侪的世界是一个稀疏而波动的联盟。每个人都决心走向成功。如果领导者是讲究实际的,那么他们的追随者就会意识到权利与力量并存,并相应地站队。人们已经多次详细地描述了这种社会系统的各个阶段。我们还有更多来自新几内亚的例子。它们之间有趣的区别在于,"大人物"的竞争是必须利用现有的合作群体机构,还是可以凌驾于它们之上,如此一来,公共分类系统的大部分就依附于"大人物"自己的心血来潮了。

我们现在已经区分了三种社会环境:高分类、小群团以及强格社会。强 66 格社会包括了相互竞争的大人物的英雄社会及其追随者的社会。后者在分类的垂直线上位置靠后,因为连贯性只能在某种非常普遍的抽象层次上才能实现,这与遥远巨人之间的融合竞争是一致的。但整个图表中的分布表明了这些人所经受的强大控制。他们被招募和利用,来参加一场似乎可为所有人都带来丰厚回报的竞争,却发现自己正试图运行一个复杂的规则系统。大人物以规则的名义为其要求辩护。无论是货币交换规则、债务和信用规则,还是礼仪和招待规则,这个系统构成了一个压抑的格。伦敦人也知道这意味着什么。作为一种控制系统,工业社会是没有人情味的。比起其他人来,有些人更会觉得他们的生活不被人控制,而被物所控制。他们在规章制度的森林中漫步,不可估量的力量被一式三份的表格、停车计时器、不可阻挡的法律所代表。他们的宇宙被物所主宰,他们及其人类同胞都沦为受害者。由人所控制的宇宙与一个由物所控制的宇宙之间的本质区别,是不可能让控制者背负上道德压力:因我们与他们之间并不存在面对面的交流。因此,悖论在于,形而上学最模糊、只回应非常分散的象征的人——简言之,其宇宙论与俾格米人和亚利桑那的佩奥特仙人掌教派信徒最为相似——正是那些在工业社会某些领域中参与甚深的人。稍后我将回转来讨论此悖论。

对于那些往左螺旋式下降的领导者而言,他们遵循同样无人情味的交换规则,就好比晋升阶梯上的梯级。大人物生活在一个充满高尚的契约、艰难的讨价还价、卑鄙的背叛和复仇雪耻的世界里。除了上述给出的奇特案例外,还有一些更接近国内的例子。我们古老的盎格鲁-撒克逊复仇和继承法规定了一组从每个特定个体辐射出来的、负责任的亲属。北欧神话也表达了相应的世界观。

有了这四种社会类型的区分,就有可能证明它们促生的宇宙论也有所不同。控制系统通过信仰体系中发生的典型偏差得以确认。这些倾向就是本书的主题,因为它们对表达媒介提出了自己的典型要求,并由此产生象征行为的自然体系。以下是我对信仰类型的简要总结。一类具有强分类、虔诚的以及神圣化的制度,人们在洁净和不洁净之间划出严格界限;这是原型,是原初的涂尔干体系,在此体系中,上帝就是社会,社会就是上帝,所有的道德缺陷都是对宗教和社会的罪。在小群团中,人们对上帝保护信徒的力量缺乏信心,二元论的宇宙论认可魔鬼及其盟友的力量;正义看来不会占据上风。强格社会则倾向于秉持实用主义的世界观,相比丧失个人荣誉、面子或清偿能力所蒙受的耻辱,人们对罪的理解更少。在第一种类型中,盈亏计算适用于整个社会的精神经济;强格关注的是个体的荣誉、他可召集到的支持者的数量多寡以及他对女人们的控制管理。强格区分了大人物的英雄社会,以及其臣民反复出现的千禧年趋势。最后,我们应特别注意零点附近的位置。当公众分类和压力被撤销或弃置一旁时,形影相吊的个体就会发展出一种友好且非仪式化的独特宇宙论。

正如涂尔干所说,这种经历是意识的开始,包含了由此而来的所有的情感力量。只要我们向图表的左侧移动,逃离他人的感觉以及自我发现的感觉就是可能的。在这里,尤其是在垂直线下端,个体正在阐明自己的分类系统,思考者并不认为他的人类同胞是社会生活的主要决定因素。人类同胞也不会把他们在世界上的印记当作控制影响力的模型。因此,宇宙不是拟人化的。人们不太需要清晰表达的社会交往形式,也不需要用于发送和接收特定通信的一套象征符号。因此,我们已经确定了图表中的一块区域,在这个区域里,人们将不再那么看重仪式。此外,它还暗示了图上没有表明的另一个维度,即稀密这一维度。当人口稀少,社会关系不频繁、被中断、不规则时,个体不会觉得自己居住在一个以人为主宰的世界里。关乎其命运的、他可能更为关心的是干旱、牧草、牲畜、猎物的移动、害虫或农作物的生长。他被物控制,而不是被人控制。物不会对人际接触方式做出反应。人类同胞也是受苦者。

　　试图将整个文化同化为接近于零点的个人世界观的这项事业,看起来 68
十分诱人。然而,稀疏性(sparsity)掩盖了太多变量,我们最好还是坚持图
表所给出的解读。充分的材料足以解释伊图里森林里俾格米人的世界观为
何会与深深卷入工业社会的伦敦人的相似。首先,我们应该转向社会关系
这一媒介。若如伯恩斯坦研究所表明的那样,社会关系模式在言语形式上
打上了印记,那么毫无疑问,它们也会在非言语交流形式上留下烙印。如果
言语形式本身由此能控制特定社会环境中可能出现的社会反应,那么,我们
应该期望身体在交流中的使用也会施加类似约束。

第五章　两种身体

　　社会身体限制了物质身体被感知的方式。身体的实际经验,总是经由其被人们所知的社会类别所修正,维持着特定的社会观。两种身体经验持续交换着意义,加强了彼此的类别。由于这种互动,身体本身成了一种高度受限的表达媒介。身体运动与休息的形式,多方面地表达着社会压力。对身体梳理清洗、喂养和治疗方面的关照,有关身体在休息和锻炼时有何需要的理论,以及有关身体会经历的诸阶段、可以忍受的痛苦、寿命长短的理论,所有感知身体的文化类别,必定与认知社会的类别密切相关,因为它们也利用了同样的被文化处理过的身体概念。

　　马塞尔·莫斯在其论述身体技术的论文(Mauss 1936)中曾大胆断言,世上不存在自然行为。从进食到洗漱、从休息到运动,尤其是性,每一种行为都带着学习的印记。没有什么比性行为更本质地是通过社会学习过程来传播的了,而这当然与道德密切相关(同上:383)。莫斯认为,对身体技术的研究必须立足于对象征系统的研究。他希望社会学家能够将他们的方法与当时剑桥大学心理学家正在发展的知觉理论相协调(同上:372)。但在这篇精彩的文章中,他仅限于提议组织对"整个人"的研究这一方案。

　　莫斯在此强调的是人们通过文化习得的对身体的控制,而在他之前和之后的其他学者,已经注意到身体和情绪状态之间的无意识联系。精神分析学派相当重视弗洛伊德所说的由情感到身体状态的"转换"。这一洞见具有重大的治疗意义和理论意义。但对社会学而言,我们还没有得出相应的教益。许多学者对无意识的身体行为进行了敏锐观察。在此我以鲁道夫·奥托(Rudolph Otto)所提出的"自然魔法"概念为孤例:

　　　　展示了一些简单类比的行为模式,执行起来不假思索,亦无任何理论依据……。我们在任何一个游戏厅或保龄球场都可能观察得到。球手瞄准并将球打出,希望球能准确地滚动,一击制胜。他急切地看着滚动的球,点着头,身体侧向一边,一腿站立保持平衡,当到达界点时,身体猛然扭向另一边,就好像用手或脚来推球,最后一次抽动——终点到达。危险消除,球安全地到达了所属位置。

（Otto 1957:117-118）

这种观察与莫斯所寻求的一般社会学理论有一定差别。在我看来,爱德华·霍尔有关身体象征主义的当代研究,也不能算是一个理论。《无声的语言》(Hall 1959)研究了在空间、时间和姿势使用方面观察到的习俗差异,但仅此而已。没有任何一种假说可资用于解释文化差异。列维-斯特劳斯对象征主义结构的不朽分析,也并没有与莫斯所倡议的研究主题更加相近。因为尽管他承诺要把人们对运动和静止、饮食和斋戒、熟食和生食等在文化上的专门态度纳入象征结构的分析,但他对全人类共同的普遍思维结构的兴趣,却使他偏离了该主题。他似乎提供了这样一种视角,即对于人类身体的社会控制,可囊括于对控制图式的庞大心理社会学分析中(《神话学》,1964,1966,1968),但因其视线瞄准于找出普适的、对任一地方或时间都没有限制的规则,他无法提出任何有关(地方性的、有限的)文化差异的有趣观点。他的象征主义分析也缺乏一个基本元素。这种分析没有假设。其预想则是无懈可击、完全无可辩驳的。虑及分析的材料(任何有限的文化领域),又虑及分析的技术(选择成对的用于对比的要素)——分析者不可能在展示象征行为的基础结构上遭遇失败。他会成功,因其随身携带了用来揭示结构的工具,而且一般假设只要求他揭示结构。他并没有被要求将特定的象征结构与预测的社会变量相联系。他的研究必然会带来一系列结构化对立,而这些对立最终都可以消解为文化与自然的对比。列维-斯特劳斯教会了我们这样一种技巧,而我们应该根据自己的问题来改进它。象征的结构分析在某种程度上得与角色结构的假设有关,这样才能有所帮助。自此,我们的论证将分为两个阶段进行。首先,在所有层次的经验中使协调得以实现的驱动力,催生了表达手段的协调,从而使身体使用与其他媒介相协调。其次,来自社会制度的诸种控制,限制了身体作为媒介的使用。

第一点是我们大家都熟悉的一则美学原理,即适合于任何信息的风格,会协调给出信息的所有渠道。句法和词汇上的口头形式,都将与要表达的状况相符合;紧绷、松弛、缓慢、迅疾,将给出进一步非语言类型的信息;所选择的隐喻会增加而非削弱意义。

> 那么,弟兄们,让我们用我们的生命、用我们的演讲、用我们的心、用我们的声音、用我们的话语、用我们的方式,来赞美主吧! 因为上帝希望我们以这样的方式向他唱阿肋路亚,这样,在那赞美的主里面,就没有不和谐了。因此,首先,让我们的演讲与我们的生活相一致,让我们的声音与我们的良知相一致。我说,让我们的言语与我们的行为相一致,免得漂亮话成了伪善的见证。

公元 418 年,奥古斯丁在迦太基作了以上讲道。奥尔巴赫更充分地引用了这篇布道,并将其作为一种特殊修辞的例子加以分析(Auerbach 1965:27 - 36)。奥古斯丁的问题是,该如何去呈现一个极其困难的基督教悖论,使其看似一个显而易见的、可以接受的物事。他试图结合西塞罗式的宏大修辞与简洁有力,来解决这个问题。西塞罗曾教导过,风格可分为三个不同层次:壮观、中庸和平直;每个层次都应该有属于它自己的主题类别,所以有些情境和事物本身是高贵的,应该以壮观的方式来谈论,而另一些情境和事物则过于卑微,只能以平直的方式来谈论。可以分配这种价值的、不被质疑的假设中,隐含着一种限制型符码。不过,奥古斯丁认为,基督教已经扭转了它之前所有的价值观:最卑微的物事变得壮观至伟。因此,他开始将修辞风格与事物和行为类别剥离,并将它们与说话者和听者之间的社会关系紧密联系。壮观风格用于激发情感,中庸风格用于表扬或责备,而平直风格用于教导。对于努力解释仪式的人类学家来说,回忆一下这种对风格与主题以及社会关系之间的关系进行探究的悠久传统,是很有裨益的。奥尔巴赫的著作,致力于研究在基督教思想的影响下,传统话语形式所发生的变化。还需要注意的是,平直风格被称为蒿草语(*lingua humilis*),与腐殖质、土壤有关,字面意思是低、凹陷、短小。基督教的教义结合了卑微风格与壮观风格,用来攻击既定的价值观模式。所以信息传递的方式本身增加了更多相同的含义。巴特(Barthes 1967)以同样的方式,谈及某革命期刊的一位法国编辑在开篇社论中用了一些脏话。它们与正在讨论的问题有关,只因为它们的风格具有同样的革命性影响。在任何一种交流中,如果使用的频段不止一个,如果意义之间没有平稳的协调,歧义就会产生。因此,我们总是期望有关控制的社会表达和身体表达之间具备一致性,首先,这是因为每一种象征模式都加强了彼此的意义,交流的目的得以进一步推进;其次是因为,正如我们前面所说的那样,每一种经验所接受的类别是相互派生和相互加强的。除非是有意识地、刻意地努力,否则它们不可能分开,彼此作假见证。

莫斯否认存在任何的自然行为,这一说法令人困惑。它错误地提出了自然与文化之间的关系。在此,我试图辨认出一种以适当的身体风格来表达某种特定状况的自然倾向。只要它是无意识的,只要它在所有文化中都被普遍遵守,这种倾向就是自然的。它根据所感知到的社会状况而产生,但后者必须始终披着当地历史和文化的外衣。因此,自然表达是由文化决定的。我只是在把长期以来众所周知的文学风格和整个身体风格加以联系而已。罗兰·巴特将风格描述为一种非言语的意义渠道。

> 意象、细腻、词汇来源于作家的身体和过去,并逐渐成为他艺术的反射。因此,在风格的名义下,一种自给自足的语言得以发展,它只根植于作者个人的秘密神话的深处,那是表达的次本质,文字和事物在那里第一次结合,无论如何复杂,他存在的伟大言语主题也都在那里一劳永逸地得以安置。风格总是有些粗糙的东西:它是一种没有明确目的的形式,是一种推力而非某种意图的产物,而且,可以说是思维的一个纵向和孤独的维度……。它是仪式的私密部分,它从作者充满神话的深处升起,并在他控制范围之外展开。

> (Barthes 1967:16,17)

我们所描写的这种身体风格是自发产生的,不过也以同样的自然方式被解读。让我们来读一读 19 世纪 20 年代弟兄会运动的领袖之一,约翰·纳尔逊·达秘(John Nelson Darby)给我们留下的印象吧：

> 脸颊下垂，眼睛充血，残废的肢体倚着双拐，很少刮胡子，衣衫褴褛，通常容易被人忽视，起初人们对其施以同情，同时好奇为何会在客厅里看到这么一个人……。他有敏锐的逻辑、温暖的同情心、可靠的判断力，周到而亲切，全然放弃自我。不久，他接受了圣职，成为威克洛山区一名不知疲倦的副牧师。每天晚上，他都到那些小木屋里去教书，翻山越岭、穿越沼泽，走过的路途既远且广，很少在午夜前回家……。他并非故意斋戒，但他在荒野和穷人中间的长途跋涉使他严重匮乏……。这一现象使可怜的罗马教徒非常兴奋，他们把他看作古代血统的真正的"圣人"。在他们看来，天堂的印记在一个因苦行而消瘦的人身上是如此清晰，他是如此超越世俗的浮华，又是如此分担他们的贫穷……。起初，我对他漫不经心的外表感到不快。但我很快就明白了，他没有别的办法去平等地接触到那些底层和最底层阶级的人，他的行为并不出于禁欲主义，也不出于虚夸卖弄，而出于富有成效的自我放弃。

> （引自弗朗西斯·威廉·纽曼，见 Coad 1968:25,26）

请注意，"自我放弃"这个词在这篇文章中出现了两次。穷其一生，达秘都在写文章反对组织，好像弟兄会把自己组织成教会是最大的背叛和罪恶（同上书：127）。

现在我们进入论证的第二阶段。作为表达媒介的身体，其范围受限于社会系统所施加的控制。正如认知失调的体验令人不安一样，一层又一层经历和一重又一重情境中的和谐体验是令人愉悦的。我之前曾经提出，在社会与生理层面的经历感知之间，存在使其和谐一致的压力（Douglas 1966:114-128）。但我的一些朋友还是觉得该论断并不能令人信服。我希望通过更深入的研究说服他们。在此我将追随莫斯的观点，即人体总被视为社会的一种形象，对身体的自然方式的考虑不可能不同时涉及社会层面。我们对社会出口和入口、逃离路线和侵入的关注，决定了我们对其孔径的兴趣。如果人们不关心如何维护社会界限，我就不指望他们会在意去维护身体界限。人们一般性地处理从头至脚的关系,处理大脑和性器官、嘴和肛门的关系,如此它们都表达着相关的阶序模式。因此,我现在提出一个假设,即身体控制是社会控制的一种表达——在仪式中放弃身体控制,就是在回应正在表达的社会经历的要求。此外,如果没有相应的社会形式,成功实施身体控制的可能性很小。最后,寻求将身体经验和社会经验和谐联系的同一驱动力,肯定会影响到意识形态。因此,一旦身体控制和社会控制之间的对应关系被找到,我们考虑政治思想和神学上的共变态度也就有了基础。

　　相比目前象征主义结构分析通过给定模式中元素之间的关系来横向地发现意义这一趋势,此种方法更重视经验的纵向维度。这是罗德尼·尼德姆遵循现象学家和巴什拉之后,发展出来的"深度分析法"(Needham 1967:612)。在语言学研究中,试图通过参照声音的物理联系来阐述声音的选择,可能是一条死胡同。对语言的结构分析,已经放弃了考虑咝音是否与流水、蛇等有拟声的关联。或许,结构分析不应该对某一特定象征的心理学意义或社会学意义感兴趣。但是,当人类学家将这种技术应用于仪式和神话的分析时,对身体和社会经验的纵向参考,通常会作为整体结构的延伸而毫无歉意地溜入。当然,为了理解自然象征的基础,我们必须明确考虑分析的纵向维度。对反仪式主义的研究,必须聚焦于正式性和非正式性的表达。在角色结构被明确界定的情况下,正式行为将受到人们的重视,这一设想似乎并非那么大胆。如果我们继续在正式/非正式的一般对立下分析一系列象征主义,我们会期望看到每一组对比的正式的那一侧被重视,因为角色结构更密集、更清晰。正式意味着社会距离,以及界限清楚、公共、隔离孤立的角色。非正式适用于角色混淆、熟悉亲昵、亲密无间。在重视正式性的地方,身体控制是合宜的;在最强调文化高于自然的地方,身体控制也是最恰当的。这一切都是显而易见的。不用说,任何个人都得在社会生活中需要正式性的领域和不适合正式性的领域之间游走。定义有所不同的行为领域,可以包容其中巨大的差异。那些定义可能会依据时间、地点或剧中人物而定,正如戈夫曼在考虑妇女使用什么标准来决定什么时候可以或不可以穿着拖鞋、套着发网在街上走时所展示的那样(Goffman 1971:127)。有些人总是保持端正的仪容,而有些人在这里小心翼翼,在那里则安逸放松。詹姆斯·瑟伯(James Thurber)说过,如果一些作家穿着打扮像其写作那样随 76 意,他们会因猥亵罪被起诉。这种个人经验的范围可以建立起对越来越正 式的距离和权力象征的需求,此时渐次加强被认为是合适的——反之亦然, 在其他场合,正式性的象征会逐渐减少。人们经常使用"反转"这一术语来 讨论从一组象征符号转换到与之相反的另一组象征符号的这种需求和能 力。但我在此并不关心反转,而是关心淡出控制的可能性、普遍意义上的放 松状态及其象征性表达。

到目前为止,我们已经列出了两条规则:第一,适合于某信息的风格样 式将协调所有渠道;第二,作为媒介的身体,其范围受到所要表达的社会系 统需求的制约。正如第二条所隐含的那样,第三条就是,强有力的社会控制 会要求一种强有力的身体控制。第四,沿着从弱到强的压力维度,社会系统 逐步寻求其表达形式的非具身化或空灵化;我们可以称之为洁净原则。后 两者一同起作用,所以在阐述它们如何支配身体这一表达媒介之前,我将首 先简要地谈谈"洁净"。

社会交往要求我们排除非预期的或无关的有机过程。因此,它为自己 配备了相关准则,而这些准则组成了普适的洁净原则。分类系统越复杂,维 持它的压力越大,社会交往就越是假装发生在非具身的灵魂之间。社会化 教会儿童将有机过程置于控制之下。其中,最不相关和最不受欢迎的就是 排泄物。所有这些身体活动,诸如排便、排尿、呕吐及相关产物,在正式话语 中都一致带有贬义。因此,正如上文提到的革命期刊的编辑所知道的那样, 若有需要,这种象征可普遍用于打断这种话语。若非话语的一部分,人们对 其他的生理过程诸如打喷嚏、吸鼻子或咳嗽等,也必须加以控制。如果不加 以控制,正式的框定程序就会剥夺它们的自然意义,使话语能够不受干扰地 继续下去。最后,我们可从洁净原则中推衍出两项物理维度来表达社会距 离,一为前台-后台维度,二为空间维度。前台比后台更体面,更值得尊敬。 更大的空间意味着更正式,而距离相近则意味着亲密。依据这些原则,我们 77 可在不同文化间明显的混乱变化中,发现一种有序的模式。身体是社会的 一个缩影,面对着权力中心,它的权利随着社会压力的增加和放松而直接 收缩和扩大。一时被牢牢地关注,一时又任其自行发展的身体部位,代表着社会的成员及其对于整体的义务。与此同时,物质的身体,按照洁净原则,在概念上与社会的身体相对立。它的要求不仅仅是从属性质的,而且是与社会要求相对比的。两种身体之间的距离,就是社会中的压力与分类的范围。一个复杂的社会系统为自己设计的行为方式表明,与动物的交往相比,人类的交往是非具身化的。它用不同程度的非具身化来表达社会阶序的高低。一个人越有教养,他吃饭时咂嘴的次数越少、咀嚼发出的声音越小、呼吸声和走路声越轻、对笑声的调控也越细致,愤怒的迹象也越能被控制,祭司-贵族的形象也越清晰。由于食物在不同的文化中占据着不同的地位,比起着装梳洗这些习惯来,这一普遍规则在餐桌礼仪中的作用更难看到。

顺滑与蓬乱之间的对比,就是表达正式/非正式的一般象征符号对比中的一员。蓬乱的头发,作为一种抗议令人厌恶的各种社会控制的形式,是我们今天的一个象征。流行社会学中,不乏完全符合我的总体论点的道德观。以一般的股票经纪人或学者为例:将职业样本按年龄分层;仔细区分头发的长度和蓬乱的头发;将毛发蓬乱的发生与衣着的不规范联系起来。在头发顺滑与蓬乱的分类下评估其他选择,诸如偏爱的饮料、偏爱的聚会地点等。预测是,头发蓬乱者的选择集中之地,就是职业规范的承诺最少的地方。或者将不同职业与行当相互比较吧。那些针对中心高层的行业,如公共关系或发型设计,以及那些长期以来完全忠于主流道德的行业,如特许会计师以及法律行业,可以预见的是,他们会反对头发蓬乱派的一应选择,而选择畅饮、发型或者餐馆。艺术与学术界是对社会进行评论和批判的可能职业:根据所承担的责任,他们表现出一种精心调整的不修边幅。但是头发能够有多蓬乱呢?毛发蓬乱和身体放弃的界限又在哪里?

看来,完全放松的自由必须在文化上加以控制。因此,我们该如何看待大多数复兴运动在其早期阶段所经历过的、涂尔干所说的"欢腾"这一事实呢?人们情绪高涨,公开抨击各种形式主义,青睐的宗教崇拜模式诸如恍惚或谵语、颤抖、摇晃或不连贯性与分离的其他表达方式。人们对教义上的分化深感痛惜。该运动在潜在成员中具有普遍性。一般来说,欢腾阶段会让位于各种形式的宗派主义或宗教派别的发展。但是,欢腾不一定就必然被

日常化或消失。它有可能被人们当作一种正常的崇拜形式,而无限期地得
以存在。唯一的要求是社会组织的层次要足够地低,角色模式要足够地毫
无结构。我们无需寻求压力、变化、匮乏或紧张来解释欢腾这一宗教形式。
我们也可以在处于稳定状态的宗教中找到其踪迹。塔尔科特·帕森斯对结
构化和非结构化对比的定义,有助于识别那些通过最大程度地放弃有意识
的控制来庆祝社会团结的部落。

> 在高度结构化情境下,除了情境规范所要求的反应之外,只会存在最低
> 限度的可能反应;适应被仔细地定义;通常情况下,该情境不会让人们
> 在心理上十分混乱。

(Parsons and Smelser 1956:236)

结构化程度越低,人们对非正式性就看得越重,就越倾向于放弃理性,追随
恐慌或狂热,放弃的身体表达所被允许的范围也就越大。我们可以总结一
下,一侧是仪式主义的一般社会要求,另一侧是欢腾状态的一般社会要求:

社会维度	象征秩序
A　仪式主义的条件	
(i)强分类,强控制	浓缩的象征系统;角色和情境的仪式区分;象征行为的神奇功效(例如罪与圣礼)
(ii)假定个体之间的关系必须服从于公共角色模式	内外之间的象征性区分
(iii)在自我之上的兴奋与分化了的社会	象征表达了对意识控制的高度重视
B　欢腾的条件	
(i)格与群的弱控制	分散的象征;偏好自发的表达;对仪式分化不感兴趣;没有神秘性
(ii)人们认知到的人际与公共关系模式之间的区别很小	对内/外的象征表达了无兴趣
(iii)社会没有从自我中分离出来	意识控制不兴奋

79

第二种情况为有别于控制宗教的狂喜宗教提供了社会条件。民族志阅读表明，人们对意识的态度不仅仅是中立的，就像我在这里所阐明的那样，而是在相应的社会结构要求控制个体行为时，人们会积极地肯定意识的深度价值。因此，我们可能会发现，在社会维度受到严格控制的地方，人们会担心类似恍惚的状态十分危险。从我的一般假设来看，社会组织本身的含糊性，在身体分离中得到象征性的表达。恍惚出神的宗教崇拜是特别适用于我们目前讨论的主题的材料。当它发生的时候，民族志报道往往使用非常生动的语言，民族志学者试图传达一些狂喜或恐惧。总体气氛与情绪都被一一记录在案。当恍惚出神发生时，旁观者对其的所思所想一般都十分清晰明了。在桑布鲁人中，恍惚出神状态经常发生，但它不是宗教的一部分，也没有任何信仰与它相关（Spencer 1965：263）。努尔人认为这种状态很危险；丁卡人则认为它是有益的。恍惚出神状态是检验我提出的假设的好切入点。我的预测是，由于恍惚出神是一种分离形式，在社会结构越弱的地方，它将会得到更多的认可和欢迎。

雷蒙德·弗思区分了三种恍惚出神状态。我会在他的分类基础上，加上第四种。他的状态以人类群体对入侵精灵所施加的控制由最小到最大来划分。第一种是灵魂附体，即人类被动地失去对灵魂的控制。后者掌控着权力。被附体的人的朋友试图安抚它，并把它送走。第二种是通灵术，入侵的灵魂通过被附体的人说话，群体试图从中获得神秘的信息和力量。第三种是萨满教。此处的精灵很大程度上被驯化了，按照人类宿主的意志行事（Firth 1967：296）。值得注意的是，或许一种完全不同类型的恍惚出神状态被忽略了。某人可能会失去意识，但这种状态并不被认为是不合需要的或危险的；旁观者可能不试图去控制和利用，也不试图去改变这种状态，平息或驱除入侵的影响。他们认为这是为所有人提供良性力量的通道。这就是人们对恍惚出神状态的积极崇拜。我认为这只会发生在社会生活接近于零点的主流道德崇拜中。让我在此提供两个描绘生动、值得一引的例子吧。

西部丁卡人崇拜在红光下显身的肉体神。赞美诗是这样开始的：肉体燃烧如火焰。然而肉体赋予判断力和真理，它在冷静的心、平静、和谐与秩序中得以显现。戈弗雷·林哈特这样描述一场祭祀：

随着对神的召唤的进行，几个捕捞矛大师的双腿开始颤动，这一颤动源自上大腿和大腿根的战栗。据说，这就是肉体神在他们的身体里开始苏醒（*pac*）。

肉体神尤其表现在双腿与大腿根的颤动中，有时这种颤动会扩展至整个躯干。捕捞矛的主人们继续召唤，用他们身上不断增长的肉体神的力量。他们并非被"歇斯底里"地附体，就像那些被自由的神所附体的人一样。捕捞矛家族成员中的两个年轻人，尽管他们自己并不是捕捞矛大师，也开始显示出肉体神在他们体内"觉醒"的迹象。他们受到的控制更少，胳膊和腿很快就剧烈地颤抖起来。一个坐着，一个站着，两个人都睁着眼睛茫然地望着前方，眼球微微向上转动着。人可以走到他们跟前，近距离地盯着他们的脸看，两个人都不会注意自己看到了什么。

在这个阶段，没有人注意他们。据说，当这样被肉体神附体的人在家宅中时，他们是安全的。如果这种情况持续太久，妇女就会通过崇拜他们身体里的肉体神，给那些被它附体的人戴上手镯，并亲吻他们的手来结束这种状况。后来，妇女确实吻了这些被附体的男人的手，但是没有奉上手镯。

随着祈祷速度和强度的增加，一个年长男性被肉体神制服，他在那些召唤神的捕捞矛大师中跟跄而行，或拍打或倚靠着小牛和拥挤的人群。他的行为好似一个十分晕眩的人。在这一时段，到访的捕捞矛大师正挨个儿把一个饰有圆环的葫芦里的祭奠用的牛奶倒在拴着小牛的木栓上。每个人都泼洒牛奶以示祭奠，在把执肉体神的葫芦——为了祭奠这位神而预留的葫芦——的之前和之后，都亲吻自己的双手。当一个捕捞矛大师完成这一崇拜后，他告诉我，他自己的肉体神正在"苏醒"，不过在接下来的仪式中他都十分自制。

肉体神在身体里的升起或觉醒，对于捕捞矛宗族的所有成年男性成员来说，似乎是一种众所周知的感觉。而女性则没有这种感觉。帕克温宗族的一位基督徒丁卡人告诉我，当野兽被献祭给他的宗族神时，他不敢靠近，因为他体内肉体神的觉醒会让他晕眩，这可能导致他失去知觉。

(Lienhardt 1961:136-138)

至少从民族志学者的观点来看，对那些显示出肉体神存在的人的身体崇拜，是这些人最庄严的宗教行为。

这是有关附体崇拜的一段描述，人们并不害怕入侵的神灵，没有安抚或驱逐它，不将它用作神谕，也不使用它来治疗特定的疾病。神灵的眷顾受人崇敬，人们寻求它仅是为了它自身，为了神与其崇拜者之间的一种无中介的交流形式。

不过，有关西部丁卡人的社会结构我能说些什么呢，能把他们恍惚出神的崇拜与我的论点联系起来吗？由于格与群适用于这些丁卡人、其他丁卡人，以及他们所在地区的其他尼罗特人，因此我们唯有使用格与群概念来对他们加以仔细审查，才是最为中肯切题的。结果表明，相比那些共享同样的文化假设，但在对待恍惚出神状态的态度上有所不同的其他群体，丁卡人受到的社会约束并不那么严格。我将在下一章对这一点展开讨论。 82

在此之后，我们很容易看出人们对于恍惚出神状态持一种相当的矛盾态度。从罗纳·马歇尔（Lorna Marshall）的描述来看，卡拉哈里沙漠奈耶-奈耶地区的布须曼昆人认为完全失去意识是危险的，但他们认为中间阶段的半清醒恍惚状态是获得健康和祝福的适宜手段。他们的仪式治疗舞蹈，是一种具备形式且能使人们团结一致的宗教行为。其目的是一般性的祛病驱邪。男人们佩戴着摇铃；女人们则响亮而快速地拍手。

这些击掌声、踩脚声是如此精确一致，人们有如听到了一组精心演奏的打击乐器正在击打出一种有着坚实结构的复杂节奏。在打击乐的声音之上，男男女女的声音交织在一起，唱着"药歌"……几支舞蹈过后，药师们开始进行治疗。昆族内几乎所有的男子都是药师。出于这样或那样的原因，并不是所有的人都选择参与治疗，但人群里总会有几个人参与。除了内心的满足和情感的释放之外，药师不会有任何报偿。我知道他们中的一些人认为自己肩负关照群体内民众福祉的巨大责任，如果治疗失败，他们会担心挂念、焦虑异常；如果治疗成功，他们也会相应地十分满足。他们中的其他人似乎较少关心那些他们试图治愈的人，而更倾向于内在。药师在治疗时，都会经历不同程度的自我诱导下的恍惚出神状态，包括一段时间的狂热和一段时间的半意识或深度无意识状态。他们可能会变得僵硬或口吐白沫，或者一动不动地静躺着，就像昏迷了一样。他们中的一些人习惯性地只在很短的时间内保持恍惚状态，另一些人则持续数小时。曾有一名男子在跳舞后的大半天时间里，都处于半恍惚状态……。治疗进行了一段时间后，药师们开始进入狂热状态。他们不再到人群中去，他们发出的阵阵咕噜声与尖叫声变得更为频繁和激烈，他们的肚子鼓胀起来，人也踉跄摇晃。他们冲到火边，踩踏火堆，捡起炭块，把头发点着。火激活了他们体内的药物。人们抱着他们，防止他们跌倒，扑灭火焰。……他们可能会陷入深度昏迷或半意识状态，眼睛紧闭，无法行走。

那些还没有达到狂热阶段的或已经经历了此阶段的药师，会照料那些正处于其中的人。昆人相信，在此阶段，药师的灵魂会离开身体溜出去……。他们称之为"半死"状态。这是一段危险期，该男子的身体必须被看管呵护、保持温热。药师们俯身照看陷入恍惚出神状态的人。他们尖叫、咯咯地笑。他们朝他耳朵里吹气，以便让耳朵打开。他们从腋窝里取出汗液，揉擦他的身体。有些人自己在恍惚状态中摔倒在他身上，又被其他人揉搓和照顾。女人们必须在男人沉浸在深度恍惚出神状态中时热情歌唱、鼓掌。他需要音乐这剂良药来保护自己。

治愈舞蹈吸引着布须曼群体齐心协力地行动起来，这是其他任何活动都办不到的。他们踩脚、拍手、唱歌，步调如此精确一致，好像已经变成了一个有机的存在。在这个紧密的结构中，他们一起面对神祇。他们不像在各自的祈祷中那样，恳求作为全能存在的神的恩惠，也不因其善而赞美他。相反，药师代表着人们，通过恍惚出神状态将自己从普通行为中释放出来，克服恐惧与不作为，投身到与众神的战斗中去，试图通过猛投棍棒、发出愤慨之语来迫使众神带走他们可能带来的邪恶。

(Marshall 1962:248 - 251)

在这里,虽然人们推崇恍惚出神状态,认为它实际上是有益的,但并不认为它是完全安全的。目前,有几项新的对其他布须曼人群的深入研究正在进行。这些研究可能为在一个给定的社会环境中开展比较研究提供机会,我希望它们将检验我所提出的论点。我请求研究不同的布须曼群体对恍惚出神状态的积极崇拜,以找出格和群对社会加以控制的详细变化。至于对恍惚出神崇拜本身,我想知道的是角色如何进行分配:是否所有的人都能有此实践?还是所有的男性或者所有的女性都可以?担当的专家是出生时被挑选出来的,还是训练有素的?关于恍惚出神状态,我感兴趣的是人们对不同程度的身体控制和放弃的态度,以及不管是对精神恍惚的人还是对其他人, 84 恍惚出神状态会带来哪些危险。关于归因于恍惚出神状态的慈爱力量,我想知道它们是一般的还是具体的?我希望在格和群的社会控制更加强烈的地方,看到更多高度专业化的恍惚出神状态角色、恍惚出神状态中的更多危险感、归因于恍惚出神状态的更具体、更狭义的福祉定义。回到上一章的图表,转向零点应该可以让身体在较小的意图范围内有更充分的表达。在这个方向上,全然的放弃是可以获得的。

在人们认为恍惚出神状态根本就不具备任何危险,而是整个社区力量和指引的良性源泉的地方,我希望能发现一个结构十分松散的社区,在此群体界限并不重要,社会类别不明确,或控制很遥远,但客观规则强大。以卡勒里(Calley 1965)对伦敦的西印度群岛人的教派的描述为例。遵循将比较限制在同一社会领域互动的人之间进行的原则,理所当然地,我可以比较他们以及分享同一文化传统的特立尼达或牙买加的五旬节派教徒的身体表现技巧。不过,我应该也能够将他们和他们在伦敦的工作场所、酒馆和职业介绍所互动的运输工人等进行对比。卡勒里发现,贫困和痛苦补偿理论并不能解释西印度群岛人的宗教行为,他们在伦敦的物质生活实际上远比在家乡优渥。但他对这些伦敦五旬节教会的描述,清晰地展示了个人对流动的、不断变化的社会单位的依附非常松散。一个新教会的创始牧师要维持稳定的会众,任务艰巨。竞争很容易导致会众分裂成两个或两个以上的群体。他们临时占用的集会场所(同上书:107),与个人及其工作暂时的联系相一致(同上书:140)。卡勒里含蓄地将其与原始社会的裂变和融合倾向进行了比较。不过,我只想比较他们的社会流动状态与他们生活于其中的伦敦人的稳定忠诚。五旬节派信徒,顾名思义,圣灵最大的恩赐就是方言的恩赐,[①]它能给人洞察力、远见和医治。但是,矛盾的是,方言的恩赐是通过完全语无伦次、喋喋不休的阿肋路亚吟诵所验证。说话者越是语无伦次,就越能证明他是无意识的,无法控制传授给他的东西。语无伦次被认为是神的启示。"在圣灵中跳舞"也是如此,舞蹈者不由自主地旋转和腾跃,不由自主地抽搐和颤抖,这被认为是祝福的标志(同上书:80 - 81)。

我想象,同样环境下,英国人每个礼拜日的早晨都会擦亮自己的汽车,或者整理草坪和窗槛花箱,或者齐声正确地重复主祷文。与这些英国人相比,这些西印度群岛人从几个方面来说在结构上都很弱。他们的群体界定不清;没有同一原籍国的共同来源,没有共同的组织;他们之间形成的社会类别十分薄弱,尚未确定对当地群体的忠诚;在与伦敦环境中的其他居民的关系上,他们极少密切或永久接触权力和权威的代表。担任学校教师、警察和社会工作者的西印度群岛人寥寥无几。相比之下,他们接触的非西印度群岛人,其分类更清楚,对工作和家庭的依恋更持久,而且与控制源的关系往往更安全。根据我的观点,比之于与其互动的伦敦人,居住在伦敦的西印度群岛人会更喜欢语无伦次和身体分离的象征形式。他们的宗教不是一种补偿,而是他们所经历的社会现实的公允列示。如果社会控制和身体控制之间的这种普遍联系,可被看作一个有用的洞见,那么必须澄清的是,它并不能预测生理定义上的任何恍惚出神状态何时发生。这是关于人们对于身体分离所持态度的预测,尽管民族志学者可以对此进行评估,但身体分离的程度首先必须被看作地方文化的一种建构。若我们似在断言恍惚出神状态在宗教中的绝对地位,那么这就不符合我们所提出的有关身体在文化条件

---

① 《新约·宗徒大事录》第二章记载,在五旬节当天,圣灵倾注在门徒身上,使门徒得到说方言的恩赐,向诸人传福音。

下的体验的整个论点。我所说的是,只有当社会系统放松对个体的控制时,才有可能完全放弃意识的控制。对于宗教行为的剥夺形式而言,它具有多重含义。因为采取这种形式的宗教运动,表达的是没有区别的社会团结:这种状态是否是剥夺的结果,必须针对每一种不同情况分别加以考虑。

我们可将此种情况添加到那些倾向于复制社会情境的其他范围的象征行为中去。范热内普(Van Gennep 1960)首先发现了一切过渡仪式的共同 86 形式。他注意到,在需要表达一种社会地位转向另一种社会地位时,表达过渡的物质象征如何不可避免地被使用,仪式自身采取何种形式从社区中初步分离,然后再重新融入社区。这跨越了文化边界,是一种自然的象征形式。在更深刻的层面上,无序的社会体验是由不洁和危险的强大有效的象征来表达的。最近,我提出,笑话就是另一种这样的自然象征(Douglas 1968c)。每当处于支配地位有可能被颠覆的社会情境中时,因其结构与情境结构相应,笑话就成了自然的、必要的表达。在同样的意义上,我认为,一个需要高度意识控制的社会结构,也会有高度的正式性,会严格地应用洁净规则,诋毁有机过程,并且谨慎对待失去意识控制的经验。

批评这个论点第一个版本的一位朋友,指责我试图倒置弗洛伊德。我确实坚持认为,身体所承载的社会意象应该得到承认。这并不是颠覆或抽走精神分析理论的任何东西,而是扩展了它所设定的社会视角。精神分析考虑的是一个非常有限的社会领域。它将父母和兄弟姐妹作为社会框架,所有后续关系都纳入其中。这一限制给予了它极大的理论魅力与力量。但我们很难以一种可控的方式,将其范畴扩展到更广泛的社会经验中去。那些试图将精神分析理论宏观地应用于民族和文化的人,可以随心所欲地进行想象性的解释;其他人可以自由地对同样的事件进行相反的诊断。格和群可以被当作工具,以一种更可控的方式来描述社会压力触及个体以及构造其意识的方式。零点和一个人的文化所提供的最连贯的分类体系之间的垂直距离,就是其中可能的升华范围。图表中从左到右的跨度,代表了那些最没有选择权的人受挫的可能性。一个有着强大的面对面压力、低分类体系的、挤在右边象限的社会,将持续激起童年时兄弟姐妹之间的嫉妒。强群和强格一道,支撑起父亲的权威。若把经典的精神病症状放在图表上,应该 87

会十分有趣。不过这是题外话了。

　　这一章的主要内容是讲述本书书名所示的主题。自然象征不会在单个词汇项中找到。物质的身体只有作为回应社会系统的一个体系,并被表达成一个体系时,才具有普遍意义。它所自然象征的是有机体各部分与整体的关系。自然象征可以在这个一般系统的层面上,表达个人与社会的关系。这两种身体,就是自我和社会:有时它们如此接近,几乎要融为一体;有时它们又相距遥远。它们之间的张力使意义得以阐述。

第六章　用于验证的案例

在人生的某一阶段从社会关系中挣脱出来之后，西蒙娜·薇依（Weil 1951）谴责古代以色列人对规则的坚持，谴责祭司的律法主义，以及他们对酒神神秘崇拜的排斥。不过，由她来做出这一判断是极为妥当的。对于一个被占领了却仍在抵抗的国家的领导人来说，接受一种欢腾的宗教形式是不可能的。指望他们不再宣讲那些严厉的性道德，对身体界限如何进行警惕的控制，以及相应的宗教崇拜，等于是在要求他们放弃政治斗争。一旦他们决意如此，他们就再也不能选择以美酒、歌曲和舞蹈来崇拜上帝，不像西蒙娜·薇依放弃了对社会的承诺之后，本人也可以选择做出严格的宗教承诺。

社会状况的象征复制原则，使我们对穷人和受压迫者中的宗教复兴运动产生了不同看法。补偿理论过于轻描淡写地用身体苦难与公民权和经济权利的剥夺来解释。然后，它发现这种解释并不能涵盖那些经常在这些运动中占主导地位的富裕妇女。由此，它转向了性挫折这一解读。在以下这段文字里，诺曼·科恩（Norman Cohn）采用了一种简单的弗洛伊德式方法来解释千禧年运动中的女性因素：

> ……有钱有闲却没有社会功能或声望的妇女的情感挫折。纵观基督教的历史，这种情形导致复兴运动兴起，直到今天仍然如此。这样的运动所树立的理想，似乎主要取决于个体因素——首先取决于先知的独特个性，他只会吸引特定类型的妇女。然而，自由灵弟兄会的反律法主义 和情色千禧年主义，确实表明了一种反复发生的可能性……。类似的运动是否发生在比基督教世界更少性生活负罪感的社会里呢？
>
> （Cohn 1962:41）

答案是肯定的：宣扬性滥交的倾向并不是对压抑的回应；它更有可能发生在

压抑最少的地方。科恩还提到了其他原因，比如政治压迫和突发灾难（见本书第九章）。

对于欢腾的宗教信仰复兴运动，我给出的解释更为简洁，因为它只用一种假设，来预测它在穷人和被剥夺者、富人和特权阶层的妇女中的出现，以及它在灾难之后的可能发展。在所有案例中，正是由于缺乏强有力的社会表达，群和格松懈，导致人们在身体控制的松懈中寻求适当的表达形式。这就是社会边缘人表达其边缘性的方式。某种社会结构的经验，以某种方式得到了表达，而不援引情感上分散注意力的剥夺原则，这就足够了。与已建立的权威相比，他的社会结构领域是一片荒野，人们可观察到先知和新的崇拜在此出现。论文集《非洲的灵媒与社会》（ed. Beattie and Middleton 1969）中的例子不胜枚举。罗宾·霍顿（Robin Horton）在他对卡拉巴里宗教中神灵附体的主要种类的研究成果中，正好就提出了这一点。他在文中对比了人们被大精灵与小精灵附体时的情形。

"被大精灵附体"受到了公众的监督和控制，不鼓励任何偏离传统规定内容的行为发生。它的主要意义在于周期性地或在公共危机时期，提醒人们精灵的存在与特性，以及它们所支持的价值观念。它的一般设置几乎没有为个人在媒介方面的创新留下空间。另一方面，被小水灵附体则几乎不会受到公众的监督和控制。虽然它也在提醒人们精灵的存在和特性，但它的意义更广泛。因此它为那些对自己在社会上的地位感到极度厌烦的人提供了一种个人调整的方式。它也为叙事艺术和戏剧艺术提供了机会。最后，它为传播关于世界的新观念提供了一种手段。在所有这些情境下，个人创新的影响非常明显。

我认为，这些差异很容易解释。首先，与开国英雄和当地大水灵有关的教义在社区的世界观中占据了至关重要的位置。它们都解释、验证并指明了维持既定社会和生态秩序的手段。这些教义的任何改变，都可能严重威胁既定秩序。因此，需要对此加以持续的公众监督，确保这样的变化不会发生。由于大精灵附体给了这些教义戏剧性的提示和说明，它必须包括在审查之中。

相比之下,有关小水灵的教义在社区的世界观中相当边缘。总的来说,在解释个体生命历程的特殊性方面,这些小精灵确实发挥了重要作用。但是没有一个精灵会与许多个体有关。不仅如此,从定义上来说,这些小精灵是远处小溪的拥有者,而社区与之没有实际的关系。因此,无论是对整个社区,还是其中任何相当大的一部分来说,这类特殊精灵都不重要。有关于它们的教义,也不会像与大精灵有关的那些教义一样,经受审查和控制。这种自由也延伸到了被它们附体的情形。

后果之一,就是被小水灵附体,很容易受到各种并非与解释、预测和控制世界有关的欲望和需要的影响。它被卷入想要找到一种方法来避开不相宜的身份归属的挣扎,又被卷入想要精心设计叙事艺术和戏剧艺术的形式的挣扎。另一个后果则是,个人"载体"可以自由地对附体的内容做出自己的贡献:这种自由在这两种情况下都得到了充分利用。

这种自由也使得"被小水灵附体"成为信仰创新与教义创新的一个有希望的渠道,这可能最终会变得对整个社区都很重要。由于这些精灵在它们的载体上的言论,几乎不受公众监督和控制,它们可以作为新思想的载体,而若这些言论来自某个大精灵,在其萌芽阶段就会被扼杀。记得吗?在第一批基督徒皈依的时候,正是一个小水灵四处劝人们加入教会的,因为奥鲁的日子已经结束。

通过同种自由,这些边缘的精灵甚至有可能为更新以及重新调整社区的核心世界观提供材料。关于此点,我们并没有找到太多证据;但有一个案例很有启发性。在我们的样本中,有两名男子被"女人的奥鲁"附体,其中一个就是那个被精灵附体的例子。这一精灵在最开始时宣称自己是一条远离社区自身兴趣与运作范围的、相距遥远的小溪的主人。后来它宣布自己是当地水域的主宰,并与公认的水灵杜米拉一起行动。在壳牌公司勘探队访问期间,它承担了邻近小溪石油资源的责任;当发现石油时,社区将发现石油的功劳归功于它。一段时间以来,该社区一直处于将其视为公众崇拜对象的边缘。

考虑到这种情况,我们可以重新审视一下那些讲述乡村英雄最初如何从水族世界走出,与人类共居一处的神话。我已为这些神话提供了一种知性论者的解释。但似乎我们可以用更具历史性的(尽管也是高度推测性的)解释来补充这种说法。也就是,这些英雄和其他大精灵,最初是作为小水灵进入奥鲁库罗人的头脑,从而被引进社区的;它们一直在一旁潜伏,直至社会动荡和变化需要新的解释概念时,就跳出来为自己争取更大利益。在别处,我已经描述了之前卡拉巴里是如何摆脱那些似乎对社区没有进一步用处的精灵的。我们或许可以从这里获得线索,了解他们怎样让自己获得新的精灵来迎接生活方式的新挑战。

(Horton 1969:45 – 47)

在关于精灵附体的马林诺夫斯基演讲中,约安·刘易斯(Lewis 1966)运用了主流道德崇拜和次要崇拜这一有用区别:他发现,处于权力和权威中心边缘的人,往往会被居于主要万神殿外围的、道德可疑的精灵所附体。因此,精灵力量的分配反映了人们在中心到边缘这一维度上的位置。所以服从丈夫的妇女、服从主人的农奴,实际上,任何处于从属状态的人,都构成了其边缘范畴。由于缺乏关于为什么这些人会倾向于身体分离崇拜的假设,这个论点不知不觉地滑向将剥夺看作一种解释,一种识别次要的附体崇拜的手段。但是,那些住在伦敦的沼泽地爱尔兰人又如何呢?这种论点无法解决一个问题:许多人明显被剥夺了权利,但却没有以预期的方式做出反应。

妇女经常成为附体崇拜的主要成员,这并非偶然。社会分工中,妇女在社会的政治、法律、行政等核心机构中的参与度低于男性。她们确实受到了控制。但是她们所经历的控制范围更简单、更少变化。通过较少的人际接触,她们的社会责任更多地被限制在家庭范围内。她们所做的决定不会对很多机构产生影响。她们的社会生活网络,尽管可能足够有效地束缚她们,却是一个松散的结构。她们的社会关系当然比那些机构范围内的社会关系所承受的压力要小。这就是她们与奴隶和农奴共享的社会状况。她们在公共角色结构中的位置是根据一两个参照点来明确界定的,比如她与丈夫以及父亲的关系。至于其余的社会生活,则是在相对松散的人际关系层面上的,妇女与其他妇女交往,奴隶和农奴与其他奴隶和农奴交往。当然,如果说妇女与其他妇女的关系网络是无结构的,那就错了。一种微妙的模式化当然普遍存在。但是,它对整个社会的意义远远小于公共角色体系中男人之间相互关系的意义。妇女之间的争吵不及她们丈夫之间的争吵的影响。如果她们想让彼此的社会关系有一个更核心的结构,只能通过让男性亲属参与进来而实现。她们彼此之间的联系,只有在她们所依附的男性亲属之间有了联系之后,才会更加牢固。妇女、农奴和奴隶(特别是被释放的奴隶),不可避免地只是被松散地固定在他们社会的中心结构中。相比于有着更紧密社会联系、更有机会恢复的人来说,一个小小的挫折会对他们造成更不可逆转的伤害。他们的选择很少。他们体验到强格关系。因此,他们容易受到颂扬这一经历的宗教运动的影响。不像那些已经将社会分类内化,以及接受这种压力以此作为实现自身价值手段的人,这些阶层是被边缘化的。他们以可预见的方式表达他们的精神独立,如更蓬乱、更怪异的外表,以及更可能随时放弃控制。

在表达这种差异时,我不想谈论男女在着装上的差异。它因性功能而变得复杂。相反,让我们思考一下先知的独特外表吧。他们往往出现在社会的边缘地区,往往是那些蓬头垢面、不修边幅的个体。他们在身体上表现出相对于社会规范的独立性,而这正是其边缘出身所激发的。施洗者圣若翰穿着兽皮住在沙漠里,努尔人的先知留着令普通的努尔人感到不快的胡须和长发,这并非偶然。在任何地方,社会边缘性都有着相同的身体表现形式,古怪而不修边幅。

我们必须时刻提醒自己,我们只是在与遥远的年代和遥远的地方打交道,以便了解我们自己。"其他条件不变"的原则使得我能使用一个更加本地化的例子。我注意到劳合·乔治的头发又长又蓬松,其意义只在于他的头发比其他内阁成员的更长更蓬松,而不是说他的头发比圆颅党人的头发更长,或者比两个世纪前的保皇党人的头发还短。非常有趣的是,两位同时代人在对这位长发首相的评价中,将他与其他边缘先知明确地相提并论。有人认为,如果不是1916年战时的全国性混乱,他永远无法上台执政,唯有反复出现的重大危机,才使他得以一直掌权至1922年。即使在政治舞台上，他的晋升也要归功于"船舱男侍暴乱"（revolt of the cabin-boys）（Taylor 1970：189），这句话的意思是绝望地把理智和控制拱手让给一个边缘人。他是唯一的在退休后比开始从政时富有得多的政治家。他私生活的离经叛道也不是什么秘密。主流的道德崇拜不适用于他。在他发表演讲时，他浑身发抖、大汗淋漓，好似神灵附体。凯恩斯在1919年的和会上见过他，他写道：

> 我怎样才能向不了解他的读者正确地传达我们这个时代的这位非凡人物的形象呢？这个海妖，这位山羊脚的吟游诗人，这个从凯尔特古代女巫横行的魔法森林来到我们这个时代的半人访客？人们可在其身上捕捉到一种终极的无目的性、内在的责任感、存在于我们撒克逊人善恶之外的味道，混杂着狡诈、无情和对权力的热爱，使北欧民间传说中貌似公正的魔术师感到着迷、陶醉和恐惧。
>
> (Keynes 1933：36-37)

这是对一个边缘先知领袖的激动人心的描述，他在外貌、道德和社会出身方面都与民族志的例子非常相似。在说明了这一点之后，我现在将尝试更严格地检验我的假设。它要求共享同一种文化的民族，若其社会组织在特定维度上迥然不同，就应该表现出所预测的那种宗教行为的变化。如果我专注于原始图表的变化，我会尝试在右上象限对比可能的不同模式。我会设法通过格和群来进行或强或弱的控制。我将比较努尔人和丁卡人这两个相邻的尼罗河部落在宗教行为上关键性的根本区别，将其作为一个例子。对于西丁卡人来说，恍惚状态被积极地看作一种正统崇拜，是祝福和力量的源泉。而对努尔人来说，恍惚是危险的。我将寻找客观可定义的社会变量来解释这种差异。

毗邻的互相袭击、互相俘虏和奴役、操相近尼罗河语言的游牧部落，都是以男性世系为基础组织起来的。埃文思-普里查德对努尔人进行了多次短期访问，有关他们的出版物现在也已非常全面。在撰写努尔人宗教的鸿篇巨制之前，他已经出版了一本专著，描述其生态、政治制度以及亲属关系与婚姻关系，与此同时他还发表了许多短篇论文述及努尔人生活的方方面面。可以想见，他那些做丁卡人民族志的学生所面临的问题十分微妙且复杂。首先，长篇大论地背诵丁卡人的相应编年史，指出其实践和努尔人实践有何异同，可能很乏味。其次，这种项目可以说是站在老师的肩膀上，不允许年轻人采用不同的视角来看待文化。不同的视角可能会在不同的方面给予我们启发，可能更深刻，同时仍能与有关努尔人的早期研究工作完全相容。另一方面，关于丁卡人的制度如何运作的一些发现，可能会造成一种尴尬情形，即两个朋友中的一方或者双方都可能会发现，自己的研究使对方的发现失去了可信度。我们可以把戈弗雷·林哈特所做的丁卡人研究中的各种重点和遗漏，归因于这种复杂的敏感性。

至于生态压力和政治制度方面，他采取了另一种方式，非常全面地总结了两个民族的差异（Lienhardt 1958）。而在家庭结构、乱伦、外婚制、婚姻等方面，他有所疏漏。至于宗教，他采用了自己独特的视角，将象征行为的解释提升到了一个深刻的新高度。我对努尔人和丁卡人的社会经验能否在某种程度上解释其象征秩序的不同的困惑，因婚姻规则具体细节的匮乏而变得复杂。依据他们其他的社会与象征行为模式，我斗胆猜测，丁卡人在乱伦和异族通婚方面，采取的规则不那么严格，影响也没有那么深远，在运用牲畜转移模式来界定性关系类别方面的禁止与允许上也缺乏一致性。

但请允许我首先在象征层面上对比他们对精灵附体的态度。努尔人认为这很危险。埃文思–普里查德说，"被精灵附体可能是暂时的，也可能是永久的。若是永久性的，被附体的人就会成为先知……"（Evans-Pritchard 1940a）。疾病通常被归因于暂时性的精灵附体；祭祀是为了安抚该精灵，而受害者一旦痊愈，必须继续献祭，"让它知道他并没有忘记它。否则，它可能会再次带来麻烦。"治疗的过程，除了献祭之外，还包括唱歌、打鼓、敲击和拍手的降神会，直至受害者身旁的某个人被精灵附体。在他所描述的案例里，病人的父亲成了传达精灵需求的中介。我在此引用如下：

> 随着歌声、敲击声和鼓掌声的持续，瑞宁开始从头到脚抽搐，抖个不停，然后突然跳到空中，倒在小屋的地板上，僵直地躺在那里，好像处于痉

挛状态。他紧张地躺了一会儿后,又坐了起来,但很快又倒下了。接下来的大约一刻钟里,他在小屋里疯狂地扑来扑去,扭动和抽搐,仿佛很痛苦的样子。他让我想起了按照穆斯林方式被割喉,然后被扔在地上等死的母鸡。若周围的人没有拦阻住他的大部分跌倒,他可能会受伤。事实上,第二天他就向我抱怨自己的胳膊和腿很酸痛。他时不时地像狗一样吠叫。努尔人在描述这些痉挛的时候,说精灵正在与它附体的人搏斗。

(Evans-Pritchard 1956:36)

请注意,被精灵附体的人首先因其患病而为人所知:在下一个阶段,精灵附体于其他人,并与之激烈搏斗,然后才透露自己的名字并索要礼物。经过一番艰苦的讨价还价,精灵被说服,然后离开。一位处于永恒附体状态的先知负责主持降神会。请注意努尔人先知的奇怪照片(同上书,正对第306页的照片),照片中凌乱的头发和胡须"都让普通的努尔人反感"。他们的先知站在努尔人正常的社会结构之外。一个被精灵激发的先知必须给它命名:

使其作为自己的特殊精灵,区别于邻近地区与他竞争声望和影响力的其他先知的精灵;因为对先知的依附通过个体的追随而建立,而不是或至少不是主要地针对社会群体。

(同上书:117)

它们在此程度上支持了我的论点,即在社会控制薄弱的地方,身体控制往往会放松。努尔先知看起来奇怪且蓬头垢面:他们在正常的社会结构之外活动,在他们自己特有的社会层面上彼此竞争以获得影响力,与世系层面的平衡对立截然不同。以正常的努尔人价值观来看,先知的道德标准有所不同。他们贪婪、吝啬且古怪。他们治疗由精灵引起的疾病,并用供奉给精灵的牛来明码标价。将牛献祭给精灵,代表财富的一种转移,这种转移限制了通过婚姻支付及补偿等世俗渠道的财富流动。事实上,虽然先知个体不错地完成了其使命,但对普通的努尔人来说,精灵显然是一桩麻烦事,他们希望得到其帮助,但是也希望其远离。

综上所述,借用约安·刘易斯的说法,精灵附体并非努尔人的主流道德崇拜的一部分,而只是一种边缘崇拜。然而,在丁卡人当中,精灵附体的良性形式位于其宗教的中心,并不具备这些属性。

丁卡人的捕捞矛大师氏族和战士氏族在血缘和政治上都有联系,前者专长于仪式,后者专长于政治领导,由此产生了一种均衡的二元权力(Lienhardt 1958:118-119)。

> 在任何丁卡人的政治阶层中,领导权都必然涉及两个不同的氏族阶级或类别,即战士和捕捞矛大师,两者的地位平等且互补……。丁卡人的捕捞矛大师不仅仅是双方希望结成世仇时的仪式代理人;他们也不像努尔人的豹皮酋长通常做的那样,站在男系亲属群体的结构之外,而政治群体在男系亲属群体的彼此关系中被认同……
>
> （同上:130-131）

不用说,捕捞矛大师肯定不是蓬头垢面的、不道德的、吝啬的、奇怪的或者贪婪的。他们不在社会结构之外运作,而是社会结构的正常组成部分。

至于他们的精灵观念,丁卡人在其仪式中随时准备着,期待放弃自我、被精灵完全附体能带来益处。每个氏族都有自己的神灵,但捕捞矛大师氏族一致承认肉体神,这个词来自于被献祭的牲畜在剥皮后的肉体抽动,这使它看起来似乎有了自己的生命(Lienhardt 1961:136-137)。肉体神的存在,尤其表现于它附体人体时,人的大腿和腿根处的不断颤抖。它能确保那些以它之名说话的人所说的话语绝对真实。肉体意味着正义和公正。就我的一般比较而言,值得注意的是,丁卡人被其他较小的神附体时,会"歇斯底里地"被附体,处于危险状态(同上:57及以下诸页,137),而在祭祀仪式上,捕捞矛大师的颤抖总是更有节制、更安全。因此,丁卡人有两种程度的身体失控,与其宗教的中心和边缘、社会类别的中心和边缘恰当地联系起来。

努尔人对精灵附体的看法是,在第一阶段它很危险,而在第二阶段,它承担了一种异常的、专门的角色;这种角色的专门任务,就是去消除第一阶段精灵附体的危险。(约安·路易斯曾在一篇关于巫术和精灵附体的论文中阐述过这两个阶段的区别。)丁卡人的态度则是,恍惚出神状态是非专门的良性力量的主要表现。它不局限于通过苦难、禁欲主义或训练这些特殊入会仪式进入的专门角色,而向氏族的所有成年男子开放,通常他们所有人也都经历过。

　　我相信我已经正确地总结了两个部落文化中不同的宗教倾向。通过比较努尔人先知和丁卡人捕捞矛大师,我能够强调赋予身体分离的不同价值观念。努尔人先知在战争中有一个特殊的功能,即谱写赞美诗,唤醒战士。他所扮演的角色不同于丁卡人捕捞矛大师,后者与战士氏族并列,专门从事宗教服务。在努尔人中,与丁卡人捕捞矛大师真正相似的是豹皮大师。在某些努尔人世系群里,世系成员传递着“祭司的美德”(Evans-Pritchard 1956:292–293),一种用于诅咒、祝福和在某些场合献祭的有效力量。每种方言都使用同一个词林(*ring*)来描述这种力量的源泉,它所指的乃是肉体。似乎在发展的某个阶段,努尔人的祭司世系群也曾与世俗世系群对称并列,其模式与丁卡人的相似(同上书:293)。在丁卡人那里,肉体神是主神,我们已经描述过此崇拜。它是一种对身体分离的崇拜,肉体的属性被幻化(etherialized)为智力和道德品质。努尔人祭师唤醒“我们的肉体之灵……指的是祭司力量的精神来源”(同上书:109)。即使努尔人的肉体概念与丁卡人的肉体概念非常相似,尽管林,即肉体,与生活的其他方面相比有许多内涵(同上书:55,154,159),但作为丁卡人族神圣力量的通道,祭司所占有的重要性和中心性要更大,仍然能使丁卡人的宗教区别于努尔人的宗教。无论评估的困难有多大,问题仍然是,两个相邻民族,持两种相关语言、拥有相关的历史以及不同的政治制度,经常相互交战,在对身体使用的模式上,有不同的侧重点。

　　努尔人的宇宙论似乎更加理性和规范。他们将疾病和罪恶联系得如此紧密,以至于尽管他们相信邪恶之眼、恋物癖和鬼魂的作用,他们却“通常觉得痛苦源于自身过错”(同上书:21,22,176)。人类天性中固有的道德缺陷,往往会累积起来,易导致灾难(同上书:193)。尽管他们相信运气,但运气并不能用来解释不幸(同上书:195)。在他们的宇宙论中,反复无常的因素排名靠后。在他们的宇宙中没有无法解释的冲击或意外。临终时,他们默默哀悼,但不张扬,因为这可能会给人一种印象,即上帝没有完全的权利对他们为所欲为。他们对人类及其命运的总体看法是悲观的。尽管埃文思-普里查德写过为了避免自然灾害的祭祀牺牲,但他认为,努尔人对于改变他们在狩猎、农业或季节上的命运的仪式的效果不太感兴趣或不抱什么希望。"努尔人宁可将他们的目光投向内部,投向他们所生活的封闭的小社会世界,他们自身以及他们的牛群。他们的祭祀牺牲关乎道德和精神,而非自然危机。"(同上书:200)努尔人比丁卡人更关心必然污染(automatic pollution)。他们承认有几类罪行必然能导致不幸。乱伦就是其中之一;此外还有通奸、对姻亲不敬和谋杀。每一类犯罪都会导致某种特定疾病。乱伦会导致皮肤病;通奸会使受害的丈夫腰部疼痛,诸如此类。若某人在姻亲面前暴露自己的生殖器,或在净化前流血后喝了水,他可能会遭遇更大的不幸。努尔人的大部分献祭都是为了弥补这样或那样的过错,而这些过错被认为是疾病之因。这是努尔人宗教中的禁忌思想领域,与他们对恋物癖、符咒和咒语的普遍厌恶不同。但是在婚姻规则和战斗中的地方忠诚这两个生活领域,人们能感觉到强烈的社会约束。通奸、婚姻和杀人是牲畜转移的主要场合,而努尔人比丁卡人饲养的牛群要少。这些被看作具有自动危险性的越轨行为表达了一些社会关系,它们使得努尔人最强烈地感受到了社会生活约束。

相比之下,丁卡人似乎不太容易受到污染或禁忌的影响。林哈特在其有关丁卡人宗教的专著中,较少强调祭祀中的赎罪元素。这也可能源于观察者关注点的不同。但我认为不是。当然,丁卡人的世界观似乎更为乐观。他们并不期望他们的宇宙是理性的:"丁卡人生活于其中的宇宙很大程度上超出了他们的控制,在那里发生的事情可能与人类最合理的期望相矛盾"(Lienhardt 1961:54)。他们似乎没有那么强烈的罪恶意识。根据他们有关马卡迪(Macardit)神性的有趣看法,任性的因素显然与不幸有关。他代表:

> 对痛苦和不幸的最终解释,这种解释不能追溯到更符合丁卡人对神性公正的看法的其他原因……。马卡迪掌管着美好事物的终结,人类生

100

命和生育力不可避免的有时甚至是残酷的剥夺……一个尤其与妇女有
关的邪恶神。

（同上书：81－83）

因此，不幸并不经常归咎于人类的错误。他们对于死亡的看法，是否不如努
尔人那么具有哲学性和被动性呢？他们不忍谈论死者，埋葬死者时背身铲
土，看都不看一眼坟墓，又意味着什么呢（Lienhardt 1962）？是什么不同的
信仰品质，导致他们活埋了自己最著名的捕捞矛大师，以此来表现一种生命
战胜死亡的社会性胜利呢（Lienhardt 1961：318）？据说这种仪式之后会出
现性滥交。难道更严格的努尔人没有推翻婚姻关系和乱伦规则的特许狂欢
时刻吗？还是他们的民族志作者碰巧没有记录下来？

　　在努尔人看来，上帝甚是危险（Evans-Pritchard 1956：177，195－196，
198）。他们既想和他保持距离，又希望他能随时候在身旁给予帮助，这让他
们十分纠结。丁卡人的神祇，正如我们所看到的那样，会直接亲密地附体于
他的崇拜者的身体。他显然并不遥远。他危险吗？我认为，我们在这里讨
论的不是两个报道人基于不同倾向对相似事情的不同看法。相反，他们的
101　密切联系使他们具有相同的倾向，而这是认真观察赋予的。这正是我们可
从林哈特《没有统治者的部落》（Lienhardt 1958）总结的生态和社会结构的
微小差异中可预测到的差异。

　　首先，丁卡人的人口数量有努尔人的四倍之多，他们的人口密度更大。
其次，大多数丁卡人的定居地分散在草原森林中，形成连续的聚落点；他们
的地方边界单元意识要弱于雨季居住在分散的村庄，而旱季集中在大型牲
畜营地的努尔人。丁卡人的移牧模式分为两个集聚阶段，一个是旱季，在他
们的永久定居点，另一个则在雨季的高峰期。当

洪水减少了可供放牧的区域，这些小群体（牛营）被聚集在一起，聚在
附近的几个最佳地点。雨季快结束时，每个部落的牧民都集中在几个
次部落营地里。

（Lienhardt 1958：100）

最重要的是,丁卡人把他们的政治群体说成是牛营盘,而这些营地

> 与永久定居点相比,其构成更具有流动性,彼此之间的空间关系更不固
> 定……。丁卡人国度对雨季迁徙和定居点扩张所设定的限制,要比努
> 尔人国度对其人民的设置要灵活。这些不同的生态条件,与努尔人和
> 丁卡人政治裂分的某些差异是一致的。

(同上书:101)

林哈特接着描述了丁卡人的政治理论,该理论基于群体扩张、分裂和彼此分
离这一假设之上。"裂分和融合不会在一个单一的谱系框架内发生"(同上
书:104)。他们的政治理论是一种扩张论。尽管人口密度要高得多,但在某
种意义上,它是一个流动的社会体系,而努尔人则不是。"他们把自己的历
史看作各民族在地面上的扩散和分离……这个概念一定程度上把个人领导
力的概念包含于内"(同上书:118)。丁卡人的政治框架更令人困惑、更多
变,世系群也更少有正式的裂分阶序(同上书:118)。由此我得出结论,若他
们对乱伦和聘礼的分类像努尔人那样严格,这就令人讶异了。丁卡人认识
到,与努尔人相比,他们打击共同敌人、进行大规模合作的能力不如努尔人
(同上书:108)。这些事实表明,在格与群趋向于零点的递减线上,我们将丁
卡人放在比努尔人更远的位置是合理的。如果他们的形式犯罪观念比努尔
人更加发达,那也会令人惊讶,因为这些人的关联类别包容性较低、更容易
被回避。我不认为他们的和解技巧与宗教强制技巧会多么发达。在我看
来,努尔人比丁卡人更神秘,有更多禁忌。根据我对象征性行为的假设,他
们社会结构差异,似乎足以证明他们所被报告的宗教差异十分合理。如果
情况相反,丁卡人被报告为对罪恶更敏感、对净化更感兴趣、更加害怕精灵
附体的危险,那么其他地方显而易见的规律模式就暗示了一种主观倾向。
但在丁卡人宗教中,身体分离被更积极、更集中地使用,证明与预测的社会
变量相关。

　　为了完成演示,我想将另一个尼罗河部落,即曼达里人包括在内。根据
我对民族志的解读,他们会出现在如图表 5 那样显示格与群强度的图表上。

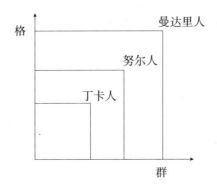

曼达里人的格与群最强；努尔人的较弱；丁卡人的格与群比努尔人的弱。

图表5 三个尼罗特群体

当然，群指的是几种可能的忠诚水平。曼达里人强烈地意识到了最宽泛的一种：

> 最重要的是要记住……在小小国度之内、为数不多的曼达里人被拥有广大疆域的强大而众多的邻居所包围，而且，曼达里人本身也是由不同层次的移民组成的，他们分散在原始土地所有者被分离开的核心地带周围，而那些土地所有者又是各种各样的。
>
> （Buxton 1963b:49）

"曼达里国度由大量的小酋邦组成，它们之间的关系是友好的、竞争性的或公开敌对的"（Buxton 1958:71）。因此，在小地方酋邦层面，群忠诚对于曼达里人来说十分重要。在每个酋邦内，人们的关系都在阶序制度中被分层，与土地的仪式联系属于早期的移民群体，确认了他们作为土地所有者的权利。人们激烈地竞争政治优先权，正如他们对待潜在的巫师客户的态度所示（Buxton 1963b）。格群制约似乎是一种令人高度紧张的情感体验。令人欣慰的是，他们对罪恶和净化的态度是非常形式主义的。对曼达里人来说，罪恶或污染只是特定行为；它们不会因为犯罪人的意图而变得更好或者更坏。琼·巴克斯顿（Jean Buxton）于1971年突然去世。我早些时候和她谈过这个话题，她基本上证实了我的看法，即曼达里人的文化偏向于具有更大魔法性。我记得她在伦敦大学学院的一次研讨会上,生动地讲述了曼达里人把各种罪恶和疾病归为复杂的颜色和温度范畴。他们为每一种罪行的净化规定了具有合适的性别与标记的献祭兽。但其规则的严苛性,驱使他们不顾一切地进行仪式转换,将不正确的红色的或者雄性的"热"兽,转换为规定的"冷"、白色或黑色或者雌性兽。他们对罪恶的高度神奇的、正式的态度,与他们对待精灵附体的态度非常一致,而后者似乎很接近于我所概括的努尔人的态度。被精灵附体是危险的,在第一阶段会引起疾病,在第二阶段则会产生擅长对抗己身所经历过的那种危险的专家(Buxton 1968:40)。她描述了一场为由死狗的复仇神努克引发的疾病的"精心设计的专家治疗"。

> 努克尖叫着"啊!啊!"医生在洞上与它搏斗。他抓着长矛来回摇摆,旁观者则抓住他;他口吐白沫,或鼻中出血。据说,努克最后会变弱,然后停止挣扎……。治疗方法和其他驱魔方法一致,还有抽搐疗法,即通过有节奏的摇铃来诱发精灵附体。

> (同上:60)

以上,我在格和群基础上比较了尼罗河流域的三个民族。这些材料很具有启发性。我希望发现,他们的宗教行为可以支持这一假设:社会约束越弱,身体分离就越被认可,并被视为向社区输送良性力量的核心仪式手段;社会压力越大,仪式和对罪恶的定义也就越具有魔法性。

　　重要的是,我们得注意努尔人与丁卡人两个方面的对比,这将与任何更广泛的讨论有关。首先,格群控制与人口密度之间不成函数关系。我们正在讨论的丁卡人,其人口密度高达每平方英里 60 人,而努尔人的人口密度大致为每平方英里 7 人。格和群是社会关系中秩序和约束的函数,而秩序和约束在稠密的人口中和稀疏的人口中一样容易缺失。丁卡人似乎认为他们可以很容易地切断社会关系,重新开始。他们感觉生活在扩张的经济中,可能源自其成功的畜牧业。若人们共享的资源似乎在扩张、萎缩或静止,那么社会生活的质量就大为不同。保罗·斯宾塞(Spencer 1965)在其对肯尼亚的伦迪尔和桑布鲁游牧民进行比较时,提请读者注意这个变量。他认为,伦迪尔人的社会控制更加严格，基于以下这样一个事实：伦迪尔人"认为，如果他们的骆驼群有任何增长的话，其增长速度低于人口增长速度"，而"桑布鲁人认为他们自己的牛群增长速度高于人口增长速度"，最穷的人可以繁育大量牲畜（第293页）。如果努尔人认为自己养殖的牲畜数量是固定的，而丁卡人认为自己养殖的牲畜数量在不断增加，这将是后者更轻视社会控制的另一种解释。经济扩张和经济限制被证明是比绝对人口密度更重要的、影响人们宇宙论的一个变量。

　　我不愿把困扰这一论点的诠释困难，当作不重要的事情而置之不理。由于同一原因，任何类型的说明性材料都极难找到：没有详尽无遗的报告；没有人能避免某种成见；任何的民族志观察中都存在大量的主观选择因素。我的特定假设需要非常密切的、客观的评估来验证。除了专门设计的，不是为了证明而是为了检验这个假设的研究，别的研究都做不到。

　　在回顾正式仪式到对恍惚出神状态的积极认可的转变时，我已经零星地在许多地方提到了罪恶观念的共同变化。在此我应该对其给予更明确的说明。沿着象征性行为的最大正式性与控制，到最大程度的非正式性和不控制这一序列，对待错误行为的态度也有一个相应的序列。在最大限度的正式性这一极，错误行为的概念不考虑行为者的内在动机或其心理状态。错误行为本身就是错误的，它的危险自然而然地跟随在侧，指责必然降临，错误"因功生效"（ex opere operato）。它与极端魔法情境下对待仪式的态度完全相似。在最大限度的非正式性这一极上，错误行为的观念完全与内心思想状态相关。行为者的愿望和意图，比行为的实际后果更让人关心。责任止于确保正确的动机。以谋杀为例，一端是血液的必然污染，另一端则是区别于谋杀的非故意过失杀人罪。我希望，这些变化能够与正式性和非正式性的变化顺畅一致，两者又都与相关环境中格与群对个人的控制一致。因此，我希望能够发现那种罪恶观念比其近邻的罪恶观念更内化、更少禁忌的整个文化，而其近邻经历了更有效和全面的社会约束。

　　为了证明这一点如何可以得以检验，请让我打破方法论束缚，勇敢地比较相距遥远的民族。坦桑尼亚的俾格米人和哈扎猎人的比较，在罪的问题上如此富于启发性，以至于我必须把他们放在一起讨论。我之前曾描述过姆布蒂俾格米人营地的流动性。他们的群如此的不确定，在其生活中如此不重要，以至于除了哈扎人，似乎没有任何哪个非洲部落会比他们更不强调群成员资格。哈扎人更自由地进出营地，形成新的营地，并离开营地。民族志学者不知该使用何种方法来描述其营地分组问题（Woodburn 1964）。那我们可以预料，他们会比俾格米人更彻底地内化罪恶的概念。但事实并非如此。姆布蒂俾格米人并没有污染的概念，不论是死亡污染、出生污染，还是月经污染。但是哈扎人害怕经血污染。为了解释这一禁忌，我需要离开群问题，返至对格的讨论。俾格米人没有任何社会类别，也没有有界限的群。性别、年龄和亲属关系都不能把他们的行为规范在严格规定的范畴内。特恩布尔写道：

> 当然，认为这里不存在亲属制度很荒谬。但可以肯定的是，此处的亲属制度并不像在非洲其他社会里那样，具有作为社会控制中心的同等重要性。在我看来，这无疑与社会的临时性有关，因为它几乎完全不关心过去，也不关心未来……。有效的亲属关系术语当即反映了这种情况，只有试图将这些术语与其在乡村社会中的使用联系起来时，才会变得混乱。它区分的是世代而非亲属，并且不加区分地跨越了实际的亲属关系界限……
>
> （Turnbull 1965:109 - 110）

性别方面也是如此，他们很少强调男性和女性的独立领域。男人和女人一起建造棚屋，甚至一起打猎。社会类别的区分明显薄弱。代表营地来运作社会控制体系的是一些年轻男人。

这与他们对罪恶普遍缺乏关注完全一致。在这种文化中，人们很容易相信玛丽·金斯利（Mary Kingsley）的传教士，他们教导说："和耶稣谈一谈，一切都会好起来的。"不拘礼节是他们宗教活动的基调。我没有数过"亲密"和"快乐"这两个词在特恩布尔描述中出现的次数，但它们出现的频率很高。

哈扎人更没有领袖，他们自由地穿梭流动，从一个营地到另一个营地、从一个配偶到另一个配偶，他们被一个支配性和包容性都极强的社会范畴

所分割,以至于伍德伯恩(Woodburn)很想将其描述为一个准群体。无论哈扎人在哪里,无论他们做什么,他们总是受性别划分的控制。这种分化存在于两个敌对的阶层之间,每个阶层都有能力组织起来,防御或猛烈攻击对方。这种异常强烈的性别差异意识是哈扎人所达到的唯一永久的组织层次。这是男人争夺妻子的背景,是母亲和女儿两个女性共谋,以勉强给予的性满足从丈夫那里索取最大限度的贸易商品的背景。两性之间的劳动分工水平很低,这本身就增加了建立长期夫妻关系的困难。请记住男人对妻子的不安全感,他们对经血污染的信念似乎有其实用价值。当一个哈扎女子来月经时,她必须避开某些会被其接触所污染的活动。但必须休息的不仅仅是她。她当时的丈夫,无论他是谁,都必须回避一些男子的活动,以免危及营地其他人狩猎成功的机会。因此,他的月经拟娩(menstrual couvade)是一种权利要求,通过强调他和他妻子之间的生理联系以及无视这种联系的广泛危险而定期确认(Woodburn 1964:204 - 278;Douglas 1968b)。

在此我们发现,在普遍不对洁净和危险加以关注的情况下,人们强烈关注着某些特定的、象征性的界限。夫妻关系的象征性表达(以对整个营地的危险得到确认)反映了一种被高度重视的关系。它表达了一个积极调节行为的社会范畴,即男女之别,它以如此方式划定了性别边界,以便在有限的夫妻权利范围内,将丈夫纳入包括其妻子在内的同一个界限。因此这条规则在一般形式上将所有女人与所有男人区分开来,并把她们当作危险人物对待,在其特殊情况下,则把一个女人与其他女人,而非与她的丈夫区分开来;而该丈夫,由于其婚姻状态,也与其他男人区别开来。因此,污染规则划定了非常精确的纳入和排除界限。在一个没有禁忌的体系中,不需要跳跃的想象力,我们就能看到这种正式的禁忌表达着社会关系的压力。因此,我把它作为起点,来证明这样一种假设:当社会关系没有被精细地归因,当它们很容易被切断,并且不带有多少义务或特权时,人们会忽视错误行为的形式。社会关系越是流动和无形,错误行为的概念就越内化。正如我之前坚持的那样,要充分证明这一点,我们需要从这个角度将哈扎人的社会和象征性行为与他们的近邻以及俾格米人进行比较。不过,在对这种检讨产生研究兴趣之前,不会有人来进行此种分析工作。

　　这些例子可以很好地说明目前神学界对于"罪"的态度。被认为更先进、更开明的教义，似乎只不过是对社会关系差异较小的经验的通常表达。我们在此可以瞥见关于罪和自我的概念产生的社会学矩阵。没有简单的进化模式出现。这不是一部自由宽容战胜偏执不宽容的历史。自我与社会的关系随着格与群的约束而变化：约束越强，正式的越轨及其危险后果的观念就越发达，人们对内在自我的自由表达权就越不重视。社会关系越是被格与群区分开来，个体就越被规劝将自己的激情倾注到规定的渠道中，或者完全控制它们。在小规模原始社会系统中（无论我们认同强分类还是认同小群团），持续的反馈过程改变了角色的公共模式，从而不会产生巨大差异。个体如何看待自己的利益，整个社会如何期待他的回应，这两者或多或少是一致的。他所承受的所有压力都是个体的压力。他能够通过自己的行动来改变它们，正如它们可以控制他。现代工业社会中的我们，与小规模原始社会中的他们，最大的区别就在于此种反馈已经消失。施加在个体身上的压力，并不因他的反应而改变。与工业系统争论或解释，就像与天气争论一样，是不可能的。最强有力的社会控制，不是以个体方式施加的。

　　我们发现自己和我所区分的其他具有强格的原始社会大体相同。他们与我们共享着这一悖论，即随着社会控制的加强，罪恶感会减弱。正当社会 109 越来越迫切地要求我们的激情流向它规定的渠道，我们对它的诱导却越来越充耳不闻。由于其分类和我们的目标不一致，我们听到了内在自我要求得以充分表达的更加迫切的声音。

第七章　邪恶的问题

110　　苦痛与不公并不会给每个人都带来社会或宗教问题。事实上,在位于垂直线左侧的社会中,任何人都不会对它们加以思考(见第60页图表4)。对于垂直线右侧那些社会控制强的社会,我将从三种类型的社会经验入手,讨论邪恶问题如何以特有的不同方式呈现。我们现在正在接近与伯恩斯坦对家族控制系统的分析进行比较的关键。每一种类型的家庭,都有确认其强制性要求的必要方式。同样,每一种不同类型的社会环境,也都有其为强制性要求辩护的必要方式。通过所使用的各种分类,宇宙的储藏物变成了控制手段的军械库。在每一种社会系统中,人类的所有苦难都以一种强化控制的方式得到了解释。要看到邪恶是如何被理解的,我们必须看到分类与人际压力、格与群的共同作用。

　　首先,我们能迅速解释具有强分类体系、强格与强群的社会。这些人利用不幸的发生来维护道德法则。在将痛苦视为存在秩序一部分的一般形而上构架中,疾病和事故要么被归因于道德败坏,要么被赋予崇高的意义。我们不乏民族志来说明这个问题的经典形式。

　　往下向零点移动,我们将会看到一些施加强大个人压力,但分类层次很弱的小群团。这里盛行着一种邪恶理论,通常与对巫术的恐惧对应。这里的宇宙被恶意和嫉妒所支配。简·奥斯汀曾通过爱玛之口自鸣得意地评论:"收入微薄容易使人心胸狭窄、脾气暴躁。在一个微小且通常下等的社111　会里,那些勉强生存下来以及不得已生存下来的人,也会粗鄙偏执、乖戾易怒。"这不是贫穷本身,而是一种与巫术综合征相伴的社会关系的收缩,尤其是社会关系的混乱。竞争性小社群往往认为自己身处一个危险的宇宙,受到由人类同胞操控的邪恶力量的威胁。他们的仪式活动不是祈祷、斋戒与向神献祭,而是致力于猎杀、净化、杀死巫师,以及消除巫术的影响。

　　这种类型的人类学模型来自中非,马威克(Marwick 1952,1965)和米奇尔（Mitchell 1956）及之后的学者在此地所做的研究，定义了这种巫术情境。在该情境中，巫术的指控被用来诋毁对手，并在领导地位的竞争中将他们拉下马。如果角色界定明确，继承规则清晰，指控就不会产生这种效果。但这种情况的本质，则是人们对自己的角色抱有矛盾的看法。兄长应该仁慈且具有权威，但他维持这个角色的能力被削弱，因他意识到，自己的所有幼弟都将是他继任村长的竞争对手。模糊性使得亲属和邻居封闭圈内部产生竞争。在竞争中，宇宙中的危险力量被认为处于对手的控制之下，所有后续的不幸都归咎于他。在这里，失败不被归咎于运气不佳，也非受害者的道德缺陷，而是由于其邻居的敌对的、神秘的力量。最终，这位在公众舆论里被谣言中伤的巫师，必须要么允许村庄分裂，要么在磨难中为自己正名。中非学者的研究，使我们能够准确地辨识出有利于这种巫师宇宙论特殊类型的社会结构。但这绝不是中非特有的现象。彼得·里维埃拉（Rivière 1970）也对中美洲的特里奥人和社万特人做过类似分析。巫术指控要么被用来驱逐社区中不受欢迎的成员，要么被用来将村庄分成两部分，每一部分都认为自己由此摆脱了其中的危险因素。

　　如果这就是巫师信仰盛行的社会结构，那么我们应该能在这些情况盛行的地方，找到近似于巫术的东西。总而言之，如果我们有一些社会单位，其外部界限明确，内部关系混乱，且在小范围内持续存在，那么我们应当从中探寻活跃的巫术类型宇宙论。无论如何，我们必须引出这些信念的某些一般特征，来控制猫和扫帚之间的联系。首先，指控巫术是指控宇宙范围内的邪恶行径。巫师不是普通的小偷或通奸者，甚至不是普通的叛徒。他被指控本性堕落，或与人类的敌人结盟，在欧洲与魔鬼结盟，在其他大陆与食肉动物结盟。在象征层面上，人们认为他与正常人的生活方式相逆，将他与黑夜而非白天相联系。他的能力异于常人，能飞，能同时身居两地，能改变自己的形状。最重要的是，他是一个骗子，其外表不会显示他的内在本性。类似于巫师集会的某些观念，在世界各地都非常普遍。虽然每个人来自不同的社会群体，但巫师为了履行对同伴的义务，放弃了对当地的忠诚。最后，如果他不能使其同伴满足，就会被吞噬殆尽。

　　若我们将这些关于巫师本性的信仰，看作象征了认真对待这些信仰的

112

社会的本质,那么我们会被信仰巫师的社会体系的细致刻画所震撼。因为,正如我们所看到的,在这里,政治团体(body politic)往往有明确的外部边界,内部状态则很混乱,嫉妒与偏袒盛行,不断搅乱成员的合理期望。巫师的身体也是如此,表面上看起来很正常,带着正常人的局限性,却拥有着隐藏的邪恶力量。巫师并不坚定地效忠于其群体,而是逃逸在外。他独自与欲望和权力的异类化身做斗争。巫师本身在社会结构中没有牢固的根基。表面上他在场,但仅限于他的肉体;他真正的内在自我已经脱离了社会的束缚。

若我们仔细考察巫术的象征意义,就可以看出内在的和外在的象征占据了主导地位。巫师本身就是一个内心堕落的人;他通过攻击受害者纯洁无辜的内在,使他们受到伤害。有时他吸出受害者的灵魂,仅余其空壳,有时他在他们的食物里下毒,有时他扔出飞镖,刺穿他们的身体。而且,有时他还需要接触受害者体内的汁液、粪便、精液、唾沫,才能伤害他们。这类身体的排泄物往往是他的武器。如果我们要对攻击的象征符号加以分析,我 113 预测我们将在社会制度的经验与人们最害怕的攻击类型之间找到紧密的对应关系。我们认为,当地社区的巫师会吸食灵魂、投放毒药,居于远处的巫师则会投掷武器。

这就是巫师所特有的宇宙范围的设想。要想象出一个巫师,就必须反思人性,考虑它在空间和时间上的局限性,相信它天生具有正义和善良的倾向;巫师是正常人的反面。现在我们来说一说信仰的社会用途。在这些小而简单的社会结构中,角色差异很小,保持距离、调节和协调的技巧还不发达。巫师的教义将不幸归咎于麻烦制造者和异常者,因此它被用作控制的习语。这种指控是对一致性的正当要求。在一个无法遏制公开冲突的社会里,对巫术的恐惧使得驱逐和分裂合理化。在这些社区中,权威的资源非常薄弱。超过一定规模后,如果不引入更明确的角色结构,它们就无法持续下去。这些社区的组织水平很低,只能实现某些有限的目标。驱逐异己是一种控制手段,使群体分裂则是一种更极端的方法。无论哪种情况,群体都是小且无组织的。宇宙由正常人和伪装成人类的巫师居住的教义,很好地契合了这种社会系统的更新和延续机制。

因此巫术宇宙论有四个基本特征：外在的恶与内在的善、内部受到攻击且需要保护、宇宙范围内的人类邪恶，以及这些观念被用于政治操纵。黑猫和扫帚的象征，是这种复杂信仰的地方性表达，一旦被普遍识别，就能更广泛地发现——我甚至敢放言，只要社会先决条件存在，就会发现这种信仰。

让我以一个英格兰教派运动，即闭关弟兄会的历史为例。

将目光从非洲巫术转移到了英格兰教派，没有什么可顾虑的。布莱恩·威尔逊（Wilson 1967）本人在他一系列有关宗派主义的出色研究中开辟了一条道路。他用下面的比较来结束他对闭关弟兄会的讨论：

> 关于弟兄会，可以说存在着一种精密的涂尔干式观点——从某种意义上说，这一观点与为部落民族发展的理念相差不远——他们对上帝的 114 崇拜就是对社会的崇拜。此崇拜更为复杂精细；人们会更有意识地认识到这种关系；然而集会似乎是神的一种形式……。社区、集会有一种特殊的神圣感，个人和家庭的神圣感亦来自于此；它采用"社会卫生"（social hygiene）的严格措施来维护其存在。
>
> （同上书：336）

这些措施相当于捕猎巫师和驱逐巫师。被威尔逊归类为"内向型宗派"（Introversionist Sect）的闭关弟兄会，仍然坚持他们拒绝人类组织的原则。因此，在两代人的发展过程中，他们偏离了宗派演化为教派（denomination）的普遍趋势。他们没有成长，也没有多样化，一百多年来一直远离世俗社会。他们为保持自己作为一个纯粹群体所付出的代价，是在自己和世界其他地区之间竖起一堵高墙，并持续分裂。正如在以巫师为主导的体系中，教义被人们当作驱逐和分离的武器。正如在巫师信仰中，教义颂扬一部分人的纯洁和善良，以及其他人的卑劣。

> 圣徒已经居住在天国；圣徒与以色列的分离；他们的前景不同于世界其他人的前景——这些观念，通过关于基督意志和人类意志的教导，在其分裂主义后果中得到了强化。基督所说的"不要随我的意愿，惟照你的

意愿成就罢"被认为是一种断言,表明天父的意愿和神子的意愿之间从来没有任何分歧。人也不应该有任何分歧的意愿,因为所有的自由意愿都被看作"自我意愿"。人唯一的意愿就是犯罪的意愿。相反,圣徒必须在圣灵的指引下行事,这重申了团契对个人的权威,并鼓励人们面对外部世界清静无为。

(同上书:285)

弟兄会断言,他们爱所有的圣徒,但这种爱只能实际表现在团契中的圣徒身上。然而,尽管从理论上来讲,弟兄会承认团契之外存在圣徒的可能性,但他们有时表现得好像这完全是理论上的情况。对教会正直的日益重视、革除教籍的日趋频繁以及更严格道德规范的发展,都基于一种潜在的假设,即团契是教会唯一的表现。因此,19世纪60年代形成了一种制度,即帕克街集会也就是达秘集会,事实上将发生在其他地方的异端邪说带到伦敦审判中考验。① 伦敦在这个时期将一位斯图尔特先生逐出了教会。沃尔沃斯的会众询问了驱逐的理由,但没有被完全说服。随后,他们将聚会地点移至佩卡姆。伦敦方面的回应是将佩卡姆排除在教会之外,这意味着将佩卡姆的所有会众逐出教会。不久之后,佩卡姆的一位古道尔先生访问了谢菲尔德,并在餐桌上受到了圣徒们的接待。得知此事后,谢菲尔德也被伦敦方面逐出了教会,这是为了遵守长期以来确立的"消除一切污点"原则。在被询问时,达秘提到了地上的神的教会,并说:"在伦敦所代表的教会之外……就是完全在它之外"。

(同上书:294)

读完这本令人赞叹的书,并从这一讨论的角度来分析各教派与外界社会的关系,即分析格与群对其教义的影响,是非常有吸引力的。在威尔逊所说的前宗派阶段,大多数宗派在开始时都回避一切形式的社会组织。那些成功

---

① 帕克街57号(Park Street 57)是弟兄会的聚会场所,达秘本人便在此处出席聚会。

地在长时间内保持了这种对权威和形式完全拒绝的人,通常为此付出了教义无效的代价。他们站在一起欢迎所有来者,但却没有任何坚持的教义。那些在经历了一些这样的经历后,感到需要一些教义内容的人,往往会拉拢队伍,关闭边界,使自己走向宗派主义和分裂。那些走中间路线的人,试图让世界皈依他们的教义,并为此建立了一个组织,逐渐失去了其信息的独特性,因为后者似乎只有在表达某种低水平无差别的社会关系时,才是至关重要的。于是,普利茅斯弟兄会(Plymouth Brethren)于 1829 年开始寻求将所有真正的信徒团结在一个符合《圣经》的团契中,对抗制度主义和教会论:

> 共融是共同生活的纽带,让那些在教义问题或礼拜程序上不一定意见 116
> 一致,但接受非正式的无阶序的、以《圣经》为立场的普通信徒集会的人
> 团结起来。他们的原则是在圣灵中团契,参与共同生活,不过他们也能
> 自由地参加其他宗教集会,甚至与持相当不同教义的群体一同敬拜。
>
> （同上书:244）

在这里,我们描述的正是巫术宇宙论所指定的社会结构。该教派建立在对人性的一种特殊观念上,强调友谊和善意,回避组织原则。驱逐被当作一种控制手段,使群体继续相信在阶序制度和形式主义阙如的情形下,在精神上团结一致的可能性。当我们更认真地细察宇宙论时,我们发现了预期的原则。内部如此好,团契中的人都是圣徒;外部则很坏。不仅仅是恰好不在团契里的人所谓的堕落,而且,制度化行为也有普遍弊端,试图将教会与政权联系起来,通过建立外部形式来接管精神的工作。精神与肉体的对比、自发性和自由与制度化形式的对比、所指之物与象征符号的对比,在教义的争论中,等同于上帝与人的对比。所以,内在-外部的意义呈现出宇宙的比例,而异端是想和外部有关系的"圣徒"。

宗派主义的这些方面在约翰·纳尔逊·达秘的生活中明显地显露,我们已在第五章中描述过他的外貌。终其一生,他都在就这一点与异见者做无休止的斗争。为了确保连续性,异见者觉得他的标准建议还不够。在一本名为《对教会的破败状况以及教会人士与异见者为恢复教会的原始秩序

所做的努力的思考》(1841)的小册子中,他写道:

> 建立教会的计划,实际上阻碍了所有愿望的实现,即圣徒在一个身体里
> 结合——首先是因为,那些试图这样做的人,已经超越了圣灵赐予他们
> 的权力,肉体在他们身上得到了滋养。
>
> （转引自 Coad 1968:125）

117 该传记作者接着说:

> 达秘以其标准建议结束了这本小册子,而这些建议对于持续的会众来
> 说,是远远不够的。现在的时代(dispensation)是完全堕落的,任何试
> 图补救这种状态的人都未能领会神意。当两三个人以基督的名义与他
> 同在时,基督临在的应许仍然有效。基督徒应该利用这个应许,聚会等
> 候神,但仅此而已。这样的聚会有应许和大能,但对那些想要建立教会
> 的人来说,却没有。挑选会长或牧师就是组织一个教会,甚至长老的任
> 命现在都不可能了。教会的唯一管理就是承认圣灵。
>
> （同上书:127）

87 过失不仅仅是错误的,对达秘而言,"过失是邪恶的,直接涉及上帝的荣耀"
(同上书:87)。所以他在与之前的一位友人及门徒的辩论中,将异端和邪恶
与魔鬼相联系,写道:

> 我的心里确实也经历了如你所说的那种同样的焦虑过程,就焦虑而言,
> 一种不安掠过我的脑海,那就是我不知道该如何判断敌人某些勾当的
> 真正用意。
>
> （同上书:143）

上帝和魔鬼的宇宙意义;内部和外部;内在的洁净,外在的堕落;这是一种观
念复合体,与成员身份明确、内部角色混乱的小群团有关。我引用达秘自己

的态度,这就引出了他的人格问题。若认为受迫害感以及将自己的观点与全能神的观点等同起来,从而将个人冲突放大到宇宙的尺度的能力,是精神错乱的表现,那会干扰我们此处的讨论。可能的确如此,达秘很可能有这些倾向,而且达到了异常的程度,他的许多追随者也很可能如此。但是,若不忽略社会结构和宇宙论的相关性,我们就不能认为这个心理学解释本身是令人满意的。自由开放的社会环境突然变成了受限的、其中的归因关系没有被厘定的社会环境,任何有过这种经历的人都肯定能识别出,由于社会关系的收缩和混乱而导致的所有人态度的变化。领导者很可能有一些心理特质,使他们能够非常尖锐地表达出这些恐惧和怨恨,但只有社会学分析才能解释,为什么他们找到的追随者会集中在一个能够预测的所在之内,这些追随者的社会结构与象征的主导模式可辨别地相一致。

　　我们已经指出了小型有界社区共有的哲学观之间的相似性。它可以被描述为一种形而上学的二元论。因为它的学说中有两种人性,一种是良善的,另一种是邪恶的,并且把一些人的邪恶与宇宙的邪恶力量联系起来,基本上类似于历史学家讨论过的一些所谓的二元论宗教。如果我们确实可以将哲学二元论与某些社会结构联系起来,那么我们就需要重新审视思想史。我们不能再让历史学家如此论述,仿佛哲学在社会真空中自主运动,一个思想碰撞另一个思想,使之分裂、发展、衰落、被接管。为什么琐罗亚斯德(Zoroaster)要反对多神论呢?为什么他认为一个良善的上帝不应该对邪恶负责?或者,更确切地说,为什么会有人追随一个人,其不能容忍惩罚型的上帝,却把宇宙分割给两个平等的、交战的神,一个好,一个坏?在有了某类社会经验后,我们才会开始担心邪恶的问题。不是每个人都把它当成一个问题。上帝的责任问题,并不是以历史学家所惯用的术语提出的:

　　　　只有当人们承认有一个全知全能的造物主,他创造了世界和世界上的一切,这个问题才会出现,即为什么世界上的一切都不按照造物主和统治者的意志来运行……换言之,邪恶如何来到这个世界上的问题。这个问题有一种尝试性的回答,这就是不同形式的二元论……。从这个角度来看,整个西方哲学史似乎就是二元论和一元论的交替:亚里士多德对抗柏拉图的二元论,他自己的一元论以及斯多葛学派的一元论,又被一个时期的异教和基督教新柏拉图主义所取代,再到12世纪亚里士多德的复兴。柏拉图自己并没有凭空发明二元论,因为恩培多克勒、阿纳克萨哥拉、俄耳甫斯教派和毕达哥拉斯学派都预示了二元论的产生。

(Duchesne-Guillemin 1958:1,71－72)

119 在这种视角下,运用社会学洞见来诠释邪恶问题需要用到的渊博学识,让人类学家深感惊诧。毫无疑问,几个世纪以来,二元论的形式各不相同,有些更强调精神和物质的对比,有些更强调人类的邪恶,而有些则强调恶魔。对于每一种形式,我们认为都存在与之相称的、不同的社会条件。

我已提到过居住在伦敦的西印度群岛人的五旬节教会,它会"开除"一个挑战领袖但没有成功的成员。被开除的人往往会离开,在自己的领导下成立一个新教会。对他的指控,经常是性生活不检点,在团契的眼中,或许这隐含着一种比我们看来更深层次、更阴险的邪恶意味。但这并没有在卡勒里的描述中出现。我几乎不指望能在一个边界如此波动、成员如此流动的社区里找到巫术宇宙论。基于格和群的标准仔细分析宗派运动,应该能发现宇宙论和社会结构的持续变化模式。

改变巫师主导的宇宙论的唯一途径,就是改变社会组织层面。约翰·米德尔顿指出,伴随着社会模式在先赋和竞争两种类型之间的循环运动,宇宙论的重点也有预期的改变(Middleton 1960)。在卢格巴拉(Lugbara)新世系群成长的早期阶段,领导地位被先赋性地归于资历最深的男性。在这一阶段,尽管巫师信仰是潜在的,但似乎并不活跃。所有的机遇,无论好坏,都来自施加惩罚的祖先,他们通过世系群长者的调解仲裁来规范行为。不过,随着世系群规模扩大,长老年纪增长、体力衰弱,继承问题会使该群体分裂成几个敌对派系。竞争取代了先赋。在争夺领导权的竞争对手对彼此的巫术指控四处飞扬时,祖先退居幕后。一旦继承问题得以尘埃落定(年老体衰之人死亡或受辱),先赋和祖先将再次接管。

经常指责对方使用巫术的人,乐于发起清除巫术运动。在中非,这些运动像野火般从一个部落蔓延到另一个部落,在这些自给自足的小村庄里,巫师信仰占据着主导地位。这些运动向人们提供了美妙的承诺,即巫术终结之后,一个新的黄金时代将莅临人世。但重要的是,我们需注意,清除巫师 120 运动和所谓的千禧年运动并不相同。清除巫师运动虽然也是从一个社区传播到另一个社区,但它是作为特定社区及其成员所遇到的特定麻烦的解决方案而传播的。它们不是拯救整个世界或整个部落的配方。它们的倡导者像一个消除污染的小分队,专门兜售解除潜在人体爆炸物的技术,从一个村庄转悠到另一个村庄。在他们转了一圈之后,社区认为自己恢复了(虽然是暂时的)宁静和谐的状态。在咒语持续的时间里,所有被怀疑的巫师都变得无害,巫术也得到控制;牲畜变得肥壮,农作物茂密生长,孩子们茁壮成长,所有人都能安享晚年,直至寿终正寝。在清除巫师运动中,有边界社会群体的象征意义十分明确(Douglas 1963;Richards 1935;Marwick 1950)。身体的完美状态和寿命的安然终结,通过控制巫术得以保证。对群体团结而言,巫术是可感知到的唯一威胁。清除巫师运动延缓了分裂,巩固了群体脆弱的内部组织。但最终,一个孩子生了病,庄稼歉收,冲突又会再次爆发。人们认为这种崇拜已经失去了力量。

尽管就终结邪恶与苦难的承诺而言,清除巫师运动带有千禧年的可能性,但它与真正的千禧年运动截然不同。清除巫师运动聚焦于解决当地小群体的问题,而千禧年主义则是在向全世界传达信息。但就像千禧年运动一样,清除巫师运动来来去去,社区仍保持着原来的面貌,仍然倾向于巫师信仰,仍然在等待着一轮新的、更有效的运动,以永远杀死巫师或使其停止行动。两者都不能成功地把社会结构和与之相宜的宇宙论永久分离开来。

恐惧巫师的宇宙论与紧密有界的单元相伴而生。当人们交往自由,能轻松摆脱不必要的联系时,邪恶问题就不会采取这种特殊形式。巫师主导的宇宙论在游牧猎人和牧民中就十分罕见。

与努尔人比邻而居的牧民丁卡人,相信巫术是一种可能性。他们能够指出巫师的身体异常,但他们极少指控巫术(Lienhardt 1951)。我们在第一章中提到过,居住在亚利桑那州的纳瓦霍牧羊人也相信巫术。"在一个拥有 121 500 名成员的纳瓦霍部落,有 19 个活着的人(在谣言中而非当众)被指控使用巫术。此外还有十个已经去世了十到三十年的人也被指控。在过去的三十年里,有六次公开指控——"审判"——两名"巫师"被杀"(Kluckhohn 1944:58)。克拉克洪花了数年时间,才搜集到"山那边"或"保留地那边"不仅仅是传闻的、有关巫师的材料。但无论如何这仍然是纳瓦霍人所关心的一个重要问题。他们一年中的大部分时间都在家庭小群体中度过,与他人隔绝。另一方面,阿贝勒后来观察到的纳瓦霍人,遭受了牲畜量缩减和现金经济的打击,并在佩奥特仙人掌崇拜中获得了安慰,对巫术失去了兴趣(Aberle 1966:203 - 204)。总的来说,巫术信仰很可能在小的封闭群体中蓬勃发展,在这些群体中,进出受到限制,密切互动不可避免,角色不被界定或被界定到使人无法承担。斯特林堡敏锐地描述了他自己童年时代的家庭中的这种社会。19 世纪 50 年代,瑞典城市社会被划分为不同阶级,或者说根据行业和职业所做的自然划分,之间互相牵制:

> 据这个孩子事后回忆,他的第一印象是恐惧和饥饿。他怕黑,怕打屁股,怕惹恼每个人。怕摔倒,怕受伤,怕挡道。他怕兄弟打他,怕被女佣掌掴,怕被祖母责骂,怕被父亲用藤条鞭打,怕被母亲用桦条鞭打……。在这个孩子之上,隐约可见一个拥有各种权利和权力的阶序体系,从他兄弟的资历特权到他父亲的最高法庭。然而在他父亲之上,还有一个总是用房东来威胁他的"管理人"……。但即使在他之上,也还有将军……。孩子不知道国王是什么样子,但他知道将军觐见国王……。当他的母亲在晚上向上帝祈祷时,孩子对上帝尚且没有一个明确概念,只知道他一定比国王高。
>
> (Strindberg 1967:18 - 19)

这段话是对遥远上帝的完美描述,孩子通过清晰感受到的社会阶序层次,

122 自动地与之发生联系。然后,他描述了困扰家庭的混乱和麻烦,以及拥挤的感觉。

> 父亲和母亲带着七个孩子和两名仆人住在三个房间里。家具主要由桌子和床组成。熨衣板和椅子上坐着孩子,摇篮和床上躺着孩子。虽然

父亲大多数时间都在家里,但他没有自己的空间……。家庭在过去到现在都是一个非常不完善的机构。没人有时间去抚养孩子。学校接替了女仆的工作。家庭实际上是一个吃饭、洗衣、熨衣的机构,而且是一个非常不经济的机构。只有做饭、购物、跑腿去蔬菜水果店和乳品店。洗涤、熨烫、上浆和擦洗。人太少,做的事太多……。孩子只听到他有义务,却没有听到他有权利。其他人的愿望都被听取;而他的愿望则被忽略。他做任何事都免不了做错,去任何地方都免不了妨碍别人,说任何话都免不了打扰别人。最后他甚至连动都不敢动。坐在椅子上不出声,就是最高的责任和最大的美德。

(同上书:30–32)

这为我们提供了一段无可比拟的描述,描述了角色被不可能地界定,促生了挫败感,从长远来看导致了模糊和混乱。作为一个敏感的孩子,斯特林堡

总是焦虑不安,唯恐自己会做错事。但他时刻对不公正保持警惕,通过为自己设定高标准,他密切关注着兄弟们的失败。当他们没有受到惩罚时,他深感委屈;当他们得到不应得的奖赏时,他的正义感受到了损害。结果人们认为他好嫉妒。

(同上书：32–33)

一位哥哥是他父亲的最爱,另一位是他母亲的心头宠。他不是任何人的最爱。然后他继续描述他所遭受的频繁不公,随着不公的积累,他在家里被塑造成了一个神神秘秘、猜疑好妒、冷漠无情的人。他对社会环境和群体成员的反应的总体描述,异常精确地类似于巫术信仰得以产生的情境。当然,正是这个谁也不喜欢的孩子奥古斯特·斯特林堡,被指控为人格异常、有缺陷。

在这样的社会里生活,就是与自己的同胞挤在一起,无序竞争。成员们有理由对正义终将胜利缺乏信心。"天网恢恢,疏而不漏"也并非他们的座右铭。对于丁卡人和努尔人等游牧民来说,生活中最大的不确定因素是气候和草场的危害,人类同胞则相当可靠。在另一种社会中,危险和挫折都是

由人类同胞制造的。

戈弗雷·林哈特（Lienhardt 1962）将努尔人、丁卡人和另一个尼罗河流域的民族——阿努克人进行了比较，很清楚地说明了这种对比。正如他所说：

> 阿努克人基本上从事农耕，定居生活在许多独特的、基本上自给自足、通常十分拥挤的乡村社区，个体在其中不断地密切接触。丁卡人和努尔人首要是季节性迁移放牧的游牧民族，当地社区的成员有规律地分散和重新聚集。就其职业性质来看，相比于阿努克人，丁卡人和努尔人更多过着孤独的生活。
>
> 　与阿努克人的集中居住相比，丁卡人和努尔人的频繁分散，可能与阿努克人对个体和人格表现出更大的兴趣有关。阿努克人有丰富的心理词汇，他们的乡村政治……是通过性格和派系的相互作用来进行的。阿努克人对人感兴趣，丁卡人和努尔人对牛更感兴趣。对于阿努克人来说，他们的密切关心是处理村庄事务的现实需要，他们经常密谋提升头领的部门和个人利益。竞争性的阶序和影响力的制度，使任何有抱负的个人都有更大的政治活动空间。……一个阿努克人，如果觉得自己被某个首领轻视，最终会找到一些可以联合的人，试图取而代之，或者去贵族官廷寻求帮助。阿努克人的制度建立在徇私和竞争的基础之上，这在努尔-丁卡人中间是无法发展的，因为他们中不存在有利可图的个人阶序。

$$（Lienhardt\ 1962:74-85）$$

124　我们几乎不需要再对阿努克人的宇宙论加以补充。丁卡人与努尔人相信，不幸和死亡是由与社会秩序相对应的精神力量造成的，阿努克人则把死亡归咎于巫师，或其受害者在他们的生活中不知怎地冤枉过的死者的鬼魂复仇。努尔人和丁卡人通过献祭和祈祷来应对疾病，而"阿努克人中唯一的宗教专家是通常身为女性的阿居安（Ajuan），其主要的传统任务是寻找巫师、对付巫术，并试图消除其受害者身上的幽灵诅咒"（同上书:85）。

人们如何对待彼此的选择，才是比较宗教学者关注的真正材料。这是精神分析所缺失的维度，必须将之纳入其中，以启发其洞见。例如，荣格对宗教改革的评论，就将欧洲文化中象征符号的贫乏，看作心灵辩证法的结果：

> 然而，宗教改革中的破坏偶像行为，确实在圣像的堡垒上打开了一个缺口，从那以后，一幅又一幅圣像被摧毁了。它们变得可疑，因为它们与觉醒的理性相冲突……。新教的发展史是一段长期的偶像破坏史。一堵又一堵墙倒塌。一旦教会的权威被击碎，破坏工作的开展也不是太困难。我们都知道，不管是大的还是小的，不管是一般的还是特别的，圣像一件接一件地被摧毁，都知道我们现在的生活中令人震惊的象征主义贫乏是怎样产生的。
>
> (Jung 1940:60-61)

我们知道它是怎样产生的吗？通常我们倾向于和荣格一样，默默接受这场运动如同科技发展一样，是不可避免的，甚至它可能与通常的知识增长、"觉醒的理性"、一种令人伤感的成熟和成年有关。正如他所言：

> 诸神不时地消亡，是因为人类发现他们毫无意义，他们是人类用双手、用木头和石头制成的无用之物。事实上，人类只发现了这一点：到那时为止，他还没有对这些形象产生想法。
>
> （同上）

然后，他继续为拒绝象征辩护，认为拒绝本身就是一项成就，并以"内在的善、精神、比毫无价值的外在更可取、内容优于空洞的形式"这样的措辞对之加以呈现。 125

> 我相信，新教徒并没有被白白剥夺发展，被迫赤身裸体。这种发展具有一致性。一切给他的没有思想内容的东西，都从他身边被夺走了……。正如基督徒世俗贫穷的誓言使感官远离世间的美好事物一样，精神上

的贫穷也寻求放弃精神上的虚假财富。

（同上书：63－64）

荣格或许是首位认同这一观点的人，即个体不会经历其个体象征生活方面的绝对贫困。原型理论和梦的分析都依赖于此。因此，他所说的赤贫，指的是公众认可的象征结构中一致性的丧失。而这源于社会结构的一致性，并随着该领域的衰落而衰落。因此，将精神贫困作为个人力量和自我认识的源泉而大加赞美的做法，就变得非常可疑了。首先，因为自我认识的范围会因他人自我经验的限制而缩小。其次，充分的自我认识将考虑到影响自我发展的社会条件。再次，我们不能假定格与群压力最小的、接近于零点的位置，是个体人格发展的理想条件。

第八章 非个人化的规则

巫师信仰表达了人类内部的分裂:有纯洁善良的人,也有根本就不能算是人类的卑鄙小人。我们已经讨论过,人们从其狭小封闭社会中的生活经验中发明了这种二元论。现在,我们把目光转向缺乏这种经验的社会。在一个人们被寄予期望去建功立业,去竭尽所能,尽可能广泛地与各种各样的人打交道的地方,对人性所持的看法就截然不同了。在这种竞争条件下,人们不会站在人性与非人性分界线的任何一侧。人们认为,每个人被赋予了不平等的才能,这种不平等是随机的、不可预测,且与道德判断无涉。

新几内亚的两个部落在这一主题上的表现略有不同。一是新几内亚北岸马当区的加里亚人。他们中大约有 2500 人居住在 35 平方英里的巴加辛地区。他们聚集居住在簇拥崇拜屋(cult house)而建的小村庄里。我们应该注意,共居关系是如何与个人忠诚关系不相一致的。劳伦斯说:

> 必须从个体及其周边的人际关系网络来看待这种结构。一个人将当地居民分成属于其安全圈的人——那些和他有安全关系的人——以及不属于其安全圈的人。他的安全圈,包括四代以内的所有双边亲属,以及其他通常与他无血缘关系却有特定契约关系的人:贸易伙伴、与他交换猪的人,以及他定期支付或者接受分期支付彩礼的姻亲……。某人安全圈的成员,因为土地占有制而可能分散在其居住地周围的任何地方……他们的园艺地块常常分布不同。为了对这些园艺地块全部加以利用,他们定期从一个定居点迁移到另一个定居点。父系成员很少局限于当地,村庄由不规则的群集组成,其中一些人相互关联,另一些人则毫无瓜葛……。领导权威总是模糊不清:他不能代表一个特定的群体,仅仅能代表居住在他自己村里的,或者邻近小村里的经常是临时性的居民。土地所有权的分散和随之而来的迁移,使其追随者在

他与其对手之间分摊忠诚，一旦他的能力黯然失色，追随者就会立即收回忠心。

(Lawrence 1964:24 - 25)

这是对忠诚转变的可能性，以及社会分类的混乱情状的完美描述。加里亚人与其他部落贸易，后者拥有与其不同形式的相同社会组织。正如劳伦斯所言：

> 在所描述的任何一个社会中，都没有人能清楚地了解它的整体结构。相反，个人纯粹持自我为中心的立场来处理其事务：就人与人之间的关系而言，有些表示血统或当地群体的成员资格，有些则表示姻亲、同族、交换或贸易关系。

(同上书:28)

他接着描述了这些人如何看待自身所在的宇宙。此看法十分乐观。世界为人类而存在，人类有权享用。它可以根据简单的规则加以操纵，这些规则就其有效性而言，堪比男子强迫彼此交换商品和妇女的互惠性原则。宗教是一种克服风险的技术。他略带惊讶地论及该系统没有道德反馈。

> 像洁净与罪恶这样的精神价值完全不存在。没有做好事会获得来自另一世界的回报观念，以及"善"与"恶"终点不同的观念。死者之事自己会得到料理。即使是最初的禁忌，也没有抽象的伦理意义。

(同上)

128 这是非常务实的一种宗教。

> 空间上……宇宙被看作一个几乎没有超自然属性的、统一的物理领域；在这个领域中，人类不仅彼此反应，还对神灵、精怪和图腾做出反应。

(同上书:31)

成功人士的特点是个人的卓越地位且拥有秘密仪式的知识。

> 领导者是那些"真正了解"、能够指导他人——那些并不"真正了解"的人——的行动,使其获得最大利益的人。正是人们对这种能力的深信不疑,才使特别成功的领导者——他个性出众,从未被意外情况击败——能够吸引追随者离开他不那么幸运的对手。
>
> （同上）

我们在此对我们所期望的、与这种社会结构相对应的宗教有了简要了解。理论上,任何人都可获得权力,但唯有有才干的人,才能根据已知规则,将权力攫为己有。宇宙是非道德的。人们对仪式的态度非常神秘。这是一种以自我为中心的宗教,对于一个以自我为中心的社会结构来说,这是可以预见的。

我现在将引用另一项美拉尼西亚研究的材料。阿雷阿雷族大约有5000人,居住在马莱塔岛南部。丹尼尔·德·科佩（Daniel de Coppet）指出,人类学家无法以通常使用的术语对他们的居住规则和土地权利加以描述。在广袤的山区,丧葬地点是固定的参照点,个体在其周围活动。因为耕种权是由与这些地点的宗谱联系决定的,人们可以在自己所有和任何一个祖先中进行选择。因此,每个人都有更宽的选择范围。没有什么词来表示领土边界;当地辖域也无内外之分。唯有相对于丧葬地点的宗谱所定义的位置,才是至关重要的。人们没有被限制在任何类型的有边界地域内。和许多其他美拉尼西亚人一样,阿雷阿雷族用贝壳或牙币来表达他们的关系。这些都是在复杂的贸易和仪式交换模式中进行的。

> 每个人都有一定数量的因素,确保他对世界和同侪的权力。首先,他的 129 身份体现在几个名字上,有些名字来自父亲那一方,有些来自母亲那一方。他从出生起就拥有确定的土地权利,并将在父母去世后获得其财产份额。他也能够使用他的技术知识和道德、仪式与社会规则的知识,

以及继承或购买超自然力量。最后,他要对其在仪式交换过程中产生的所有信用和债务负责。

(de Coppet 1968)

从这个共同点出发,"大人物"把领袖身份加之于身,没有任何特殊的头衔,没有任何阶序或地位的框架,没有征税或要求劳动的特殊权利。这纯粹是个体的成就。他的权力止于其追随者的认可。但追随者越众,其威望与权力就愈大。这里的社会情境基本相同。一种互惠、相互依存的关系,一个初始平等的前提和一个严重不平等的实际模式。其他所有人的生计和安全都依赖于这位大人物。他创造了一个政治和仪式框架,在这个框架中,普通人可以在越来越大的模式里发展出自己的圈子以及互惠交换的模式。他的荣耀使他们增光添彩。他建立大规模的地方联盟,控制暴力,解决争端。他之所以能做到这一切,全仰仗自身的慷慨、勤奋以及对宴请和补偿规则的巧妙操控。这些规则无比复杂。对他来说,它们是成就的阶梯;对那些希望放弃为偿付能力和尊严而奋斗,以获得唯一自由希望的人来说,它们是压迫性的格。

　　奥利弗(Oliver 1957)对所罗门群岛上的布干维尔岛西瓦人的描述,为我们提供了有关这种社会制度的另一个极好案例。在此同理,一个高度个人主义的竞争性社会,由于大人物的个人努力,被提升到低水平的成就之上。领袖们争夺追随者,迫使其他人竭尽全力去生产甘薯、生猪以及所需的各种标准奢侈品,以在宴会上挑战和羞辱其对手。成功的首领对下一个会社的领导者发起挑战;在自己的地区取得成功之后,他又开始挑战另一个地区的领导者。每一次成功都给他自己的会社带来荣耀。如果他不坚持自己的立场,他们就会冷淡地半开发(half-exploited)他们的环境,就不会有什么激动人心的事情发生,也不会存在什么合作。在他的壮年,他们达到了一个比他们在其他情况下能够达到的更高层次的组织水平。当他老了,他的追随者自然就会减少。其他地方的其他一些领导者脱颖而出,那里的社会组织水平上升,而此处则下降。这个社会的每个人都知道,只有个人素质才能帮助一个领导者。他们的宇宙正是通过赋予每个人一套自己独有的精神副手,表达了这一点。大人物有最凶猛、体型最大的恶魔为其工作(同上书:

444—446）。渐渐地，我们从这些文化中建立起一种非常专注于成功的社会类型。为了自己把工作做得很好的人，会使每个人都受益。这是筑基于私人进取心，以及高度培养的管理技能之上的系统。宇宙在道德上是中立的，基本上是乐观的。任何人都能向天挥舞他能舞动的王者剑。没有人会反对那些用魔法来推进自己事业的人。只要目的被认可，手段也会被认可。令人钦佩的美德是野心、狡猾与力量。并非所有的新几内亚社会都密切符合这一模式。例如，K. 布里奇（Burridge 1965）所描述的北部马当区的坦古人，也认为他们的宇宙是非道德的（第 225 页）、神奇的（第 246 页）、不可预测和反复无常的（第 239—240 页），但他们更强调对巫术的恐惧。梅吉特（Meggitt 1965）描述了西部高地的梅恩加人被他们对祖先鬼魂的恐惧所支配。这两个社会似乎都表现出了我们从前面的论证中所预测的特征：受巫术支配的坦古人群体规模更小、更封闭，而害怕祖先的梅恩加人，则具有明确界定于地方社区的先赋性父系角色体系。不过，只有在仔细研究了单一文化区域的部落中，人们感知格与群的方式之后，我们才能阐明这些变化。

我现在举一个来自欧洲的例子。在以自我为中心的社会系统的典型宇宙论中，权力是一种个人天赋。超自然力量被用于确认个人的成功、解释个人的失败。因此，我们的条顿祖先认为，运气是宇宙论中占主导地位的概念，就像命运对于古希腊人一般。

回想一下，条顿人有一种亲属关系认知体系，在这种体系中，提供帮助的义务是从每一个体的所有血统中向外辐射的。我们不妨接着阅读一下格 131 伦贝赫在《条顿文化》（Grönbech 1931）一书中的描述：

> 无论我们走哪条路，都能发现运气的力量。它决定了所有的进步。如果它失败了，生活就会变得病态。它似乎是世界上最强大的力量，甚至是重要的原则。

（卷 1：127）

他接着描述了这种力量的反复无常和个体特征。每个家族可能都声称有某种运气相随,比如在航海、战斗或捕鱼方面。国王埃里克·韦瑟哈特(Eric Weatherhat)的帽子里有风:他可以通过转动帽子来改变风向。

> 在首领们中间,这种胜利的天赋充分显示了它的光辉。我们发现,有军事天赋的人,走到哪里都能带来胜利。金发哈拉尔同族的所有挪威国王都有这种伟大的胜利天赋。卡尔·哈康(Carl Haakon)能在一段时间内成为挪威的统治者,主要是由于他在获取胜利、追击和杀戮中所具有的运气。这使人民站在他一边,因为人们认为,在这种特殊天赋方面,没有人能像他一样。在贝奥武夫故事的开头,有关赫罗斯加的王国也有一种明显的类似语调;他被赋予了争战的速度与战斗的荣光,由此他的众弟兄跟随他,直到年轻人顺从地聚集到他周围。……"他们见首领倒下,就都四散逃逸。"这句话在传奇中一再出现,其真实性也一再被历史证实。如果这位伟人的战争气运已尽,那么小人物的小运气又能有什么用呢?
>
> (同上)

我十分讶异于斐利民(Maurice Freedman)教授对中国风水的描述,它在许多方面都契合于我一直在构建的与高度个体主义、竞争激烈的社会体系相适应的宇宙论图景。在他于 1968 年向皇家人类学研究所所做的首席讲座(1969 年出版)中,他描述了风水系统,即建筑的风水术。建筑改变了景观,由此也扰乱了复杂的力量平衡。景观是系统的一部分,任何一种元素的形式变化都可能对其他元素造成损害,因此风水师的任务是为其客户占测最好的关系,无论客户是整个村庄社区还是其中的任何个体成员。景观象征着某些符号,如龙、毛笔。

> 凿一口井或开一条路,有可能会切断龙的动脉或筋脉(以最常见的情况为例),并释放出一些可怕的不幸力量,导致贫穷、患病或无子。一条直达我门前的路就是一支箭,我需对抗它以保护自己,但会面临许多困难,也许还要付出巨大代价……。某个地点的一般属性和占据它的人

的命运之间的联系在于星象……负责为特定客户寻找和使用场地的风水师,代表其客户,在一个机会有限的世界中,为他们创造出最好的未来,为他们争取最好的权利。因为幸福和繁荣不是无限的;它们形成了一个固定的储备,每个人都必须为自己争取最大的利益,不惜牺牲他人。

(Freedman 1969)

这是竞争宇宙论的一个迷人且复杂的变体。新几内亚模式和条顿模式认为机会是无限的,而中国模式则是有限的,竞争更加激烈。此外,它也适应于一个有文化和数学的士大夫社会。但是,除了这些巨大的差异,它也是道德中立的,是一个可操纵的系统,和其他系统一样以自我为中心。我认为,它的使用会根据社会不同部门的先赋地位的重要性而有所不同。斐利民讲述了一个古老的传说:一个风水师试图通过确保他自己的下葬位置能让其儿子登上帝位,从而推翻明朝。但他的儿子必须遵循某些精确的指令,等待规定的服丧天数。儿子不耐烦,将服丧时间缩短了一天,这样一来,所有取决于准确时间的周密计划都脱离了既定路线。因此,对风水术力量的道德和社会限制,可以引入一种本来非道德的技术中。我还认为,在限制期与扩张期之间,或在感觉自己正在扩张或封闭的社会部门之间,风水术的整体感觉会改变。在不断扩张的社会体系中,风水术肯定是一门乐观的艺术,但风水师会发现他的客户正在减少。在受限制的社会体系中,他的生意会因为其客户有充分理由的恐惧而兴旺发达。人们会更倾向于去咨询,更愿意准备去改变坟墓和建筑,更少随遇而安地自行确定景观中通常的吉祥元素。我们自己的工业顾问发现,在一定范围内,经济紧缩对他们的业务有好处。

　　在工业界中,我们不难找到竞争性宇宙论的模型。有一种人视世界为道德上中立的技术体系,等待着他们用自己持以巨大信心的特殊天赋来开发,而我们的任何一个伟大的工业巨头都是这种人。我选择汤姆森男爵(Lord Thomson of Fleet)作为范例,因他的传记在所有相关方面都如此坦率与详尽(Braddon 1965)。从他多伦多儿时的家,到现在的伦敦总部,他的地理迁移范围之广,类似于我所描述的新几内亚社会中自由迁徙的可能性。以同样的标准,他的职责范围在地域上不断扩大,使他确实成了一个大人物。他痴迷于赚钱,然后又痴迷于获得贵族身份,这显然都类似于新几内亚人人追逐权力、被依附以及威望的野心。从殖民绳索公司的文员到140家报纸的所有者,这个人从不屈服于群体界限的压力,无论其来自当地抑或其他地方。他只对自己和自己的直系亲属负责。当他关闭或合并失败的企业,相关企业的受害者质疑他的行为是否道德时,他总是准备说出"总得有人来支付工资"这句话来。对他有利的事情,对大多数人以及他越来越多的依附者来说,也是最好的。

首先,我想通过引文来说明为什么他应该被归为不受群体约束的人。他的职业生涯以亲密的伙伴关系为标志,但那些与他最初合作的伙伴中,很少有人能幸运地与其分享最后的胜利。除了家庭,他的个人关系很大程度上是机械化的;他的大部分联系都很短暂,没有人情味。

> 从1953年到1957年,他的日记中出现了大量这样的条目,比如"晚礼服,20分钟演讲"——其数目之多,可见他的私人或非正式约会极为稀少。
>
> (Braddon 1965:265)

134 在夜复一夜的招待会上,

> 他会脱下帽子和那件宽松的黑色大衣,在人群中谈笑风生。但他似乎总是独来独往:与一群人在一起,而非属于这群人。
>
> (同上书:265)

这个男人每年都会给他认识的所有人寄圣诞卡(第276页),他的秘书每周都会给他送来一组生日贺卡,请他根据长长的名单签字,再寄出去。他已经取得了一系列地位,目光毫无顾忌地盯着具有挑战性的最高阶序。

> 我想知道我是否有自己认为的那样优秀……。在这个世界上,我最想要的就是一个骑士头衔。
>
> (同上书:169)

关于他的贵族头衔,他坦陈:"这个头衔一直是一个比拥有一百家报纸更大的野心,因为它似乎是如此的不合理——仅有亿分之一的可能性。"

(同上书:311)

显然,越不合理的野心,似乎就越有吸引力。如果他的寿命更长点,他可能会为成为波斯国王而努力。他对阶序很感兴趣,喜欢所有的员工称呼他"罗伊",但又渴望正确地遵守社会规则:

"喂,罗伊,……这里有谁只是普通的先生?"

"只有你和我。"汤姆森高兴地告诉他。他正在经历一个仅仅有贵族在场就能感到快乐的时期——而今晚,在这个私人宴会上,他请来了一位公爵、五位伯爵和一群真正的骑士。

(同上书:207)

在这些圈子里,他确保自己得到了充分的信息,以保护自己。("喂,我该怎么称呼这个人? 是大人还是主教大人?")

(同上书:273)

一套正式的关系与阶序,为他提供了一个框架,在此基础上发展他以自我为中心的活动领域。他的社会世界由精力和对规则的严格恪守所操纵。

当被问及如果一个人以 5％ 的利息借了钱,却没有赚到 10％ 的利润,会发生什么时,汤姆森的回答很简单。银行不该借钱给这样的蠢人。

(同上书:185)

而且,从一开始,我们就看到他总是在研究他的资产负债表。就像蛇梯棋一样,资产负债表代表着让他走向胜利、让他的对手回到起点的规则。他的活力和对时间和工作的态度很独特:

他的第一次董事会会议准时于上午 10 点开始,但到了下午 2 时 30 分仍在进行。"这个家伙难道没有时间观念吗?"一位饥饿的董事烦躁地问查普曼。"还有活要干的时候就没有,"查普曼告诉他。在他们之间,查普曼和汤姆逊明确表示,鉴于《苏格兰人报》长期的财务混乱局面,这份报纸将调整预算和被监管。

(同上书:171)

我们也看到了他对道德的务实态度:诚实是一项庄严的原则(第236、273页)。他承认自己不信教。以下是一段电视采访:

"你信教吗?"

"不,恐怕我不信教。"

"你是否有自己支持的、名义上的宗教?"

"是的,笼统地讲,我算是一个新教徒。我会去任何一座新教教堂。"

"你对上帝有传统的信仰?"

"的确是这样。"

"你认为一个在邪恶的世界里像你一样发达的人,有可能过着基督徒的生活吗?"

"我认为在各方面,"汤姆森坚决地反驳,"是的! 我深信这条黄金法则:'己所不欲,勿施于人'。"

(同上书:275-276)

以新几内亚英雄的面目想象汤姆森男爵令人愉悦:盛宴、资产负债表、活力,这一切都有同样的意义,无论人们用钱买报纸,还是用贝币买猪。奥利弗描绘了一个和蔼可亲的西瓦人首领。

像索艾这样的聪明人早在几年前就制定了收猪计划。奥里姆是这样评论他的:"其他人坐在会社里嚼槟榔,什么也不说。索艾就不是这样。他的心里装满了猪和贝币;给这个,收那个;扩大他的追随者数目,强调他的婆图（potu，声望），分配他的阿努拉拉（anurara，贝壳现金）。"为了成功地举办一场盛宴，他的追随者努力了好几个星期，盛宴过后他们筋疲力尽地躺在那里，但索艾却不让他们休息。第二天一大早，木锣又响了起来，而且似乎比以往任何时候更响，可能是因为这声音太出乎人们的意料了。几个昏昏欲睡的本地人朝会社方向漫步走来，听到索艾冲出来："又躲在家里，在有工作要做的时候日夜交媾！要是让你们来做决定，你们可能会把余生都用来闻昨天的猪味。不过，我得告诉你们，昨天的筵席算不了什么。下一场才是真正的盛宴。思翰，我要你和库纽一起去安排他那儿最大的那头猪；你，迈默，去摩卡卡路给优摩找一头猪；还有……"

(Oliver 1949:25)

因此，为下一场更大的盛宴组织信贷和合作伙伴的工作从未停止。每买下一家报纸，汤姆逊的日记里就会出现一场盛宴，还有许多小型的预备性的盛宴。人们完全可以认为，他其余的一切活动都是在为更多更精彩的盛宴做准备。这与新几内亚情境绝对的相似性，是显而易见的。

在成功的宇宙论中，我们应该识别出对个体行为施加的不同种类的控制。例如，中国的风水术本身是一种不涉及道德考量的技术，它是一个复杂系统的一部分，在这个系统中，道德控制完全体现在"天"这一观念中。条顿人对个人成功的观念，因运气和荣誉之间的密切关系而有所缓和。但是，在庆祝个人成功时，可能除了那些写进游戏规则的条条框框外，人们不考虑其他任何约束条件。在工业社会中，人们认识到财务诚信和信誉是成功的必要条件，这为交易提供了有限的道德基础。在新几内亚，领导者对追随者的依赖创造了一个敏感的反馈系统。每个与他人进行交易的人，都认同为了互惠而彼此尊重，并对羞耻和荣耀一样敏感。这些道德约束产生于竞争本身。虽然它们传达了正直的人、诚实的经纪人的概念，但它们并没有进一步把个人与社会的任何最终目的联系起来。

在此，我们似乎还有一种没有集体意识的社会制度。洛伊（Lowie 1925）极妙地指出了它的存在，将克罗（Crow）宗教的阶序个人主义作为涂尔干的方法所不能容纳的一种类型。这正是涂尔干认为在原始经济条件下不可能存在的社会类型:低水平的经济相互依存与高度竞争的个人主义相结合,并且每个人都拥有私人守护神的宗教。在这个体系中,无论是在美洲印第安人中还是在新几内亚,还是在我们中间,每个人都被自我的杰出成功(甚至仅仅是适度成功)这一目标所诱惑,对此孜孜以求。

如果我们转而考虑一个社会群体如何将自我和社会的象征焊接成一个连贯的整体,似乎自我为中心的格系统无法与自我概念相提并论。除非以成功来佐证,否则很难解决自我认同与自我价值的问题。而在强格体系中正是如此,只有少数人才可能获得成功。对这些少数人来说,他们可能会发现,这些规则就是通向令人狂喜的解放的众多绳子与梯子。对于其他大多数人来说,他们可能永远都不清楚自己的路是被堵住了的:或许有一天,他们的运气或恶魔会变得更强大。但总有一些人会发现,他们生来就是要浪费一生,为微不足道的东西奔忙,羡慕那些永远也得不到的闪闪发光的奖赏。那些被值得尊敬的新几内亚社会如此排斥的坏巫师,那些长着红眼睛、长指甲、据说心中充满嫉妒的扼杀者,都是些什么人呢? 好人一直将巫术作为被大众认可的一种成功术来使用。因此,不被认可的术士,肯定是这个体系的失败者、退出者和受害者。他们持何种世界观,他们认为规则是如何运作的,他们如何看待这个体系,对于我们的比较来说,这将是最有价值的信息。他们是如何成功地保护自己的内在形象不受贬低和厌恶的呢? 他们有可能会开始相信自身道德上的不足,并把自己的苦闷和嫉妒作为对他们的指控合理性的证明。还是说,他们是在等待被一种新的船货崇拜(cargo cult)所交付? 关于被指控的术士眼中的世界的民族志描述还没有被记录下来。

有趣的是,成功的领导者在摆脱了个人束缚后,会进入一种稀薄的氛围,这种氛围与同一社会中最受控制压力管制的人的世界观有共同之处。他们转瞬即逝的社会交往和对个人压力的无视,使得他们能够把宇宙看作一种不由人支配,而是由可操纵的对象支配的理性秩序。这些对象就是支配他们交易的一些客观规则。他们的世界不由独立的鬼魂、巫师或邪恶之人控制。没有罪恶,只有愚蠢。人类的本性分为愚者和智者,分为"有所知者"和其余人。他们觉得,除了象征自我控制社会的凯旋盛宴外,没有必要采取象征性的行动。因此,他们无视任何自我被社会所控制的象征性表达,其中社会神秘地超越了自我,赋予了自我更大的意义。对他们来说,这是一个理性的世界,其规则是完全可理解的,并不神秘。对于那些成功的领导者来说,这个世界总体上是令人满意的。

在新几内亚,这种社会结构、一个以自我为中心的格,以及这种宇宙论,是反复出现的船货崇拜的永久持续的背景。"船货"一词代表了欧洲的财富、服装、食品和贸易品。这些崇拜的本质,是某个神话英雄将向人们透露获得船货的秘密仪式。每隔一段时间,他们就会按照先知的指示放下锄头,捣毁自己的财物,举行仪式,之后到码头或机场等待货物的交付。船货崇拜给美拉尼西亚带来了巨大混乱,引起了政府的重视;暴徒被暴力控制,领导者被监禁。然而,它们只是被驱赶到了地下,一次又一次地重现。现在关于这些崇拜的文献数量甚多。不可避免的是,由于"船货"一词及其观念都源于欧洲的占领,这些崇拜被分析为殖民的表征,是与外国文化接触的结果(Lawrence 1964;Worsley 1957;Thrupp 1962:17)。但极有可能的是,类似的运动在更早的时候就发生过,只是间隔时间没有那么规律。

现代的船货崇拜与其他千禧年运动非常相似。它抛弃了现有的仪式,寻找一种将开辟一个黄金时代的激进的新仪式。但它有一个独特而重要的标志。大多数千禧年运动拒绝社会的物质价值,并试图将其转变为完全不同的东西。但船货崇拜明确且尤为接受当前的物质价值,并寻求为其追随者提供实现这些价值的手段。这种差异对应着当代基督教对贫穷的两种不同态度。一方面是山上圣训,祝福贫穷,警告不要持有财富;另一方面是消除贫困,实现人人富裕的誓言。其激烈的当代形式,很可能是为了适应古老的道德再生仪式的一种特别长期和严重的当代危机。目前的危机,是由于沿海的美拉尼西亚人发现自己与富有的外国人建立了关系,但他们无法与之交易,因为他们没有任何东西可用于交换。因此,他们无法与欧洲人建立互惠关系。他们发现自己被剥夺了社会交往的基本人权,而且被他们特别想与之交易的人剥夺了这种权利。这种被排斥、被忽视、被认为毫无价值的感觉,是强格系统中的一种常规体验。因为当一个人不断地上升至高位,他就会把以前的伙伴贬低到无足轻重,拒绝与他们交易或平等地共餐,并把目光投向其他更有利可图的关系。劳伦斯很有说服力地将船货崇拜描述为人们采用传统仪式技术来适应欧洲情境的一种尝试。在这日常的魔法中,加利亚人试图让其他人"考虑"他。让别人"考虑"自己,就是让他们合作。被社会所遗忘是一种巨大的风险。这种用仪式来强迫别人"考虑"自己的习语,是在仅有一部分人能够成功,其他人必然会经历轻视以及随之而来的物质与社会损失的体系中,表达不希望被忽视和轻视之焦虑的一种有力方式。

> 这些社会关系的内容可以描述为等价的商品与服务的交换。纯粹名义上的关系没有什么价值。重要的是,关系中的每一方,都应该被迫"考虑"……对方,通过履行特定义务——比如亲属关系、交换承诺——要求自动平等的回报,冒着失去个人声誉和互利的风险……若没有交换商品和服务,就不会有关系、相互义务和价值,而只有猜疑、敌意和战争风险。
>
> (Lawrence 1964:29 - 30)

140

因此,船货并不是因为其自身而被需要,而是因为巴布亚人能够在公平、平等的条件下与欧洲人交易时,所被允许的那种新关系而被需要。船货崇拜被视为一种特别有效的仪式,它解除了所有现有的承诺和关系,以建立一套新的、更有利可图的联系。毫不奇怪,鉴于我们已经看到了以身体象征来再现社会情境这一趋势,许多船货崇拜仪式都伴随着摇晃、狂热与性乱交。人们希望消灭旧制度及其低劣的财富形式,重新开始。我很难相信,在船货概念发明以前的很长一段时间里,美拉尼西亚没有普遍出现过类似的道德复兴运动。崇拜通过定期支付的方式从一个地方传播到另一个地方,暗示着存在着某种众所周知的制度。凯南尔姆·伯里奇认为,在欧洲人到来之前,坦古人就已经诉诸崇拜复兴(Burridge 1960:25)。我自己的假设是,一个如此强烈地以自我中心的格结构为中心的社会,很容易因其固有的道德弱点而反复崩溃。它不能持续维持对所有成员的承诺,推行有利于少数人的平等主义原则。它没有办法象征或激活集体意识。我们预料,一个以自我为中心的格系统将在美化成功的领导者和庆祝大众享受成功的权利之间摇摆。因此,船货崇拜及其原型是对社会结构似乎正在运作的方式进行反抗的崇拜,而非对传统结构本身的革命的崇拜。

许多人震惊于学生起义和暴力千禧年主义之间的相似性。补偿理论给出不安全感或剥夺感这一原因。不过,我自己的假设认为,这可归于不合理的大学人口结构。某一特定院系的学者很有可能会感到在无序竞争中被束缚于一处,并易以猎巫的措辞来分析原因。也很有可能是学生自己体验了没有群的格。每个人都有张个人时间表,控制着他一天中的每一个小时,从非个人的演讲厅移动到孤立的住处;他所加入的群是不连续的、短期的。他所隶属的组织似乎在阻止而非帮助他实现自己的抱负。他所体验的社会,是一个陌生的、邪恶的机构,一台压制生命的机器。他对污染和洁净、物质和心灵、肉体和精神的范畴,都是按照古老的模式绘制的。因此出现了残酷的对抗:他的老师们生活在一个宇宙中,他们珍惜边界,嗅到了反对神圣形式的阴谋;他生活在另一个宇宙中,其中没有什么特定的形式是神圣的;形式本身不同于内容且次于内容;他反对分类,因为它是空洞形式的表达,是邪恶的象征。在我写这篇文章的时候,伊利诺伊大学正在调查其图书馆目录被毁事件,并谴责这显然是对学习的盲目攻击。但对任何范畴的破坏都是一种象征性行为,它复制了被格过度结构化的社会生活,这种经验一直驱使人们重视非结构化的个人体验,并将他们的信念寄托在一个将横扫所有现存结构形式的灾难性事件上。

综上所述,我们通过格和群所确定的四种社会类型,具有四种不同的宇宙论类型。第一,对于具有高分类水平的、格和群都很强大的社会来说,宇宙是公正的。痛苦和苦难要么是对个人错误行为的适当惩罚,要么是被超验的簿记所记录,这样,个人美德的影响被归于公共利益,而他的过错也同样要归咎于社会。这是一个复杂的调节性宇宙。

第二,对于我称之为小群团的社会类型而言,宇宙在善与恶交战的力量中分裂。在这样的群体中,领导力是不稳定的,角色是模糊的、不明确的。群体边界是权利的主要界定者:人们要么被归类为成员,要么被归类为陌生人。魔法危险与边界的概念有关。邪恶是伪装的外来者带来的外部危险。群体成员指责他们中间的离经叛道者允许外部邪恶渗透进来。这些指控导致了该群体的分裂。宇宙因邪恶人类的卑鄙、非理性行为而受到威胁。它专注于净化、驱逐间谍或巫师以及重新划定边界的仪式。许多人相信巫术，142 但并不担心邻居的攻击。我不会把他们的巫术信仰包括在这个范畴内，这在他们的宇宙论中往往是边缘元素。巫术主导的宇宙论在一定范围内有所不同，这与内部角色的结构化和外部边界的开放性与渗透性相对应。

我所说的关于巫术的内容对宗教运动的历史有明确的解释。它可能也具有实际意义。如果出现一种新的猎巫恐怖，比如 20 世纪 50 年代乔·麦卡锡领导的那样，那么仅仅谴责他和他的追随者是不够的。理查德·罗维尔（Rovere 1959）说："麦卡锡吸引了疯子、僵尸和必须找个人恨的人追随他，这些人大多数曾追随过更早的小煽动者。但是，正如阿瑟·米勒在《萨勒姆的女巫》中暗示的那样，当巫师幻想在全国范围内出现时，它们就不仅仅是疯狂的、意志薄弱的、愤世嫉俗的操控者的产物。猎巫是在特定的社会生境中发展起来的：重要的派系，外部不同，内部竞争。若要控制猎巫运动，调整政治权力的获取和使用条件可能很重要。

一个接近其职业巅峰的外交官不太可能在大人物的混战环境中自由地螺旋上升。我们也无法假设，外事部门的条件必然再现了强格和群系统的有序性、可预测性，其中优先权由虔敬多寡来决定。中非小村庄，或早期阶段的某个教派——如普利茅斯弟兄会——中的混乱和不确定，可以为我们提供一个更接近的模式。如果是这样的话，政治阴谋论就会使领导者会议充满怀疑的气氛，专家将敦促他们的领导者驱逐为恶者，紧紧把守良善社会的边界。

现在我们来看一下第三种社会类型，即主导强格系统的竞争性领导者。我刚才已经描述了他们的成功宇宙论，及其私人魔法的综摄与范围。由于没有认识到这是一种独特的类型，早期人类学家可能完全曲解了他们的发现。长期以来，多布岛民给我们留下了一种持巫术主导的宇宙论的刻板印象。在这些广受远方伙伴敬重乃至畏惧的贸易商中，每个人都有自己的成功法则，与其邻居和亲戚展开激烈竞争。我们有必要重新分析福琼伟大的

开创性研究(Fortune 1932),以决定多布人是应该继续被归类为由被迫害 143
的恐惧所困扰的、神经紧张的内向型偏执狂,还是将其神奇法则当作许多工
业机密来保护并用以对抗对手的大胆的商业大亨。

第四,在强格的另一端,人民大众服从于非个人化规则——这种类型可
能会根据大人物命运的起落,以及他们的忠诚是被强烈要求还是被忽视,而
经历几个连续的阶段。在他职业生涯的某个阶段,一个冉冉升起的领导者
会吸引其追随者,承诺回报他们,用自己的关心来讨好追随者。这个阶段对
于他周围所构成的社会来说,就像是就业水平的上升趋势。未填补的空缺
给人带来乐观情绪,追随者不会认为系统的规则对他们自己的生活毫无意
义,因为它的回报是他们力所能及的。当处于职业生涯的顶峰时,领导者可
能已经占据了大部分潜在的追随者市场。只要他的驱动力和能力支持着系
统,系统就会被悬置。可能会出现一个类似于过度雇佣的阶段,在这个阶
段,追随者会获得一种价值感,他们敢于在市场上博弈,四处寻找更好的领
导者,改换门庭。即便如此,总会有一些人发现自己在各个阶段都误判了形
势。没有人会认为这是一种能让人舒适地或体面地在其中变老的制度。在
某个阶段,领导者自身不可避免地会衰老,失去把控。机器卡住了。最优秀
的追随者会被更强大的领导者所引诱。跻身于两个对立的帝国之间,很多
人都无法确定自己的未来。有些人过深地扎根于某个人的命运中,在他身
边做得太好,以至于不可能被另一个阵营所接受。这种混乱和危机就像欧
洲在文艺复兴时期王室崩塌时所经历的那样(Trevor-Roper 1967)。在这
种情况下,就如在欧洲一样,从萌芽期就一直存在于人们意识中的千禧年
观念开始出现。强格结构本身就使普通民众偏向于千禧年运动。这个从
右到左跨越了整个图表的社会,在左边创造了极端实用主义、非思辨和唯
物主义的信仰体系,在右边创造了一种压抑和爆发交替、走向千禧年主义
的趋势。

在阐述了这四种社会制度及其独特的信仰之后,我必须关注一个使简
单的设计变得复杂的因素,我称之为稀疏性。归根结底,图表右边的趋势是 144
人类加以控制的各个方面,要么是通过分类,要么是通过直接的个体压力,
或者两者兼之,通过加强控制它们也得到了强化。因此,如果人很少,他们

见面的次数不多且没有规律，避开彼此陪伴的可能性很大，那么控制也会减弱。所以，全方位的稀疏性可能会产生与向零偏移相同的效果。右边的宇宙更加残酷，左边的宇宙更加温和。减少人与人之间的接触也会导致同样的结果。因此，任何形式的分离都会远离他人的分类和压力，都会给这个世界增添一抹玫瑰色。人们隐退得越深，就越相信人类内心的纯洁和善良；对仪式形式的需求会减弱，对罪的感觉亦是如此。

第九章 象征的控制

据《创世纪》记载，我们的祖先在吃了知善恶的果实后，就从一种天然的
纯洁状态堕落了。获得关于善恶的知识，仍然是人类违背神的独特目标。
而我们总是发现自己无法承受这些知识，总是设置过滤器去保护我们内
心的纯真。其中一个过滤器就是许多学者对社会是信仰的决定因素这一
观念的强烈抵制。他们宁愿认为，信仰在一个自主的真空中自由漂浮，按
照自己的内在逻辑发展，在历史接触的机会中与其他观念碰撞，并被新的
见解所修正。这是一种颠倒的唯物主义。在精神凌驾于物质的名义下，
它的拥趸者逃避了自己为其知识自由选择环境的责任。为了确保心灵的
自主性，我们首先要认识到物质存在所施加的限制。这又回到了我们最
初的议程。

我们已经确认了各具特色的几种社会模式，以及与其相配并维持其存
续的正当性理论。尚有两个任务未解决。一是区分每种世界观中所说的和
未说出的。每种理论都有其隐含之意。这些是其对终极现实的性质的未言
明的假设。未言明，是因为人们认为其理所当然。因为这是经验的共同基
础，所以没有必要把它们讲得很清楚。这种共同的假设是任何话语的基础，
甚至是用来检验它们的精密型符码的基础。正如现象学家所指出的，它们
是构成社会事实的基础。然而到目前为止，尽管人们一致认为现实是一种
社会建构（Berger and Luckmann 1971），但在所有可建构的现实中，还没有
发现令人信服的秩序。要找到每种宇宙论中隐含的东西，我们将遵循解开
其余论点的同一线索，即自我与社会的关系。通过这条线索，我们将发现宇
宙的宏伟构件是如何平衡在一起的，从而彻底了解它们之间的差距。不言
而喻的假设，暴露了社会纽带如何得以在个体隐秘的意识中构成。在这一
点暴露之后，我们将面临最后一项任务，即媒体与具备有形实体形式的社会
之间的关系。

每一种社会形态及其伴随的思维方式都以这样或那样的方式制约着个体的自我认识。有了强大的格和群,就有了把固定的社会范畴所要求的知识范畴,看作神赐的永恒真理的倾向。可以说,心灵被社会产生的文化范畴所束缚。我们似乎不可能有关于现实的其他观点。定义上的任何一个小小变化都是令人厌恶的,值得用流血来保护。异常状况令人憎恶。在这样一个系统中,洁净这一符码对私人和公共进行了强烈区分,其更广泛的影响是不可抗拒的。在这里,社会领域的有机物残留被看作最危险的,需要仪式来加以净化。从一种社会地位过渡到另一种社会地位的个体,就像摆放错了位置的物体,是不洁净的,需要在仪式上重新整合。仪式具有庆祝整体超越部分的功能。

相比之下,仍然是在右象限,任何接近于零点的位置都不太受洁净规则及其含义的影响。但是,尽管它的世界观是迷人的,它的人性概念是玫瑰色的,但它是一个暂时的休息场所,对于长期居住在此的人来说,它是贫瘠的。个人发展的所有机会都因为缺乏组织而受到限制。人际交往的范围和质量受到限制。认识自我的可能性由于与其他自我有限的接触而减少。它在知识上无价值,在组织中也不起作用。

第二,无法容忍不完美存在的封闭社区:它对不可能的善的关注在另一方面是限制性的。如同第一种案例中的情况,这里的人们完全没有正视邪恶的威胁。在零点位置,邪恶被人们含蓄地忽略,而在这里,它则被明确地回避和拒绝。因此,这两种体系都使个体对自我及其能力和危险持不充分的看法。

第三,强大的格:这种社会允许所有可能的大规模组织存在,但以牺牲个人关系为代价。同样,在极端形式下,有一种与其他自我隔绝的徒劳的自我抬高。其他人被当作东西、工具、游戏中的棋子。因此,陷入这个系统的个体,无法反思自我本质,也无法将其象征为一个复杂的主体。此时,我们看到了象征生活的同等贫乏与形而上学好奇心的沉寂。

如果我们转向社会结构的象限(见第60页图表4),我们现在可以得出一些一般特征,一些基本的宇宙观类型。首先让我们来考查群有界性的影响。在零点的左边,在控制水平轴上,人们认为宇宙被非个体的力量和原则所支配。这些宗教中的拟人论很弱。无论恶魔或神灵有无影响力,它们都只被模糊地描绘成人的形象。它们的存在往往是奇怪的、错位的或弥漫性的。回想一下伊图里俾格米宗教中森林是一种宇宙力量的观念,努尔神通过各种复杂折射得以显现,以及平原印第安人的动物精灵,便能够理解拟人论可以减弱到何等程度。同时这些宗教并非道德监管者。它们没有针对现世或来世的奖罚制度。在左上角,支配宇宙的原则充当了人类成功或失败的倍增因素。这是一个正反馈系统,它为那些有足够力量来遵守规则的人提供全面升级。而那些失败的人则会被彻底贬低。由于没有触犯社会的概念,只有失败的概念,也没有提供重新整合和和解的技术。没有关于罪和赎罪的总体教义。在这些社会中,自我的观念不受社会的约束。自我的价值仅在于其自身,而不是它对整体的任何贡献。

148

图表6　从非个人化到个人化

在垂直线的另一边,即群强大的地方,我们发现情况正好相反。控制宇宙的力量以人类的形象为范本。他们要么是死去的父亲和祖父的灵魂,要么是像老大哥这样的文化英雄,要么是创世神——他们当中最古老的人物。或者他们是实际的、真实的人,是拥有祝福和诅咒力量的自由人,或拥有自己的邪恶之行的巫师和术士。在这一侧,群强大,宇宙中也有社会控制。道德情境激活了这些人类和类似人类的力量。祖先会惩罚和奖励;诅咒为道德上的错误报复;即使巫师也只在被忽视或无礼激怒时才会出手。自我的概念被棘手的道德情境所包围,它必须在其中运作。

现在来考虑纵轴。我们在此使用一套完全不同的辨析方法。减弱了的格使行为模式更加禁欲。在格强大的地方,生命的外部表现得到积极评价。

财富和盛典，被认为是象征性的表达，或者本身就被接受。人们不会对花钱
感到内疚；社会和自我的外在表现不被轻视或惧怕——世界、社会、教会、组
织本身及其一切标志都得到肯定。当我们接近零点时，有两种禁欲主义。
若群强大，那么禁欲态度表达了对外在事物的排斥，对外壳、空壳、感官污染
的排斥。人们严格控制身体享受和感官体验的门路。在水平线上向着零点
移动，另一种形式的禁欲主义源自把人与人的关系看得比物质更重要。属
于这一象限的人，通常都意识到其他的生活方式更艰苦，但物质财富方面的
回报也更丰厚。他们的文化常常被视为一种选择，一种对简单生活的偏爱。
于是，姆布蒂俾格米人在班图村过了一段时间的豪奢生活之后，就本着孩子
重回假期野营地享受烛光和香肠的精神，欢快地跑回森林里去了。因此，反
对美国中产阶级的人，有意识地以贫困为傲。

> 运动中的许多人在他们的个人生活方式、审美意识里，拒绝富裕及其相
> 关的象征。摆脱贫困的雄心壮志并不能激励他们采取行动，……他们
> 的父母渴望拥有、积累、获得与物质财富相伴的地位和声望，对他们来
> 说，这都是毫无意义的目标……
>
> (Jacobs and Landau 1967：15 - 16)

再一次，在更彻底地逃离社会生活，甚至更接近于零点时，我们听到梭罗在
瓦尔登湖的隐居之所宣扬自然之美。如果活跃的社会听从隐士的意见，我
们的图表规则将把他从零点位置移到左下方，与其他在荒野中呼喊并被人
们注意到的声音在一起。那么，社会和放弃之间的范围就不仅仅是一个被
动的衡量尺度。对话在社会的两个部分展开，放弃者指责庆祝者的虚浮。
当放弃者的戒律被社会普遍接受并控制了公共分类的习语时，整个图表会
变得过于复杂。路易·杜蒙（Dumont 1966）分析了印度的婆罗门和放弃教
派之间的竞争性对话，将印度教的根源思想归结于此。罗马与沙漠居民的
后裔、隐士和贫穷修士的平行对话使我们自己的文化变得复杂。我们不得
不意识到禁欲主义这一传统。

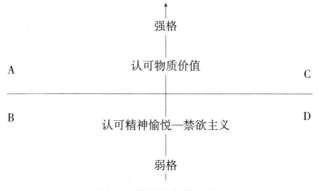

图表7　从禁欲主义到认可

　　世界观的比较已经将我们引向了生活方式。我开始着手处理第二个任务，那就是将表达媒介与宇宙论和社会结构相联系。不用多说，我们已经准备好回答我们的问题：在何种社会条件下，仪式会被轻视。我们认为，仪式指一种具有神奇功效的固定交流形式。图表 4 的上半部分代表社会主体。在所有方向上向上离零点越远，对有效象征的信念就越强；越接近零点，对沟通的需求就越少，赋予象征超越表达功能更多的倾向也越少。魔法性是社会控制的产物。坚持象征有效，就是以自动莅临的危险来威胁不敬与亵渎神明的行为，并向虔诚者承诺自动而来的祝福。魔法性是一种互相强制的工具，只有在人们一致同意维护系统时才能发挥作用。巫医不可能仅仅依靠个人魅力赋予一个神物以魔力。魔法的效力来自于系统的合法性，而这种交流正是在系统中进行的。正如警告人们不要接触高压电线的告示一样，它保护了交流媒介。随着同意从控制系统中撤出，领导者失去了他们的信誉，他们的魔法也随之消失。这同样适用于由强大的格和群组织的社会，图表的两边都是如此，在那里，大人物会对一长串的追随者施加压力。因为，在第一种情况下魔法被授予现有机构，在第二种情况下被投资于个人领袖。如果他的成功离他而去，那么他自己对自身魅力和精神副手的效力的信念也会动摇。魔法性是政治合法性的晴雨表。由此可得出其他结论。具备最少量的分类、仅有一个他们希望保留的强大外部边界的小群团，会使用魔法来保护这个边界。仪式是为了社会互动。更接近于零点位置，人们对魔法不感兴趣。在这里，重要的是内在体验、沉思和自我的内在进化。这是静态的情况。对仪式缺乏兴趣并不是反仪式主义。但不可避免的是,社会变革必须表现为对仪式的反抗。仪式与反仪式是自然象征系统为实践社会理论所提供的习语。

151 依照我们所见的逻辑,任何一个发现自己生活在一个新的社会条件下的人,都必然会发现,他在老地方所用的宇宙论已经不再管用了。我们应该试着把宇宙论看作一组正在使用的分类。它就像透镜一样,将经验的各种挑战聚焦,使其可以承受。它不是乌龟必须永远背在身上的坚硬甲壳,而是非常灵活、容易脱离的物事。备件可以安装,调整也不费力。偶尔需要进行一次全面检修,以使过时的观点与新时代和新合作群体保持一致。这就是皈依。但大多数时候,调整进行得如此顺利,以至于人们很难意识到视角的变化,直到这些变化在过去和现在之间发展出明显的不和谐。然后,人们必须承认,一种渐进转换正在缓慢发生。对新观点的这种认可,不可避免地会引起对已经消亡的仪式的反感。不管个人如何移动(除非他跳出且远离零点位置),都有一种旧的、不相干的仪式的负担需要被放下。这些仪式不再有任何意义,因为它们固有的社会行动不再具有吸引力。通过一种非常容易理解的悖论,每一次皈依都会产生一些反仪式的感觉,即使(通常情况下)这是一种对仪式信仰的皈依。所以,社会变革越大,宇宙论的修正就会越彻底,皈依现象就越多,对仪式的诋毁也就越多。在圣奥古斯丁年轻时反抗 6 世纪的非洲基督教时,他能选择比摩尼教在物质上更墨守成规、更具有魔力的信条吗?然而,他选择了它,把它当作一种解放行动。相对于当地基督教枯竭的教义,它给他提供了思想上的自由。他在摩尼教中选择的是直接知识的承诺,人们无需通过中介权威或对外部机构的尊重,直接接触神圣的奥秘:

> 因此,奥古斯丁信奉的宗教宣称要清除任何威胁他活跃头脑的独立性的信仰,就不足为奇。因为作为一个摩尼教徒,奥古斯丁能够立刻摆脱那些扰乱传统基督徒的宗教的思想。他有一种非常鲜明的确定性:
> "我知道我的灵魂和居于其上的身体
152 自创世以来一直是敌人。"

没有必要"淡化"如此亲密的意识,用天主教会围绕简单的真理搭建的希伯来预言的笨拙脚手架来掩盖它。摩尼教徒不需要被命令去相信。他自己就能领会宗教的本质。直接性是最重要的。基督的受难直接向这样的人讲述了他自己灵魂的痛苦。他的英雄是疑心的多默①,一个渴望直接接触神圣秘密、没有被基督拒斥的人。

(Brown 1967:49)

奇怪的是,对边缘追随者和崇拜的核心人物来说,它的意味竟然如此不同。因为最初的摩尼教的教师本身似乎也从同样的教义中发展出一种典型的宗派宇宙论。他们的小群体组织严密,通过精心设计的仪式,无情地拒绝外部的恶,并通过象征性的方式确认群体和他们的内在自我的洁净,来维持自己的身份。对大多数受过教育的追随者来说,他们提供了一种他们自己并不享受的知识自由,因为他们受到摩尼权威的约束。但他们的道德控制体系和身体禁欲主义提供了一种控制自我的技巧。

最后,反仪式主义还有另一个来源。在强大的格系统中,臣服于远方领袖的追随者,发现自己与其他人的关联性很弱。他们的社会类别几乎没有被界定,他们与其他人的契约脆弱而不可靠。他们生活在一个由各种原则所支配的宇宙中。仿佛是事物而不是人,决定了他们的命运。而且,不能与这些原则和事物争论,也不能恳求同情怜悯。这种屈从最让人难以忍受。对天气和潮汐的客观控制,无论多么残酷,都不会产生不公正感,而当人们表现得好像他们和他们所控制的人是物体而不是人时,就会产生这种感觉。当人们被认为在原则的背后,或受益于这些原则时,反仪式主义的暴力源头就被打开了。

不成功的人可能会发现自己被迫从一个领导者转换到另一个领导者,以求获得更好待遇,当他们转换时,他们的社会联系也被打破。或者他们发现自己无法移动,与其他也想移动但不能移动的人一起,形成一个无差别的

153

---

① 出自若望福音 20:24-29。别的门徒向他说看见耶稣复活后,多默表示:"我除非看见他手上的钉孔,用我的指头,探入钉孔;用我的手,探入他的肋膀,我决不信。"八天后,耶稣让多默这样做了。

大众群体。他们赖以建立彼此关系的微妙差异,对那些对他们操纵规则的人来说,无关紧要。尽管他们自己对年龄、性别、关系的要求有所区别,但这些区别对无情地将他们分开或迫使他们挤在一起的非个人化原则来说,并没有什么不同。他们所经历的,是其他人不承认他们作为人的要求。掌管者机械地对待他们,把他们当作物体。我认为,这种经验总是倾向于千禧年崇拜,它消灭了现有的仪式。

因此,反仪式主义是反抗的习语。它必须如此,而且它必须不可避免地通过谴责无意义的仪式,甚至谴责所有这样的仪式,来推动反抗。即使反抗需要更清晰的沟通、更有意义的仪式,反仪式主义也会不加区别地全面地谴责形式。我们于此处看到了涂尔干的洞见,即社会的共同经验构造了个人的内部意识,使之与集体意识相匹配。由社会交往所建立的公共象征系统,在个人认知上打上了控制的烙印,并将理解限制在其自身构建宇宙所承认的可能性上。在小群团中,一个人被发现在自己的床下寻找巫师,而他本可以通过寻找自己的内心了解更多。在强大的格与群中,创新的源泉被挤压出来,并因其与既定的范畴不相容而被鄙视。然而,这样一个社会可能会拼命地寻找新方案来解决它的问题。如果补偿理论有效,那么体验过被物控制的大众会做出反应,寻求更有效的区分。但相反,他们急于采用无区别的象征符号,从而恶化了他们所遭受的状况。这是我们应该警惕的象征经验中的危险反弹。抬高的人寻求高贵地位的象征;而被降级的人则寻求堕落的象征。在 T. E. 劳伦斯(T. E. Lawrence)遭受屈辱之后,他只能忍受154 一种与他的堕落感相称的社会生活。他试图使自己的感受在别人的眼中变成现实。

> 从今往后,我的路就是和这些[皇家空军的]家伙在一起了,贬低了自己(因为在他们眼中、你和温特顿的眼中,我看出这是一种贬低),希望有一天我真的会觉得自己被贬低了,被贬低到他们的水平。我渴望人们瞧不起我、鄙视我,我太害羞了,不敢迈出那些会公开羞辱我、使他们蔑视我的肮脏脚步。

(Knightley and Simpson 1969:255)

因此，我们应该预期，那些不具备有意义类别的生活感觉的人，那些因被当作没有区别的、微不足道的大众而痛苦的人，将寻求用不清晰、无差异的象征符号来表达自己。

他们应强烈反对不被区分，并寻求建立压迫者不得不承认的明确类别和区别。他们应该组织起来。这将使他们陷入阶序歧视。但表现性的行为更容易、更令人满意，而且可能有一些工具价值。所以他们用游行和大规模抗议来表达反抗。这些也许确实是呼吁对痛苦的关注的最有效手段。但象征模式隐伏地引诱理解力进入自己的领域。在社会经验、身体体验和情感体验之间实现和谐的驱动力也将心灵笼罩在其范围内。因此，革命性的千禧年主义者未能交出一份与他们的实力相匹配的方案。因此，在宣布他们的诊断和应对时，他们表现出明显的轻率或不严肃的放纵。这就仿佛象征模式已经压倒了心灵与现实斗争的自由。

伴随着大众体验的、主张无差别的人类团结的宇宙论，对那些最强烈地希望弥补其失败的人有着致命的吸引力。他们发现自己的行为举止犹如处于新宗教狂热阶段的复兴主义者。他们拒绝社会分化，并提出了增强个体价值感、人性温暖和自发性的方案。他们向这些价值观致敬，宣布它们的最终胜利。但在过去的历史中，他们远没有采取什么行动来实现这些价值，而是带领追随者进行象征性游行与十字军东征，通常结果糟糕。

在这么短的篇幅里，我无法详细地证明这个论点。我可以总结并加以说明。当格从远处被压迫性地施加时，进一步削弱的微妙关系会将被动的宇宙论转变为革命性的千禧年主义。诺曼·康恩（Corn 1957）曾罗列出中世纪欧洲千禧年主义的诱因。从性挫败到宇宙焦虑，尽管它们看起来各不相同（Corn 1962），但它们都源于社会结构弱点的加剧。

> 但在欧洲人口最多、经济最发达的地区，存在着许多背后没有这种组织的穷人：生活在农村的、没有土地的农民和农场工人，生活在城镇的技术工人（他们被禁止组织起来）、非技术工人（他们没有行会）和流动的乞丐和失业者。正是这些人为革命先知提供了追随者。
>
> （Corn 1962:39）

灾难或对灾难的恐惧：例如，在几次民众十字军东征和类似运动之前的
饥荒和瘟疫；在大批犹太人分散到达耶路撒冷之前发生的大屠杀。

（同上：40）

出现民众十字军的地区总是阿尔卑斯山以北人口相对密集、有许多无
地农民的地区，包括佛兰德斯、法国北部和莱茵河谷……。值得注意的
是，在 1095 年第一次十字军东征时，被群众热情所席卷的地区已经饱
受了十年的饥荒和干旱、五年的瘟疫之苦，而 1146 年、1309 年和 1320
年的十字军东征的前奏都是饥荒。

（同上：34）

以同等的说服力，巴西和印度尼西亚的运动充分证明千禧年的狂热是随着
分类的薄弱而出现的（Thrupp 1962：55 - 69；80 - 121；尤其是第 80，88，92 -
93 页）。

　　就我们自己当代的这种经历而言，不难找到类似的千禧年热情的表达。
重点是贫困、阶级和种族歧视、殖民主义和学生骚乱。每种案例中的发言人
都准确地指出了相同的症状：被人类控制却好像是被事物控制一样，没有区
别，没有根。

156　　关于 1968 年 5 月和 6 月巴黎风暴的最具思想性的一本书的作者，化名
埃庇斯特蒙，发问为什么 20 世纪中叶的大学生应该从工人阶级手中接过革
命先锋的角色。为了回答，他有力地叙述了大学所依靠的革命思想，特别赞
扬和突出了萨特的哲学著作。他非常巧妙地追溯了戏剧、文学和哲学中形
式的断裂，直至最终对知识本身的信心动摇。尽管他对思想的演变给予了
典型的高卢式的优先考虑，而把发展这些思想的社会结构的演变排在第二
位，但他巧妙地讨论了大学生社会世界的无根、边缘的特征。若把这里的优
先次序颠倒一下，就完全符合我的分析了。我已经暗示过，萨特的自传为何
符合这种诊断。我们应该根据社会结构产生自身象征的力量来审视整个思
想史。这些象征欺骗性地把自己标榜为与肉体的概念过程无关的精神真
理，从而遵守了洁净法则。

20 世纪 60 年代,由于被从贫民窟驱逐,美国的穷人成了官僚主义强加的无根性的受害者;社会工作者被官僚化、敌对化、非人化(Harrington 1962:157,120)。被奴役的殖民地人民被识别为"仅仅是一个模糊的群体"(Fanon 1967:34),他们知道,这就是他们的本质:

> 自此以后,一个人的利益就是所有人的利益,因为具体的事实是,每个人都会被军队发现,每个人都会被屠杀——或者每个人都会被拯救。
>
> (同上书:37)

> 乡村地区不断增长的人口和被殖民征用的土地,使这些人抛弃了家庭财产,不知疲倦地在不同的城镇转来转去,希望终有一天他们会被允许进入。正是在这群人之中,在棚户区的人们之中,在流氓无产阶级的核心,起义将找到它的城市先锋。
>
> (同上书:103)

黑人解放运动的领袖发现他们的敌人是没有人性的:

157

> ……轻型卡车司机在旁边停了下来。他有一张典型的脸,就像我在新闻短片中看到的在小石城向小女孩吐口水和在伯明翰放出咆哮的警犬的人的脸。
>
> (Newfield 1966:92)

新激进主义者

> 在声讨,整个社会——从学院到反贫困项目——已经变得过于官僚化,必须使之去中心化、人性化。
>
> (同上书:204)

学生也抗议官僚主义,反对学习的过度区隔化、理解的断续和截断,以及对

作为人文事业的学习价值的个人依恋的丧失。(同上书:163)

这就是我认为的证据,左派的广泛反抗,正如它所说的,确实是反抗人被当作物来控制。这就是潜在的社会体验。它以常见的仪式风格来表达。它依赖于他们深以为憾的国家的象征表达,以作为一种补救手段。他们的智识立场是拒绝所有种类的分类,包括象征性的和功能性的区分。哈林顿尖刻地提及了"定义制定者"(同上书:137)。学生觉得自己受制于一个不加区分、无头脑的官僚机器,因此拒绝这种分化。

正如诺曼·康恩指出的,千禧年运动的悲剧在于,它们通常不会带来一个更好的社会。没有人会希望改革引起一场爆炸,这场爆炸所造成的苦难和压迫,将比激起这场运动的苦难和压迫还要多。这种无果的结局是由象征系统的反作用造成的。任何一个人若试图用情感革命来纠正官僚机器的冷酷无情,都会把局势的控制权交给自然象征。在攻击了如是的定义、如是的分化、如是的仪式之后,就很难再转身去寻求新的定义、分化与仪式来补救这种情况。在十字军东征时期,乞丐和孤儿正是凭借着他们的温顺与贫穷的力量,从土耳其人手中夺取圣地。当时的观察家认为,他们可能会成功,一个黄金时代即将开始。但是十字军战士落入海中,被淹死或被巴巴里(Barbary)海盗捕获。今天,我们的神职人员、我们的穷人和我们的青年联合起来,通过非暴力游行来展示他们的无助,以夺取重要位置。

这是当代反仪式主义的最后一个源头。很明显,它对象征的抗议只是对分化仪式的抗议。它的社会经验和我已经提到的其他三种形式一样,都受限于自身的象征形式。由此可见,社会组织严重问题的解决办法,很少来自经历过这些问题的人。因为他们不可避免地只能根据模铸了其社会生活的宇宙论类型来思考。因此,其他人有责任识别并抵制零点的诱惑。

千禧年主义者对人类本性(一旦从外部机器中解放出来)和自己政策的结果持乐观态度。他把不同的问题融合在一起,抵制定义和区分的尝试。对于他唯一的问题,即推翻邪恶的制度,他主张采取一种简单的、通常是象征性的解决方案,且期望能有神奇的效果。他不太尊重技术流程或特殊知识。像原教旨主义宗派一样,他蔑视学习和学术(或教士)专业化。他的组织只能断断续续地工作,因为他拒绝像这样的专门角色。他思考的时间跨

度是不稳定的；千禧年很快就会突然到来；于他而言，时间上的区分和其他
类型的区分一样，难以设想。

各种形式出现的千禧年主义，都应该被严肃对待。解决引发其发生的
问题的办法，是不参与此热潮。抛弃区分教义和区分仪式，就是想去获取象
征疾病的毒药。我们周围的反仪式主义者若感受到空气中的这种兴奋，与
其屈服，不如对激发这种兴奋的无根性和无助感有更实际的同情。然后，他
们会将注意力转向修复格和群的防御，而不是扫除那些可以增强归属感和
根基感的、诸如礼拜五斋戒的小仪式，以及贬低神职人员和圣礼的魔法。

问题是如何使机器人性化，而不是如何象征它的非人化效果。当官僚
们听到"平等"（无差别的象征符号）口号时，他们应该当心，因为平等就像对
称一样，是其运作的机械原则。平等原则将人类多样化的需求，切割成自己
预定的规律性。使系统人性化的途径，就是珍视特定的类别。严格遵守一 159
般规则的机构放弃了自己的自主权。如果它试图在晋升和录取方面，采用
平等、资历、字母顺序或任何其他硬性原则，它就必然会推翻这个硬性原则。
此外，它注定会放弃其传统，从而放弃自己的认同和最初的特殊目的。因为
这些人性化的影响取决于与过去的延续性、仁慈的裙带关系、一时的善心、非
凡的晋升、在任何创始人的传统中开拓的自由。与其运用反仪式主义，不如
实验更灵活的制度形式，并寻求发展它们的仪式表达，这样更为实际。

但这将意味着进入世界，与腐败和罪恶混在一起，用外在的东西玷污自
己，与被鄙视的形式发生一些联系，而不是膜拜洁净的零点的神圣奥秘。本
应为我们提供更精确、更新颖的思想范畴的神学家，正忙于拆毁毫无意义的
仪式，用神学工具箱来满足反仪式主义者的要求。然而，格群图表表明，随
波逐流难以成为他们真正的使命。

第十章　走出洞穴

柏拉图的洞穴意象现在已广为人知,人们误以为洞穴壁上的影子是真实的。各个知识领域都有一个令人兴奋的承诺,即人们可以摆脱知识的条件。这种承诺提出了一种不可能的自由,即摆脱任何形式的需要的自由。尤其在艺术界和文学界,这一点被反复宣扬。这些人肩负着神职人员关照社会的象征符号的旧职责。他们应该知道,洞穴是由另一个身体的形象介导的身体社会。摆脱它的束缚对艺术家来说是可行的,就像语言哲学家放弃语言束缚一样。事实上,逃离的幻想很可能是一种新的禁锢。伯恩斯坦的研究,向我们展示了我们不同的宇宙论如何禁锢我们。我们能力的自由行使,受到表达媒介的限制。有些经验领域可以用一种言语符码进行探讨,但不能用另一种。有的社会关系对一个人是可能的,对另一个人却不是。可用的言语符码的范围,是个体在任一特定时间的社会环境的一部分。由于言语符码是社会结构中固有的一种品质,因此似乎隐含着一种强烈的单向因果关系。如果在这个问题上被追问,想必伯恩斯坦会对掌握这些符码并摆脱其束缚的前景感到悲观。在他看来,我们只能寄希望于社会结构的幸运转变引入变革:

> 在此展开的论题强调,社会结构的变化是塑造或改变特定文化的主要因素,通过其对言说后果的影响而发生作用……社会关系这一体系的一个功能,就是决定产生哪种言语符码。社会关系的特定形式选择性地作用于所说的内容、所说的时间以及所说的方式……。讲话者的经验因而可能会被不同的语言系统所赋予的意义或相关性所改变。这是一个社会学的论点,因为言语系统被认为是社会关系的结果,或者更一般地说,是社会结构的一种性质。

(Bernstein 1965:151)

如果我们将这一理论运用到言语之外的一般文化中，我们就不一定认同社会是基础设施、基本现象，而文化是上层建筑，仅仅是副现象（epiphenomenon）。伯恩斯坦认为言语和关系都是社会结构的性质。在后者中，至少有一些以这种或那种方式与他人打交道的小选择，而在这些小范围社会选择中，会使言语符码也发生变化。根据我对伯恩斯坦观点的理解，他不会否认个人创造力和文化创新，但会将它们主要定位于人类直接互动的领域。如果我们对所有的沟通媒介都应用这种分析，并考虑到这些沟通媒介对使用它们的社会的体验所产生的影响，那么对于社会决定论的焦虑肯定会缓解。因为若以此观点观之，社会和文化都是应用于某一过程的抽象和类别范畴，而这一过程至少是个体与其他个体打交道的过程。此外，精密型符码提供了评估某种社会过程价值的手段、由此产生的符码，以及与两者相辅相成的价值观和原则。从长远来看，本书的论点是，这些精密型符码挑战其使用者，让他们反过来检查自己的价值观，拒绝其中的一些，并下决心珍惜任何可用的控制与沟通的位序形式。这似乎是利用我们的知识将自身从宇宙论的力量中解放出来的唯一方法。意识到它所包含的异化的种子后，没有谁会故意选择精密型符码和个体型控制系统。伯恩斯坦列举了限制型符码将说话者与其亲属和社区相联系的一些优点，之后他指出：

> 符码的改变，涉及社会认同与现实得以被建立的手段的改变。这一论点意味着，流动社会中的教育系统本身就带有异化倾向。
>
> （同上：168）

相比之下，限制型符码允许个体将自己的认同视作他眼前社会世界里的一部分；个体与社会的融合是一同实现的。我们在这里能找到人类身体的象征符号，积极表达着社会身体的团结一致。英国工人阶级住宅的第一个引人注目之处就是，尽管在布局上有困难，但仍试图提供私密性。对身体功能私密性的尊重，对应于对社交场合和私人场合之间区别的尊重；房子的后部被适当地分配给烹饪、洗涤和排泄功能；区别于起居室和厨房的前厅，除了公共的、社会的展示作用之外，再无其他功能。空间绝不会浪费，它是房子

162

的脸面,为身体的其他部分镇定言说、微微一笑;如果一个人泪难自禁,他必定会跑出这个房间。某些中产阶级家庭倾向于打破公共性与私密性之间的界限。他们试图在一个非结构化、开放的房间里一起公共地生活,适宜地(也许是灾难性地)表达他们非结构化的个体型控制系统。在这样的家庭中,一定很难将社会和房子的形象同化为身体的形象,而我们怀疑,个体要把任何可将他和自己的社会结合在一起的象征符号结构,纳入他的个人认同,相应地也将会更难。因此,可以预见的是,身体可能会呈现为一个外来的躯壳,一种最内在的自我需要逃离的东西,一种无须太当真对待其紧急情况的物事。如果被包裹在身体里的个体,想要实现他独特的经验潜能,这具身体就可以甚至必须被超越。伯恩斯坦的洞察力何等出色地诠释了我们当代文化的许多现象!异化和融合意味着身体作为一种象征模式的不同使用。将它们看作来源于不同社会体系的不同符码,是否合理呢?

本书前面的内容都受到了伯恩斯坦的启发,但到目前为止,我还不能假装自己已经将他对言语符码的分析成功地应用于其他象征符号系统。伯恩斯坦认为,就如在言语中存在一样,这些形式应该也会出现在任何媒介中,但我们很难区分相对受限的仪式到精密仪式之间的范围。我们可以从考虑这种可能性着手:象征性生活越来越从联系个人及其社会这一任务中分离出来,以表达其独特的个人关注。这再次让人想起洛维(Lowie)用克罗印第安人的信仰来质疑涂尔干的宗教理论,即宗教总是并且本质上是一种集体经验。什么类型的原始社会结构会允许象征秩序免去涂尔干式的维持自身的职责呢?以这种形式提出的问题表明,我们应该比较那些逐渐减少对其个体成员遵守共同道德要求的体系。社会压力越小,个人就越自由。但这一系列的比较仅能显示出,某些社会系统中限制型符码在道德和控制方面的减少。我们仍然必须寻找与我们之间的劳动分工相对应的东西,寻求某种力量来唤起表达媒介的日益精密,使其在范围上更善变,在句法上更灵活。这种力量会产生沟通的需要,不必熟知共同持有的假设。一个有趣的例子是塔利河土著人所谓的"岳母语言"。罗伯特·迪克森(Robert Dixon)说,男人在与岳母交谈时使用敬语,通过避免使用特定指代词和选择通用语来表达社会距离。

因此,在日常语言中大约有十几个术语来指代各种各样的蛴螬……日常用语中没有蛴螬的通用语。不过,岳母语言中蛴螬只有一个通称……

(Dixon 1968:653)

这是一个语言学的例子。分析非言语仪式是一项艰巨的任务,要探查更特殊和更普遍的符号之间的任何区别是否被组织起来,表达两种不同的仪式符码,甚或是从一个符码到另一个符码的渐变。然而,在一些新几内亚社会的审美活动中,出现了一些能让人联想到精密型符码的东西。在那些社会中,艺术和其他东西一样被用于个人竞争。对于研习原始艺术的学者而言,这是一个挑战。诚然,这一建议远远超出了我自己的学术能力,但它并没有耗尽我在仪式中追求限制型符码和精密型符码类比的兴趣。不过,我自己的兴趣更多关注于各种限制型符码。

伯恩斯坦承认会有许多不同种类的限制型符码。我对宇宙论的分类基 164 于四种社会类型:第一,强格和强群,分类线上方的有界系统;第二,有界但非结构化的系统(小群团);第三,强格,其中领导者优异卓越;第四,领导者大量的追随者。如果我们暂时忽略后两种,便可以把边界较强的两种系统放在一起。有没有可能在与它们对应的身体的象征符号中,看到两种不同的限制型符码呢? 在一种情况下,宗教重点会被预期将身体看作生命的核心和象征。我们会预期,象征性滋养这一积极主题,已经发展到了社会身体和物质身体被同化的程度,两者都把个体的认同聚焦在一个结构化的、有界限的系统中。在另一种情况下,内部没有结构却有着边界,也就是没有格的群,我们在其中会发现,身体成了焦虑的对象;对中毒和虚弱的恐惧将占据主导地位,仪式主祭非常关心治疗,对身体和对社会的治疗。我认为,这里存在着限制型符码的两种版本,它们通过操纵人体的形象来调节个体和社会。每一种类型都以己之能束缚着个体的知觉,从而施缚于个体的选择;每一个象征系统都有自己的预设刺激和反应,密切地影响着个体对自己身体的认识,并选择性地影响着个体对身体形象的反应能力。它们是将个体与社会系统结合起来的限制型符码。

这两种社会类型的任何一种,都有可能使具有较低包容性的子系统与整体疏离。然后我们就能看到另一种限制型符码的接替。身体仍然是社会的形象，但在其中的某个地方，有人不接受它的规则。我想说的是，身体的象征媒介有其限制型符码来表达和维持一个子范畴，其疏离于更广阔的社会。在这一符码中，身体的和更广阔的社会的主张，并没有得到高度赞同：比起其他与身体无关的主张，身体的修饰、饮食、病理这些主题不太能吸引人们的兴趣。身体被轻视和忽视，意识在概念上与其载体分离，并被赋予独立的荣誉。意识实验成为最个人化的经验形式，对最广泛的社会系统贡献最少，因此也最受认可。这就是精神和物质二分法成为一个坚持不懈的主题的地方。

165

如果我们允许疏离有一个限制型符码，那么我们就可以大胆地将涂尔干对宗教信仰的分析与神学争论结合起来，不管这种神学争论来自基督教、伊斯兰教、佛教还是印度教的历史。埃德蒙·利奇（Leach 1966）试图将童贞生育这一基督教的中心主题的教义，与不同文化中神与人之间可能存在的交易理论联系起来。他认为这个问题太复杂，对于自己所描述的相关性，他并不满意。事实上，他想用一种简单的社会学方法来进行解释的尝试，而他想找到与自然和神圣生育观念相适应的当地文化模式的尝试让人更感兴趣。这篇文章的最大价值在于，他坚持认为，关于宇宙中物理的和形而上学的力量的哲学思想，隐藏在人类与神灵是否可融合各自本性的教义之后。不过，我们应该询问的是，物质的力量和其他力量之间的任何特定平衡产生于何处？涂尔干的名句"社会即上帝"，是指在每一种文化里，只要有社会的形象，它就被赋予了神圣性，或反之，上帝的观念只能由社会的观念构成。从第一点，我们可以推出，将其形象去神圣化，就可以表达社会对其的疏离。从第二点我们可以看出，被从权力中心赶下台的上帝观念，将在被疏离的小型人际群体中重新建立。因此，上帝的形象失去了它的威严，成了人们的私密友人，可直接对话、心心相印，不受任何形式的束缚。身体作为表达神圣的媒介，从尊重外在转向只尊重内部，这种改变是显而易见的，并且身体作为表达神圣的媒介的使用，从尊重外部，转变为完全尊重内部。

这样的论争时起时伏。为什么这种论争在某个时间点活跃异常，而在另一个时间点却保持缄默，这可能没有特别的原因。但我认为，只有当一个被疏离的亚群体与社会整体的关系成为一个尖锐的政治问题时，它们才会成为相关的隐喻。这些神学争议中的身体或肉体代表更广泛的社会；心灵和精神代表认同相关亚群体的个体。要求以这些术语进行讨论，就像采用一种各方都能很好理解的限制型言语符码。它支配着象征关系的选择，并使判断偏向其固有的价值。坚持精神因素优于物质因素，就是坚持个人的自由，并意味着有一种政治方案将把他从不受欢迎的约束中解放出来。

与之相对的观点认为，宣称精神通过物质发挥作用、精神价值通过物质行为实现、身体和心灵紧密相连，以及任何对精神和物质相结合的必要性的强调，都意味着个体在本质上从属于社会，并能在社会的各种形式中找到其自由。这种观点准备将肉体神圣化，而他们的反对者则将神性与人性在肉体上的结合的教导视为亵渎。

人类学家永远不能假定，宗教争论中选择的象征是任意的。如果它们被用来区别互相角逐的立场，那么它们同时也表达了有关的社会情境。因此，人类学家不得不钦佩那些否认上帝可以道成肉身的教义，它们表达了对既定教会秩序的反叛。在基督教的头几个世纪，当它的教义正被完善和阐明时，大多数神学争论都涉及三位一体中的第二位的性质。最终形成的正统的道成肉身教义坚持精神和物质之间的完美调和。根据第一次尼西亚公会议定义的这一信条，基督是完全的神、完全的人，两种性质神秘地结合在一个人身上。3、4世纪的异端邪说认为，基督只是人，不是真正的神，或者不是完全的人，只是上帝的历史流溢（emanation），这些异端邪说都赞同并认可精神和物质之间存在着一条鸿沟。偏离道成肉身的中心教义，向任意方向移动，都会淡化基督教的独特信息。不太明显的是，向任意方向移动，都是在抬高精神、贬低物质，因此遵循涂尔干的思想看，采取了一种适合于脱离或反抗现有社会形式的哲学态度。约翰·亨利·纽曼（Newman 1901）在研究阿里乌派（Arianism）时，非常倾向于将异端邪说本身仅仅看作一种反抗手段。对他来说，他们选择什么来作为争论焦点并不重要，异端的违抗行为足以证明他们的教义是次要的。当然，要向历史学家信服地证明我的论点十分困难，因为在他们所研究的机构的漫长时间跨度里，一场运动可以像阿里乌派一样，开始时是疏离的限制型符码中的话语，而随着君士坦提乌斯成为皇帝,宣布阿里乌派为罗马的官方教义,他自己是上帝在人间的代表,很快又变为整合的限制型符码中的话语。随着阿里乌派主教在牧首区的就任,他们所信奉的教义听起来与他们在论战中极力反对的那些教义之间,只有细微的差别,人们对最初利害攸关的问题的兴趣也逐渐减少,只剩下效忠于某一方的基本象征。

由于印度宗教的复杂性,我们也很难在印度宗教领域展现这一主题。印度教所谓的特殊之处,即用身体的洁净来象征群体界限与阶序制度,本身实际上只是象征的自然系统。印度很可能已经将身体模式发展到了前所未有的程度。若果如此,为了解释其独特发展,我们将着眼于阶序制度和权力之间的区别,杜蒙教授坚持认为这是种姓制度的基本原则(Dumont 1966:91-93)。在阶序制度与权力真正分离的地方,印度将会使用疏离这一限制型符码进行交流。我们希望它能把精神和物质分离开,并给阶序制度中的最高层套上最虚无缥缈的、与物质舒适相容的非物质象征符号。因此,以修道隐居来断绝尘世的各宗派的苦行,自然会为世俗和非世俗的婆罗门提供地位的象征,而婆罗门的级别则取决于他们与执政的种姓阶层的对立。为神和人树立一种素食主义风尚,适时地成了外在的、以身体为媒介的宗教形式转向内在心灵的宗教的一部分,那些自己已抛舍世俗责任的传道者总是偏爱后者。每一个试图使用这种符码与他人交流自身相对地位的次种姓,都未能意识到它所意味的内在精神变化。每一个次种姓都必然地卷入了当地事务和政治事务。因此,舍弃物质世界的话语就具有了惊人的物质意义:正式的灵性修养受缚于物质姿态,并为非常实际的政治目的服务。印度次大陆,就其对身体媒介的独特使用而言,肯定要归功于其官方教会强烈的政教分离主张,这种主张隐含在脱离了权力的阶序制度教义中。相反,罗马教会将其教义的平行而独特的发展归功于其宗教阶序与权力的早期联系。我这样说,并不是要把决定仪式形式的首要因素归于意识形态倾向。在我看来,本质上这些符码最初是在有关谁和谁打交道、如何打交道这些小决策中发展起来的。随着教义和社会形式的相互作用,它们形成了势头,最终创造出一个象征性的环境,而后人在此环境中找到了自我。但是,不管这种象征媒介有多么大的力量来胁迫后来的选择,仅仅因为它是一个系统,只要它的任一部分被突破,它就可以被击溃:最初的新教是如此;种姓制度的变化也是如此。

荣格指责新教欧洲放弃了禁欲主义,并寻求东方宗教的精致。在一段表明他自己不再对异化这一限制型符码做出任何评判的段落中,他为基督教古老宗教象征的意义丧失而欢呼,认为这是对毫无意义的外壳的美妙剥离,只剩下了赤裸的个体自我。在取得了如此之多的成就之后,他在拥抱外来宗教形式当中,看到的是多么大的跌落啊:

> 如果他现在去用东方的华丽服饰掩盖自己的裸体,就像神智论者一样,他就是不忠于自己的历史。一个人不会沦为乞丐,又在舞台上摆出印度国王的姿态。

(Jung 1940:63)

但神智论者在转向外来文化时,并没有逻辑上的转变,也没有对新教原则的背叛,这只是一种自然演变。因为一个转向东方教义的欧洲人,是一个拒绝接受上帝道成肉身的基督教福音的欧洲人。先是圣餐,然后必然是道成肉身;因为使第一件事令人厌恶的同一社会进程,必然导致对另一件事的拒绝。只要社会中的个体没有牢固的纽带,其文化就可能会浪漫地相信纯粹精神与粗鄙物质的分离,寻求拥抱其中一个,同时以某种方式拒绝另一个。

也许在 20 世纪,我们对经验的主观条件有了更多的认识。当然,这里 169 似乎也有自我意识的可能性。然而,保持意识这一实际问题仍然一如既往的重大。列维-斯特劳斯试图揭示无意识的心灵如何通过社会形式来表达自我。他认为,社会将自己分成两个部分、互相交换女人作妻子的半偶制,是心灵自然倾向于划分和再划分的表现(Lévi-Strauss 1968:132 及以下诸页)。半偶制在世界范围内的分布、它们在最简单和小规模社会中的出现以及它们的持久性都表明,我们可以通过研究半偶制来进行一种社会考古学研究。理解半偶制度如何控制其成员,有如在一个锄头和铁铲永远无法触及的地区挖掘人类史前史。通过二元区分,我们的穴居祖先可能开创了文化/自然的对比,开始了语言得以建立的所有对比,甚至以思维中的意象创造了他们的社会。这是列维-施特劳斯隐含的观点。

幸运的是，产生二元组织的那种特殊的创造力浪潮目前并没有束缚住我们。我们的社会并不局限于半偶制度。但是，除非对半偶制的自我维持能力有所反思，以警告我们自己的无意识的心理活动也具有力量，否则史前的教训肯定会被浪费掉。原始半偶制的复原力表明，无意识思维的冲动与其外在表现之间的圈子一旦建立，就很难打破。又有多少人曾在 1968 年巴黎风暴期间对着拉丁区墙上的涂鸦心照不宣地会心一笑呢。"耻辱是反革命的"以及"话语是反革命的"。但是知识分子却迟迟不能用看待暴徒拆除铺路石的眼光来看待自己的行为。"我越是革命，就越想做爱。"改革派主教和激进派神学家，更不用说乌托邦式的马克思主义者了，最终必须认识到，他们在教义上的慷慨热情，他们对范畴的批判性消解以及对知识和行政区分的攻击，都是由类似的社会经验产生的。"耳朵有墙"（Ears have walls）。1968 年巴黎的另一幅涂鸦概括地提到了徒劳的恳求和强硬的拒绝。对这一口号在那个地点和那个时间出现的政治准确性，我们在此不加任何评判。作为知觉社会学的一般性陈述，它可以修正为"耳朵必须有墙"（Ears must have walls）。合法性必须披上魔法的外衣，文字必须变成事物、路障、树篱、隔间，这是知识的条件。思想家必须认识到象征的自然系统在摧毁范畴边界时，同样也在它错误地关闭范畴边界时，所具有的破坏性诱惑。

现在让我们回到开篇主题上来吧。我们发现，当今鲜明的反仪式主义是在运用一套自然象征来代替另一套自然象征。这就像是不同的限制型言语符码之间的切换。我们可以从这个类比中得出两个道理：首先，在判断任何社会情境时，每个人都有责任保护自己的视野不受自然符号的约束；其次，宗教群体有机会在象征的自然系统中设置自己的信息。对于第一个责任，我们必须认识到，只有精密型符码的分析能力，才能对特定社会形式的价值做出客观评判。因此，我们得小心那些蜷缩在身体媒介中的论点。对社会的强烈主观态度会编码于身体象征之中。

至于第二点，基督教传道士没有对身体的当前意义做出回应。精密型符码在此处干预太多。把当权者和那些直接与信徒接触的人分开的年龄差异，或许可以解释宗教中对象征的忽视，而这些象征在其他地方会被自发地利用。半个世纪前激进分子厌弃的那些宗教主题，现在正被戏剧、小说和视觉艺术攫取利用，编织进一个世俗的象征系统。我们完全可以问，为什么现在的老年激进分子拒绝克己遁世这一宗教主题，为什么他们鄙视神秘主义者不加掩饰的性意象和完全反理性的身体复活教义，为什么今天的年轻激进分子会蔑视肉体，阅读神秘主义，培养非理性。不同之处当然在于各自对政治权力的态度，前者寻求政治权力，后者则拒绝政治权力。教会可能会担心，当他们沐浴于道德敏感性的溪流中时，他们的衣服被偷走了。因为目前精神和物质的二分法是一种精神价值的主张。在宣讲善行的同时，他们最好把简单的社会责任与丰富的教义联系起来，这些教义在基督教历史上曾为同样的限制型符码服务：神秘的身体、圣徒的共融、死亡、复活、不朽和说方言。

参 考 文 献

ABERLE, DAVID: *The Peyote Religion among the Navaho*, London, Aldine, 1966.

AUERBACH, ERICH: *Literary Language and Its Public*, London, Routledge & Kegan Paul, 1965.

BARTH, FREDRIK: *Nomads of South Persia. The Basseri Tribe of the Khamseh Confederacy*, London, Allen & Unwin, 1964.

BARTHES, ROLAND: *Writing Degree Zero*, London, Jonathan Cape, 1967.

BARTON, R.F.: *Ifugao Law:* University of California Publications in American Archaeology and Ethnology, 15. 1:186ff., 1919.

Ifugao Economics: University of California Publications in AmericanArchaeology and Ethnology, 15. 5:385–446, 1922

The Religion of the Ifugaos, Memoirs of American Anthropological Association, No. 65, 1946.

The Kalingas: Their Institutions and Custom Law, University of Chicago Publications in Anthropology, Social Anthropology Series, Chicago, University of Chicago Press, 1949.

BERGER, P. and T.LUCKMANN: *The Social Construction of Reality, a Treatise in the Sociology of Knowledge,* London, Penguin, 1971.

BERNSTEIN, BASIL: 'Some Sociological Determinants of Perception', *British Journal of Sociology*, 9:159; 174, 1958.

'A Public Language—Some Sociological Implications of a Linguistic Form', *British Journal of Sociology*, 10:311–26, 1959.

'Linguistic Codes, Hesitation Phenomena and Intelligence', *Language and Speech*, 5.1. October-December: 31–46, 1962.

'Social Class and Psycho-therapy', *British Journal of Sociology*, 15: 54–64, 1964.

'A Socio-Linguistic Approach to Social Learning', *Penguin Survey of the Social Sciences*, Gould, J. (ed.), London, Penguin, 1965.

'A Socio-Linguistic Approach to Socialisation' in Gumperz, J. and D. Hymes (eds), *Directions in Socio-Linguistics*, New York, Holt, Rinehart & Winston, 1970.

Class, Codes and Control, Vol. I, *Theoretical Studies towards a Sociology of Language,* London, Routledge & Kegan Paul, 1971.

BERNSTEIN, B., H.L.ELVIN, and R.S.PETERS: *Ritual in Education,*

Philosophical Transactions of the Royal Society, Series B, Biological Sciences, No. 772, Vol. 251:429–36, 1966.

BRADDON, R.: *Roy Thomson of Fleet Street,* London, Collins, 1965.

BROWN, PETER: *Augustine of Hippo,* London, Faber & Faber, 1967.

BULMER, RALPH: 'Why is the Cassowary not a Bird?' *Man,* N.S. 2, 1: 5–25, 1967.

BURRIDGE, KENELM: *Mambu, a Melanesian Millennium,* London, Methuen, 1960.

'Tangu, Northern Madang District' in Lawrence, P. and M.J.Meggitt (eds), *Gods, Ghosts and Men in Melanesia,* London, Oxford University Press, 1965.

BUXTON, JEAN: 'The Mandari of the Southern Sudan' in Middleton, J. and D.Tait (eds), *Tribes without Rulers,* London, Routledge & Kegan Paul, 1958.

Chiefs and Strangers, Oxford, Clarendon, 1963a.

'Mandari Witchcraft' in Middleton, J. and E.Winter (eds), *Witchcraft and Sorcery in East Africa,* London, Routledge & Kegan Paul, 1963b.

'Animals, Identity and Human Peril. Some Mandari Images', *Man,* N.S. 3. 1:35–49, 1968.

CALLEY, MALCOLM J.C.: *God's People: West Indian Pentecostal Sects in England,* London, Oxford University Press for Institute of Race Relations, 1965.

CLARK, FRANCIS: *The Eucharistic Sacrifice and the Reformation,* London, The Newman Press, 1960.

COAD, F.ROY: *A History of the Brethren Movement,* London, Paternoster Press, 1968.

CORN, NORMAN: *The Pursuit of the Millennium,* London, Seeker & Warburg, 1957.

'Mediaeval Millenarism: Its Bearings on the Comparative Study of Millenarian Movements' in Thrupp, Sylvia (ed.), *Millennial Dreams in Action,* The Hague, Mouton, 1962.

COX, HARVEY: *The Secular City,* London, Penguin, 1968.

DE COPPET, DANIEL: 'Pour une étude des échanges cérémoniels en Mélanésie', *L'Homme,* 8. 4:45–57, 1968.

DIXON, R.: 'Correspondence: Virgin Birth', *Man,* N.S. 3. 4:653–4, 1968.

DOUGLAS, MARY: *The Lele of the Kasai,* London, Oxford University Press, 1963.

Purity and Danger: An Analysis of Concepts of Pollution and Taboo, London, Penguin, 1966.

Pollution in *International Encyclopedia of the Social Sciences,* Vol. 12: 336–42, New York, Macmillan and the Free Press, 1968a.

'The Relevance of Tribal Studies', *Journal of Psychosomatic Research,* 12. 1, 1968b.

'Social Control of Cognition, Factors in Joke Perception', *Man,* N.S. 3. 3:361–67, 1968c.

DUCHESNE-GUILLEMIN, L.: *The Western Response to Zoroaster:* Ratanbei Katrak Lectures, 1956, Oxford, Clarendon, 1958.

DUMONT, LOUIS: *Homo Hierarchicus—essai sur le système des castes,* Paris, Gallimard, 1966.

DURKHEIM, ÉMILE: *Elementary Forms of the Religious Life* (translated by J.W.Swain), London, Allen & Unwin, 1915.

DURKHEIM, E. and M.MAUSS: *Primitive Classification*, 1903, translated with an introduction by Rodney Needham, London, Cohen & West, 1963.

EPISTEMON: *Ces idées qui ont ébranlé la France,* Nanterre, Fayard, 1968.

EVANS-PRITCHARD, E.E.: *The Nuer, a Description of the Modes of Livelihood and Political Institutions of a Nilotic People,* Oxford, Clarendon, 1940a.

'The Nuer of the Southern Sudan' in Fortes, M. and E.E.Evans-Pritchard (eds), *African Political Systems,* London, Oxford University Press, 1940b.

Nuer Religion, Clarendon, Oxford, 1956.

FANON, F.: *The Wretched of the Earth,* London, Penguin, 1967.

FIRTH, R.: *Tikopia Ritual and Belief,* London, Allen & Unwin, 1967.

FORTES, MEYER: *The Dynamics of Clanship among the Tallensi,* London, Oxford University Press for the International African Institute, 1945.

The Web of Kinship among the Tallensi, London, Oxford University Press for the International African Institute, 1949.

Oedipus and Job in West African Religion, Cambridge University Press, 1959.

Totem and Taboo, Presidential address 1966, *Proceedings of the Royal Anthropological Institute,* 1967.

FORTUNE, R.F.: *The Sorcerers of Dobu,* London, 1932.

FREEDMAN, M.: *Presidential Address to the Royal Anthropological Institute,* Proceedings, 1969.

GOFFMAN, E.: *The Presentation of the Self in Everyday Life,* London, Penguin, 1971.

GOODENOUGH, E.R.: *Jewish Symbols in the Graeco-Roman Period,* Vol. 5, New York, Bollingen Foundation, 1956; London, Oxford University Press, 1968.

GRÖNBECH, W.: *The Culture of the Teutons,* Vol. 1, London, Oxford University Press, 1931.

GULLIVER, P.H.: *Neighbours and Networks: The Idiom of Kinship in Social Action among the Ndendeuli of Tanzania,* Berkeley, California, University of California Press, 1971.

HALL, EDWARD T.: *The Silent Language,* New York, Doubleday, 1959.

HARRINGTON, MICHAEL: *The Other America,* New York, Macmillan, 1962; London, Penguin, 1968.

HERBERG, WILL: *Protestant, Catholic, Jew,* London, Mayflower, 1960.

HIGHER CATECHETICAL INSTITUTE: Nijmegen: *A New Catechism, Catholic Faith for Adults,* London, Burns & Oates, 1967.

HORTON, ROBIN: *Book review: 'Divinity and Experience', Africa,* 32. 1: 78, 1962.

'Types of Spirit Possession in Kalahari Religion', in *Spirit Mediumship and Society in Africa,* Beattie, John and John Middleton (eds), London, Routledge & Kegan Paul, 1969.

HUMPHRY, C.E.: *Manners for Women,* London, James Bowden, 1897.

JACOBS, PAUL and SAUL LANDAU: *The New Radicals, a Report with Documents*, London, Penguin, 1967.

JUNG, CARL G.: *The Integration of the Personality*, London, Routledge & Kegan Paul, 1940.

KEYNES, J.M.: *Essays in Biography (Mr Lloyd George)*, London, Macmillan, 1933.

KLEIN, MELANIE: *Envy and Gratitude, a Study of Unconscious Sources*, London, Tavistock, 1957. *Our Adult World and Other Essays*, London, Heinemann, 1963.

KLUCKHOHN, CLYDE: *Navaho Witchcraft*, Cambridge, Mass., Peabody Museum, 1944.

KNIGHTLY, PHILLIP and COLIN SIMPSON, *The Secret Lives of Lawrence of Arabia*, London, Nelson, 1969.

LAWRENCE, P.: *Road Belong Cargo: a Study of the Cargo Movement the Southern Madang District, New Guinea*, Manchester, Manchester University Press, 1964.

LAWRENCE, P. and M.J.MEGGITT (eds): *Gods, Ghosts and Men in Melanesia: Some Religions of Australia, New Guinea and the New Hebrides*, London, Oxford University Press, 1965.

LEACH, E.R.: *Virgin Birth*, Henry Myers Lecture, Proceedings of the Royal Anthropological Institute: 33–39, 1966.

LÉVI-STRAUSS, C.: Introduction to Marcel Mauss, *Sociologie et anthropologie*, Paris, Presses Universitaires de France, 1950.

Mythologiques I: Le cru et le cuit, Paris, Plon, 1964.

Mythologiques II: Du miel aux cendres, Paris, Plon, 1966.

Mythologiques III: L'Origine des manières de table, Paris, Plon, 1968.

Structural Anthropology, London, Penguin, 1972.

LEWIS, I.M.: 'Spirit Possession and Deprivation Cults', *Man*, N.S. 1, 3:307–29, 1966.

LIENHARDT, GODFREY: 'Some Notions of Witchcraft among the Dinka', *Africa*, 21. 1:303–18, 1951.

The Western Dinka' in Middleton, J. and D.Tait (eds), *Tribes without Rulers*, London, Routledge & Kegan Paul, 1958.

Divinity and Experience: The Religion of the Dinka, Oxford, Clarendon, 1961.

'The Situation of Death: An Aspect of Anuak Philosophy', *Anthropological Quarterly*, 35. 2. April: 74–85, 1962.

LOWIE, R.H.: *Primitive Religion*, London, Routledge & Kegan Paul, 1925:

MAIMONIDES, MOSES: *The Guide for the Perplexed*, translated from the Arabic by M.Friedlander, London, Routledge & Kegan Paul, 1956.

MARSHALL, LORNA: '!Kung Bushman Religious Beliefs', *Africa*, 32. 3:221–52, 1962.

MARTIN, DAVID: 'Towards Eliminating the Concept of Secularisation', *Penguin Survey of the Social Sciences*, Gould, J. (ed.), London, Penguin, 1965.

MARWICK, M.G.: 'Another Modern Anti-Witchcraft Movement in East Central Africa', *Africa*, 20. 2:100–12, 1950.

'The Social Context of Cewa Witch Beliefs', *Africa*, 22. 2:120–35; 215–33, 1952.

Sorcery in its Social Setting, a Study of the Northern Rhodesia Cewa, Manchester, Manchester University Press, 1965.

MAUSS, MARCEL: 'Les Techniques du corps', *Journal de la Psychologie,* 32. March-April, 1936.

MEGGITT, M.J. 'The Mae Enga of the Western Highlands' in Lawrence, P. and M.J.Meggitt (eds), *Gods, Ghosts and Men in Melanesia,* London, Oxford University Press, 1965.

MERTON, R.K.: *Social Theory and Social Structure* (revised edn), Glencoe, The Free Press, 1957.

MIDDLETON, J. and DAVID TAIT (eds): *Tribes without Rulers. Studies in African Segmentary Systems,* London, Routledge & Kegan Paul, 1958.

MIDDLETON, JOHN: *The Religion of the Lugbara,* International African Institute, London, Oxford University Press, 1960.

MITCHELL, CLYDE: *The Yao Village,* Manchester, Manchester University Press, 1956.

NEAL, SISTER MARIE AUGUSTA: *Values and Interests in Social Change,* London, Prentice-Hall, 1965.

NEEDHAM, RODNEY: 'Percussion and Transition', *Man,* N.S. 2. 4: 606–14, 1967.

NEWFIELD, JACK: *A Prophetic Minority: The American New Left,* London, Anthony Blond, 1966.

NEWMAN, J.H.: *The Arians of the Fourth Century,* London, Longman, 1901.

OLIVER, D.L.: *Human Relations and Language in a Papuan-Speaking Tribe of Southern Bougainville, Solomon Islands.* Papers of the Peabody Museum, Vol. 29. 2:3–38, 1949.

A Solomon Island Society: Kinship and Leadership among the Siuai of Bougainville, London, Oxford University Press, 1957.

OTTO, RUDOLPH: *The Idea of the Holy,* London, Oxford University Press, 1957.

PARSONS, T. and NEIL SMELSER: *Society and Economy,* London, Routledge & Kegan Paul, 1956.

PAUL VI: *Encyclical letter: Mysterium Fidei,* 1965. Decree: *Paenitemine,* 1966.

RICHARDS, A.I.: 'A Modern Movement of Witch-Finders', *Africa,* 8. 4: 448–61, 1935.

RIVIÈRE, PETER: 'Factions and Exclusions in Two South American Village Systems', *Witchcraft Confessions and Accusations,* ed. Mary Douglas, A.S.A.Monograph No. 9, London, Tavistock, 1970.

ROVERE, RICHARD: *Senator Joe McCarthy,* New York, Harcourt, Brace & World, 1959.

SACRED CONGREGATION OF RITES: *Instruction on the Worship of the Eucharistic Mystery,* London, Catholic Truth Society, 1967.

SAPIR, E.: *Encyclopedia of the Social Sciences,* Vol. 9:155–69, 1933.

SARTRE, JEAN-PAUL: *Words,* London, Penguin, 1967.

SCHBESTA, P.: *Die Bambuti-Pygmaen vom Ituri,* Vol. 2, Part 3, *Die Religion,* Mem. Inst. Royal Colonial Belge, Brussels, 1950.

SMELSER, NEIL J.: *Theory of Collective Behaviour,* London, Routledge & Kegan Paul, 1962.

SMITH, W.ROBERTSON: *Lectures on the Religion of the Semites,* London, Black, 1894.

SPENCER, PAUL: *The Samburu: A Study of Gerontocracy in a Nomadic Tribe,* London, Routledge & Kegan Paul, 1965.

STRINDBERG, AUGUST: *The Son of a Servant: The Story of the Evolution of a Human Being. 1849–67,* London, Jonathan Cape, 1967.

STRIZOWER, S.: 'Clean and Unclean', *Jewish Chronicle* (London), 26 August 1966.

TAYLOR, A.J.P.: *English History 1914–1945,* London, Penguin, 1970.

THRUPP, SYLVIA L. (ed.): *Millennial Dreams in Action. Essays in Comparative Study,* The Hague, Mouton, 1962.

TREVOR-ROPER, H.R.: *Religion, the Reformation and Social Change and Other Essays,* London, Macmillan, 1967.

TURNBULL, COLIN, M.: *The Forest People,* London; Chatto & Windus, 1961.

Wayward Servants: The Two Worlds of the African Pygmies, London, Eyre & Spottiswoode, 1965.

TURNER, V.W.: *Chihamba, the White Spirit. A Ritual Drama of the Ndembu,* Manchester, Manchester University Press, 1962.

The Drums of Affliction: A Study of Religious Processes among the Ndembu of Zambia, International Africa Institute, Oxford, Clarendon, 1968.

VAN GENNEP, A.: *The Rites of Passage* (translated by M.B.Vizedom and G.L.Caffee), London, Routledge & Kegan Paul, 1960.

WEIL, SIMONE: *Waiting on God,* London, Routledge & Kegan Paul, 1951.

WHORF, B.L.: 'The Relation of Habitual Thought and Behaviour to Language', *Language, Culture and Personality: Essays in Memory of Edward Sapir,* Menasha, Winsconsin, Sapir Memorial Publication Fund, 1941.

WILSON, BRYAN R. (ed.): *Patterns of Sectarianism,* London, Heinemann Educational Books, 1967.

WOODBURN, JAMES: *The Social Organization of the Hadza of North Tanganyika,* Doctoral thesis, University of Cambridge, 1964.

WORSLEY, PETER: *The Trumpet Shall Sound: a Study of 'Cargo' Cults in Melanesia,* London, MacGibbon & Kee, 1957.

索　引

（索引页码为原书页码，即本书边码）

图书在版编目(CIP)数据

自然象征:宇宙论的探索/(英)玛丽·道格拉斯著;
赵玉燕译.—北京:商务印书馆,2023
(汉译人类学名著丛书)
ISBN 978-7-100-22390-4

Ⅰ.①自… Ⅱ.①玛… ②赵… Ⅲ.①宇宙论—研
究 Ⅳ.①B016.8

中国国家版本馆 CIP 数据核字(2023)第 074976 号

汉译人类学名著丛书
自然象征
——宇宙论的探索
〔英〕玛丽·道格拉斯 著
赵玉燕 译

商 务 印 书 馆 出 版
(北京王府井大街 36 号 邮政编码 100710)
商 务 印 书 馆 发 行
北京市白帆印务有限公司印刷
ISBN 978-7-100-22390-4

2023 年 3 月第 1 版 开本 710×1000 1/16
2023 年 3 月北京第 1 次印刷 印张 13¾
定价:68.00 元